中国软科学研究丛书

丛书主编：张来武

“十一五”国家重点图书出版规划项目

国家软科学研究计划资助出版项目

旅游区域社会文化影响的理论与实践

U0872962

苏勤 等著

科学出版社
北京

内 容 简 介

旅游社会文化影响是指旅游在旅游目的地社会文化变迁中所发挥的作用。本书着重从文化变迁、主客体文化、主客交往三个方面加以理论阐述，并且以周庄为例进行了旅游社会文化影响的实践，体现了旅游商业化、居住空间变迁和社会空间变迁等研究的前沿动态。

本书可供对旅游管理、文化地理感兴趣的读者使用。

图书在版编目(CIP)数据

旅游区域社会文化影响的理论与实践 / 苏勤等著．—北京：科学出版社，2017.1

（中国软科学研究丛书）

ISBN 978-7-03-051172-0

Ⅰ．①旅…　Ⅱ．①苏…　Ⅲ．①旅游文化—研究—中国
Ⅳ．① F592

中国版本图书馆 CIP 数据核字（2016）第 319162 号

丛书策划：林　鹏　胡升华　侯俊琳
责任编辑：杨婵娟　程雷星 / 责任校对：赵桂芬
责任印制：徐晓晨 / 封面设计：黄华斌　陈　敬
编辑部电话：010-64035853
E-mail:houjunlin@mail. sciencep.com

科 学 出 版 社出版
北京东黄城根北街 16 号
邮政编码：100717
http://www.sciencep.com

北京凌奇印刷有限责任公司印刷
科学出版社发行　各地新华书店经销

*

2017 年 1 月第　一　版　开本：720 × 1000　1/16
2020 年 5 月第三次印刷　印张：18　1/4
字数：343 000

定价：98.00元

（如有印装质量问题，我社负责调换）

总序 PREFACE

软科学是综合运用现代各学科理论、方法，研究政治、经济、科技及社会发展中的各种复杂问题，为决策科学化、民主化服务的科学。软科学研究是以实现决策科学化和管理现代化为宗旨，以推动经济、科技、社会的持续协调发展为目标，针对决策和管理实践中提出的复杂性、系统性课题，综合运用自然科学、社会科学和工程技术的多门类多学科知识，运用定性和定量相结合的系统分析和论证手段，进行的一种跨学科、多层次的科研活动。

1986 年 7 月，全国软科学研究工作座谈会首次在北京召开，开启了我国软科学勃兴的动力阀门。从此，中国软科学积极参与到改革开放和现代化建设的大潮之中。为加强对软科学研究的指导，国家于 1988 年和 1994 年分别成立国家软科学指导委员会和中国软科学研究会。随后，国家软科学研究计划正式启动，对软科学事业的稳定发展发挥了重要的作用。

20 多年来，我国软科学事业发展紧紧围绕重大决策问题，开展了多学科、多领域、多层次的研究工作，取得了一大批优秀成果。京九铁路、三峡工程、南水北调、青藏铁路乃至国家中长期科学和技术发展规划战略研究，软科学都功不可没。从总体上看，我国软科学研究已经进入各级政府的决策中，成为决策和政策制定的重要依据，发挥了战略性、前瞻性的作用，为解决经济社会发展的重大决策问题作出了重要贡献，为科学把握宏观形势、明确发展战略方向发挥了重要作用。

20 多年来，我国软科学事业凝聚优秀人才，形成了一支具有一定实力、知识结构较为合理、学科体系比较完整的优秀研究队伍。据不完全统计，目前我国已有软科学研究机构 2000 多家，研究人员近 4 万人，每年开展软科学研究项目 1 万多项。

为了进一步发挥国家软科学研究计划在我国软科学事业发展中的导向作用，促进软科学研究成果的推广应用，科学技术部决定从2007年起，在国家软科学研究计划框架下启动软科学优秀研究成果出版资助工作，形成“中国软科学研究丛书”。

“中国软科学研究丛书”因其良好的学术价值和社会价值，已被列入国家新闻出版总署“‘十一五’国家重点图书出版规划项目”。我希望并相信，丛书出版对于软科学研究优秀成果的推广应用将起到很大的推动作用，对于提升软科学研究的社会影响力、促进软科学事业的蓬勃发展意义重大。

科技部副部长

张来武

2008 年 12 月

目　录

CONTENTS

总序（张来武）

理论篇　旅游社会文化影响的基本理论

第一章　绪论 …… 3

第一节　文化系统与旅游社会文化影响 …… 6

第二节　国外旅游社会文化影响研究 …… 14

第三节　国内旅游社会文化影响研究 …… 28

第四节　国内外旅游社会文化影响研究评述 …… 35

第二章　旅游目的地社会文化变迁的基本理论 …… 37

第一节　社会文化变迁及其基本理论 …… 37

第二节　旅游目的地社会文化变迁的相关理论 …… 43

第三章　旅游主体文化与旅游客体文化 …… 49

第一节　旅游主体文化的基本特征 …… 49

第二节　旅游客体文化的基本特征 …… 54

第四章　旅游主客交往的基本理论 …… 60

第一节　旅游主客交往的动机与意愿 …… 60

第二节　旅游主客交往的行为与过程 …… 65

第三节 旅游主客交往的影响与趋势……72
第五章 旅游区域社会文化影响的作用机制与调控对策……77
第一节 旅游社会文化影响的驱动力……77
第二节 旅游社会文化影响的作用机制……81
第三节 旅游区域社会文化影响的调控对策……85
实践篇 周庄古镇旅游社会文化影响研究
第六章 周庄古镇旅游客体文化研究……99
第一节 周庄古镇旅游者的社会文化特征……99
第二节 周庄古镇旅游者旅游动机与行为……103
第三节 周庄古镇不同类型旅游者的体验质量与主客关系……108
第七章 周庄古镇旅游目的地主客交往研究……114
第一节 旅游主客交往的态度与感知……114
第二节 旅游主客交往的行为与过程……128
第三节 旅游主客交往的影响与趋势……132
第八章 旅游对周庄古镇文化系统影响的研究……136
第一节 旅游对物质文化层面的影响……136
第二节 旅游对制度文化层面的影响……140
第三节 旅游对精神文化层面的影响……147
第九章 周庄古镇文化景观变迁研究……150
第一节 文化景观基础理论……150
第二节 周庄古镇文化景观变迁……152
第三节 周庄古镇文化景观变迁的驱动力……168
第十章 周庄古镇旅游商业化研究……174
第一节 周庄古镇旅游商业化规模……174
第二节 周庄古镇旅游商业化布局……179
第三节 周庄古镇旅游商业化游客感知……190

第十一章　周庄古镇居住空间变迁研究……203
第一节　周庄古镇居住空间变迁过程……203
第二节　周庄古镇居住空间的特征……216
第三节　周庄古镇居住空间变迁的驱动机制……222
第十二章　周庄古镇社会空间变迁研究……238
第一节　周庄古镇外来人口流动过程……238
第二节　周庄古镇社会结构的变化……242
第三节　周庄古镇社会空间与社会关系的形成……244
第四节　周庄古镇社会空间与社会关系的转换……260
参考文献……265
后记……279

理论篇

旅游社会文化影响的基本理论

第一章 绪　论

旅游是一个涉及经济、社会文化及环境的复杂的社会现象。第二次世界大战以来，随着全球旅游规模的不断扩大，它所产生的影响日益受到关注。旅游影响研究始于 20 世纪 60 年代的英国、美国、加拿大等欧美国家，并发展形成了旅游经济、旅游社会文化和旅游环境三个旅游影响研究领域，逐渐成为旅游地理学研究的基本内容（保继刚和楚义芳，1999）。全球旅游发展的实践表明，以服务为基础的旅游产业的发展对旅游目的地的地方经济、社会结构、文化传统和生态环境等方面有着广泛的影响，这些影响既可能是积极正面的，也可能是消极负面的（Gartner and William，1996；Randall et al.，2000）。从本质上而言，旅游活动是具有双重结构的社会经济现象——旅游者、旅游业和旅游目的地的各种行为及相互关系构成了旅游活动的表层经济外壳，而旅游活动中人与人的关系则构成了旅游活动的深层文化内涵（申葆嘉，1996）。文化是旅游的灵魂，旅游是文化的重要载体，旅游与文化有着天然的不可分割的联系。自有旅游活动以来，旅游与文化就从未分离，而且旅游本身就是一种文化现象。旅游的过程是旅游者经历文化、体验文化、欣赏文化的过程，而文化因素则渗透在旅游活动的各个方面。从产业发展的角度看，旅游产业和文化产业相互融合、相得益彰、密不可分。墨菲（Murphy, 1985）把旅游定义为关乎旅游者和目的地居民双方的社会文化事件，他认为旅游作为现代社会最大规模的人际交往，其意义首先体现在文化交换 (cultural exchange) 和跨文化交流 (cross-cultural communication)。世界著名旅游学专家加法里（Jafari ,1977）则明确指出“旅游是离开常住地的游人、满足游人需要的产业和旅游目的地三者之间社会交换给旅游目的地带来综合影响的一种社会文化现象”。

因此，旅游对于旅游目的地社会文化的影响比之经济影响更深刻，也更长远。旅游的社会文化影响是指旅游在旅游目的地社会文化变迁中所发挥的作用，包括价值体系、观念习俗、个体行为、家庭关系、生活方式、安全水平、道德导向、沟通方式、传统文化、社区组织等（Mathieson，1982）。但是，受社会主流价值观的左右，在旅游规划与管理的实践中，对旅游影响的关注点是经济影响。因此，在评估旅游影响时规划和决策者们总是关心地方财政、就业和产业方面的数据，而忽视社会文化、心理和环境方面的因素。这种对旅游社会文化影响的轻视导致旅游目的地规划管理的短期性和以满足旅游者的需要为导向，其结果是给旅游目的地长期的经济、社会发展和环境演变带来不良后果。世界各地都曾出现过有此类不良后果的案例。因此，自 20 世纪 70 年代以来，国外关于旅游社会文化影响的研究日渐深入。

1995 年 4 月联合国教育、科学及文化组织（United Nations Educational, Scientific and Cultural Organization，UNESCO）、环境规划署和世界旅游组织（World Tourism Organization, WTO）在西班牙召开了“可持续旅游发展世界会议”并通过了《可持续旅游发展宪章》（以下简称《宪章》）。《宪章》指出：“可持续旅游发展的实质就是要求旅游与自然、社会文化和人类生存环境成为一个协调的整体。必须考虑旅游对当地文化遗产、传统习惯和社会活动的影响，在制定旅游发展战略的过程中，要充分认识当地传统习惯和社会活动，要注意维护地方特色和文化，尤其在发展中国家更是如此。”(郭来喜，1997) 为了使旅游对环境和社会文化的负面影响最小化，保障当地居民的长远利益，1999 年世界旅游组织制定了《全球旅游伦理规范》。《全球旅游伦理规范》明确指出：旅游应当对于促进人民和社会之间相互了解与尊重做出贡献，认为“抱着对不同宗教信仰、哲学观点和伦理观念容忍和尊重的态度，了解并促进和人性一样的伦理标准，既是负责任旅游的基础，又是负责任旅游的归宿；旅游发展中的利益相关者和旅游者本身都应当遵守各个民族——包括那些少数民族和土著民族的社会文化传统和习俗，并承认其价值。旅游活动的开展应当与东道地区和国家的特征与传统保持一致，并尊重其法律、惯例和习俗”。《全球旅游伦理规范》还对旅游发展中利益相关者的义务、权利和责任作出了具体规定。有专家认为可持续旅游发展主要取决于三个方面：①旅游目的地社会文化和自然生态环境质量；②当地居民对旅游者的接受容纳程度；③旅游者的旅游经历（Williams，2001）。这些在一定程度上都与旅游社会文化影响密切相关。可持续发展理念的确立使旅游社会文化影响的研究成为国外旅游研究的前沿和热点课题（瑟厄波德，2001）。

我国现代旅游业起步于 20 世纪 80 年代，其主要特点是基于经济和产业的发展观，坚持政府主导的发展战略。这一观念和政策导向顺应了我国改革开放的国情和经济发展的形势，在实践上取得了巨大成功，推动了我国旅游业的迅猛发展。全国几乎所有的省级行政区都将旅游业列为支柱产业或主导产业。2009 年，国务院出台了《关于加快发展旅游业的意见》（国发〔2009〕41 号），明确提出旅游业资源消耗低，带动系数大，就业机会多，综合效益好，在保增长、扩内需、调结构等方面具有积极作用。要求深化改革开放，加强统筹协调，转变发展方式，提升发展质量，把旅游业培育成国民经济的战略性支柱产业和人民群众更加满意的现代服务业。2014 年，全国国内旅游人数为 36.11 亿人次，收入为 30 311.87 亿元人民币；接待入境旅游 1.28 亿人次，实现国际旅游收入 1053.8 亿美元；中国公民出境人数达到 1.07 亿人次；全年实现旅游业总收入 3.73 万亿人民币；全年全国旅游业对国内生产总值（gross domestic product, GDP）的综合贡献为 6.61 万亿元，占 GDP 总量的 10.39%；旅游直接就业 2779.4 万人，旅游直接和间接就业 7873 万人，占全国就业总人口的 10.19%。显然，旅游业已经发展成为我国国民经济的重要产业。但是，这种基于经济和产业的发展观念及政策导向下的旅游发展也产生了一些问题，主要表现在：①经济利益是各地旅游发展的主要目标，旅游业的社会功能、文化功能和环境功能在旅游发展过程中居于无足轻重的地位；②受利益驱动，旅游资源开发的粗放化、商业化和过度化现象普遍，使许多重要的旅游资源遭到不同程度的破坏和污染，一些旅游区的自然和文化景观正在迅速退化和消失；③政府身兼旅游资源开发、市场监督、业务经营和行业指导等多重角色，难以建立旅游开发利益相关者的平衡机制，东道社区和当地居民被排斥在外或无足轻重，由此引发的当地居民与地方政府、开发商及旅游者之间的矛盾冲突已经对旅游目的地的可持续发展构成威胁（钟海生，1998）。现实的需求成为理论研究的重要动力，20 世纪 90 年代中期以来，我国旅游学术研究开始进入新的阶段，研究的广度、深度、角度、方法等都不断得到拓展，学术界对旅游业在社会经济发展中的作用及它所产生的影响开始进行更为理性的评判和深层次的研究。人们的关注目光逐渐从旅游所带来的经济效益转向旅游的整体效应，尤其是旅游的社会文化后果（刘德谦，2000）。

1997 年 12 月，国家旅游局、国家科学技术委员会和中国科学院联合在北京召开了首届“全国旅游业可持续发展研讨会”，标志着中国政府对可持续旅游发展的介入和关注。会议提出要总结传统旅游发展模式的经验教训，在寻求发展数量、速度的同时，更加重视旅游发展的质量和可持续性，而旅游目的地社会文化的影响则是旅游发展质量和可持续的重要内容。1999 年首届“旅游与中国社会”的国际学术研讨会在昆明召开，认为旅游对中国社会的关联与影响已十分明显。会上联合国教育、科学及文化组织与会代表在说明 UNESCO 为什么会介入旅游业时指出：① UNESCO 一向关注世界文化遗产的保护及人与自然的和谐发展；②如今旅游已成为全球最大的产业之一，越来越多的旅游大众蜂拥而至对各地的“世界文化遗产”构成了威胁；③ UNESCO 自 1990 年起便与世界旅游组织等机构合作，共同探讨对文化和环境实施保护的问题；④中国作为拥有众多世界文化和自然遗产的发展中国家，如何在旅游开发中加强保护，需要各方面的协调参与。2011 年，第一届“中国旅游社会责任论坛”在北京举行，论坛深入探讨了大众旅游可能对目的地自然及文化遗产造成的负面影响，权衡了旅游发展带来的机遇与挑战，共同探讨了如何实现旅游快速增长与可持续发展之间的平衡，如何实现在旅游开发中对当地文化的保护和传承，如何保持游客与社区百姓之间的和谐关系等热点问题，揭示了负责任旅游（responsible tourism）在提升目的地价值方面发挥的作用，以提升中国乃至亚太地区业者及游客在旅行活动中的社会责任意识。2009~2012 年，国家旅游局发布的科研立项课题指南中均列有旅游文化与社会影响研究专题，指出旅游开发与文化变迁具有重要的研究价值。

因此，认真研究我国旅游目的地社会文化影响的性质与程度，分析旅游目的地社会文化影响的作用机制与影响因素，为我国旅游目的地的可持续发展提供规划、决策和管理的科学依据具有重要的理论意义和实践价值。

第一节 文化系统与旅游社会文化影响

一 文化的概念与本质

文化作为人类社会的现实存在，具有与人类本身同样古老的历史。而文化在时间上的演化和空间上的差异，使文化现象成为众多学科探索和研究的对象。但由于文化内涵丰富和外延宽广，也由于学科体系和方法论的不同，学者们对文化概念的认识众说纷纭。

文化学奠基者、英国学者泰勒（Tylor）在 1871 年出版的《原始文化》一书中给文化下的定义是：文化是由知识、信念、艺术、伦理、法律、习俗，以及作为社会成员的人所获得的能力和习惯所构成的综合体（萧扬和胡志明，1989）。

德国学者尼德曼认为文化是社会人的活动所创造的有赖于人和社会生活而存在的事物的总和。

美国著名人类学家克拉克洪（Kluckhohn）认为文化是某个人类群体独居的生活方式，既包括显型式样，又包含隐型式样，它具有为整个群体共享的倾向。

加拿大学者沙费尔（Schafer）认为文化有九种基本概念：哲学概念、艺术概念、教育概念、心理学概念、历史概念、人类学概念、社会学概念、生态学概念和生物学概念。大多数文化定义可以加以分类，并将它们归入这些概念中的其中一个。

我国学者张岱年认为凡是超越本能的、人类有意识作用于自然界和社会的一切活动及其结果都属于文化。

美国人类学家克罗伯（Kroeber）和克拉克洪在他们合著的《文化：关于概念和定义的探讨》一书中，列举的文化概念总计达到 164 个。但无论文化的定义有多少种，关于文化广义的概念及其特点已达成一个基本共识：文化是人类社会实践过程中创造出来的所有物质财富和精神财富的总和。

从本质上看，在文化的创造过程中，主体是人，客体是自然，而文化是人与自然、主体与客体在实践中的对立统一物。文化是人类主体通过社会实践活动，适应、利用、改造自然界客体而逐步实现自身价值观念的过程，这一过程的成果体现，既反映在自然面貌、形态与功能的不断改观上，又反映在人类个体与群体素质（生理与心理的、工艺与道德的、自律与律人的）的不断提高和完善上。文化具有以下基本特质：①文化在聚居群体内部或聚居群体与自然环境之间表现为一种生存性的制约关系；②文化在时间上强调一种基本的稳定存在，同时具有可变性；③文化在规则上强调群体的共约性特征；④文化是被诸个个体内化、生态化了的价值观念（张岱年和方克立，1994）。

因此，文化是一个开放和动态的系统：第一，文化具有适应性，它适应着特定的自然和社会环境条件。第二，文化具有根植性，它根植于一定的地理基础和民族基础。第三，文化具有整合性，构成文化系统的各要素是相互适应与和谐一致的。第四，文化具有动态性，文化是不断发展、变迁、传播与扩散的。

二 文化的系统结构

克罗伯和克拉克洪认为："文化是通过符号而获得、并通过符号而传播的行为模式，这类模式具有显型和隐型的；其符号也像人工制品一样体现了人类的成就；在历史上形成和选择的传统思想，特别是其所代表的价值观念，是文化的核心；文化系统一方面可以看作是行动的产物，另一方面又是进一步行动的制约因素"（苗长虹和王兵，2003）。

图 1-1 是文化系统结构简图，可见，文化是由物质文化层、制度文化层、行

为文化层和心态文化层组成的系统，在物质文化层的界面之外则是文化系统产生和赖以发展的地理环境。

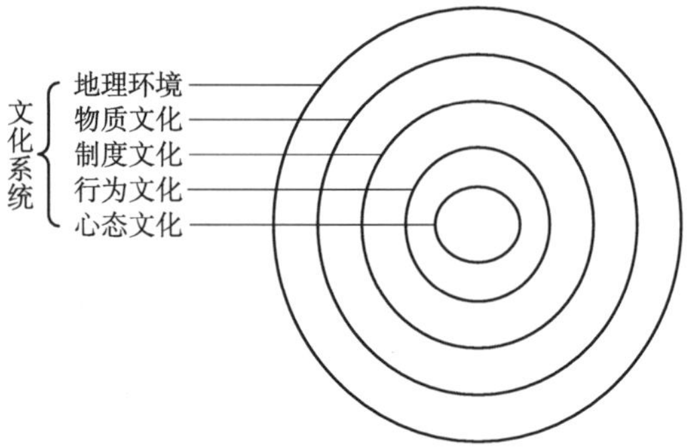

图 1-1　文化系统结构简图(引自冯天瑜，1991，有修改)

（1）由人类加工自然创造的各种器物构成物质文化层。它是人类的物质生产活动及其产品的总和，是可感知的、具有物质实体的文化事物，构成文化创造的基础。

（2）由人类在社会实践中建立的各种社会规范构成制度文化层。人们在参与社会活动的过程中结成一定的社会关系，创造出一系列处理人与人（个体与个体、个体与群体、群体与群体）相互关系的准则，并将它们规范化为社会政治制度、经济制度、教育制度、婚姻制度、法律制度等，要求所有社会成员必须共同遵守。

（3）由人类在社会实践尤其是在人际交往中约定俗成的习惯性定势构成行为文化层，这是一类以民风民俗的形态出现，见于日常起居动作之中，具有鲜明的民族、地域特色的行为模式。

（4）由人类在社会实践和意识活动中经过长期积淀发育形成的价值观念、思维方式、审美情趣等构成心态文化层，这是文化的核心部分。

表 1-1 是文化系统结构的组成，比较全面地反映了文化系统结构中文化层和文化要素的关系。

表 1-1　文化系统结构表

文化层	文化要素
物质文化	建筑、产业、器皿、机械、食物等
制度文化	社会组织、制度、政治、经济、法律、教育、科技、婚姻、家庭等
行为文化	风俗、习惯、语言等
心态文化	价值观念、思维模式、宗教、信仰、审美意识、文学、艺术等

行为文化和心态文化统称为精神文化，它们与制度文化和物质文化形成一种核缘结构。从文化变迁的角度看，由于物质文化处于文化结构的表层，受外界影响的概率和程度最大，它变动不居，是文化结构中最活跃的因素，在文化发展、变迁和交流的过程中，物质文化的变化是最容易和最直接的。精神文化深居文化结构的内核，它是长期以来人类文化实践活动不断凝聚、积淀、演化而成的，并通过思维模式的求同性和价值观念的定向性等表征出来，最能反映不同文化的本质差异。同时，它也是文化结构中抵御外界影响的能力最大、最具稳定性的层面。而制度文化是联系物质文化和精神文化的中介层次。制度文化通过诸要素的相应变化来适应文化发展变迁的需要，从而实现文化结构的自身调节性和内在稳定性。因此，制度文化属于文化结构中较为易变的层面（庞朴，1987）。

从文化系统结构三个层面的关系上看，物质文化是制度文化的外化产物，它反过来要求制度文化与其相适应；精神文化是制度文化的内化产物，它又反过来指导、支配、发展和制约制度文化的发展，文化系统结构三个层面的双向交互作用形成文化发展的内在机制。

图 1-2 给出了文化系统结构三个层面相互作用的纵向层次。

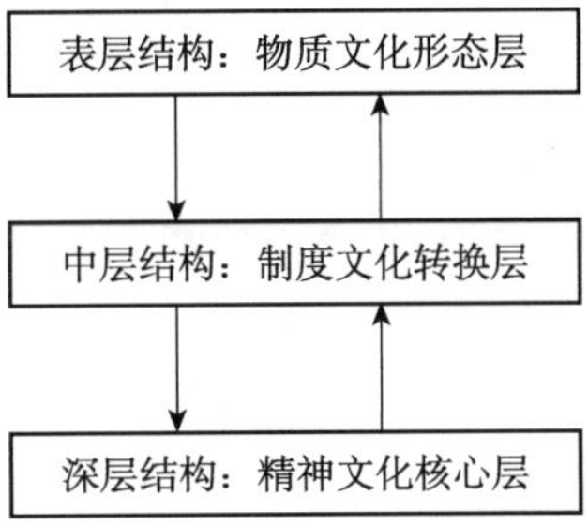

图 1-2　文化系统结构三个层面的相互作用

如图 1-2 所示，制度文化是物质文化和精神文化的中介，它的性质决定了物质文化和精神文化的性质并制约着二者的发展方向。制度文化具有这样的功能：一方面，制度文化通过它所特有的概念体系，使人们了解该制度的性质和目的，进而转化为创造物质文化、精神文化的实践活动；另一方面，制度文化又通过它一整套的规范体系规定着人们的相互关系和行为方式。文化结构的三个层面在纵向层次上所呈现的序列性和联系性在文化传播和文化变迁中也得到了生动的体现。有学者认为，文化变迁可以分为很多层：首先是物质层次，其次是制度层次，再次是风俗习惯层次，最后是思想和价值层次（庞朴，1988）。由此可见，文化变迁正是文化结构形态的逻辑展开，这一纵向逻辑展开过程可以还原到不同文化间交流冲突、传播变迁的历史中去（萧扬和胡志明，1989）。

三 旅游社会文化影响的概念与测度

（一）旅游社会文化影响的概念

自然和社会环境处于不断变化之中。社会学理论认为文化变迁主要由两种方式来推动：一是在文化内部发生的，即社会内部的革新产生新的文化特征，包括新的观念、规范或新的人工制品，从而推动社会文化的发展；二是对外来文化影响的回应，文化传播使得一种文化的特征和模式被扩散到另一个社会或群体中，从而引起当地文化的响应与变化（波普诺，1999）。而旅游正是通过文化传播促进旅游目的地文化变迁的一个重要渠道。

旅游社会文化的影响是指旅游发展在旅游目的地文化系统的变迁中所起的作用。可以从旅游目的地物质文化、制度文化、精神文化三个层面的指标体系来判别旅游目的地社会文化变迁的程度和方向，分析旅游开发对旅游目的地社会文化变迁的影响。尽管社会文化系统本身是一种历史范畴，随着时间的推移而不断变革，但旅游作为不同地域和不同民族之间大规模的人际交流，会明显加快这种变革的步伐。

（二）旅游社会文化影响的测量理论与方法

旅游对于旅游目的地社会文化的影响，从方向上可以分为正面影响和负面影响两种。正面影响是指对社会文化产生的有益的影响，负面影响是指对社会文化产生的不良的影响。对于旅游目的地而言，其所能承受的旅游压力是有限的，同一旅游目的地的社会文化影响会在社会价值属性上产生交叉现象，因此，在各种社会文化要素之间对这种复杂的、不确定的影响的方向进行评价是十分困难的。从旅游社会文化影响的表现形式来划分，可以将其分为显性影响和隐性影响。显性影响是指那些外在化的、具有明显的物质形态或数量结构的影响，如物质文化层面的影响，是客观的、可量化的；而隐性影响是指因旅游活动而产生但无法观察到其直观的物质形态的影响，如精神文化层面的影响，是主观的、难以量化，但可以感知到的。

从20世纪60年代起，西方的旅游学家与社会学家和人类学家一起对旅游所能产生的社会文化影响进行了大量的研究。

表 1-2 和表 1-3 是对这些研究内容和一般性结论的总结。

表 1-2 旅游社会文化影响研究的内容

社会文化影响	正面影响	负面影响
个人经济收入	收入水平增加	传统社会冲突
劳动力转移	外来人口向旅游区迁移	居民的被迫迁移
就业	就业机会增加	季节性失业；传统就业方式丧失
土地价值变化	土地增值	地价上涨；土地所有权变化发生的用地冲突
生活水平	服务水平和基础设施改善	通货膨胀
社会结构	精英族成长；落后地区发展	国家统一体分裂；社会分层
社区生活	文化生活丰富	犯罪等消极活动增加
社会二元性	跨文化交流；拓展视野	价值观冲突
示范效应	对提高生活标准的模仿	挫折；挥霍；进口增加
文化影响	文化遗产保护；自豪感增加	文化失真丧失本意
主客关系	友好交往和增进了解	怨恨、恼怒和敌视态度；部分居民的奴性的发展

资料来源：谢彦君，1999

表 1-3 旅游社会文化影响研究的一般性结论

代表人物	主要结论
Mathieson (1982)	旅游改变了旅游目的地的社会结构，使旅游目的地居民分为与旅游业（者）有或无关系的两类人
Krippendorf(1987)	旅游业的殖民主义特征剥夺了地方居民的自治权
Allen 等 (1988)	旅游业适度水平的发展可能带来更多利益
Crompton 和 Sanderson（1990）	旅游业中的灵活的工作模式克服了性别差异
Urry(1991)	旅游业为妇女提供了更多的就业机会使她们能够获得经济独立
Harrison(1992)	旅游业提供了新的社会变迁的机遇和动力
McKercher(1993)	投资优先考虑的是利润（如游泳池）而不是成本（如污水处理），主客之间由于性质相反的需求总是产生一定程度的冲突
Sharpley(1994)	就业机会的增加和旅游者的到访吸引了年轻人到旅游目的地寻求发展，旅游通过改善基础设施促进当地生活水平的提高；旅游目的地真正的文化适应需要很长时间
Burns 和 Holden(1995)	旅游一方面带来了诸多社会经济利益，另一方面又引起了社会冲突；旅游目的地社会文化的最大问题是拥挤和游客过饱和
Doxey (1975)	当地居民对待旅游者的态度存在恶化积累效应：融洽、冷漠、恼怒、对抗
de Kadt (1979)	当地居民与旅游者的接触交往影响他们对待旅游的态度、行为和价值观
Pizam 等 (1982)	旅游是导致旅游目的地犯罪增加的主要根源
Murphy (1985)	旅游目的地的年轻人更容易受到旅游者示范效应的影响，学习他们的语言；旅游目的地居民的态度变化是文化调适的表现
Krippendorf (1987)	主客交往很少产生彼此之间真正的交流与理解
Ryan (1991)	旅游侵蚀了旅游目的地的方言
Sharpley (1994)	旅游促进了东道社区内部的相互作用和分化，旅游有助于当地宗教和历史建筑的保护，当地居民形成对旅游者的不同态度
McIntosh 等 (1995)	旅游者和当地居民之间的经济差距导致当地居民对于旅游者的怨恨，通货膨胀导致当地居民对于旅游业的怨恨
de Kadt (1979)	旅游目的地的艺术、工艺和地方文化通过旅游获得新生
Cohen (1988)	商业化是旅游负面影响的假设
Burns 和 Holden (1995)	旅游使旅游目的地的文化成为一种商业资源

资料来源：根据 B. Paul 和 C. Paul（1999）整理而得

西方旅游社会文化影响研究主要借鉴社会学和人类学的研究方法，基本方法有观察法、田野调查法、社会调查法和比较研究法，探讨旅游目的地社会文化影响的程度与方向。

（1）旅游社会文化影响在时间上具有广泛性、渐进性和可感知性，因此，对旅游社会文化影响的考察需要长时间的观察和资料分析。从旅游社会文化影响的表现形式看，有些社会文化影响是可以收集客观数据证实的，而有些则难以量化与测量，只能是被感知到的。但从旅游社会文化影响的发生和发展看，旅游目的地居民一方面从旅游社会文化影响中受益；另一方面也为旅游社会文化影响付出各种成本。因此，旅游目的地居民作为旅游社会文化影响的承受者和见证人，对其态度的调查可以作为评估旅游社会文化影响的依据，结合具体客观数据的分析，可以比较真实地反映旅游社会文化影响的程度。

（2）关于旅游社会文化影响的方向，由于旅游目的地居民并不是理想均质的社会群体，旅游发展会给东道社区不同的社会群体以不同的影响，进而分化和改变东道社区的社会结构和政治平衡。因此，东道社区不同的社会群体对旅游发展所导致的社会文化变迁的态度认识是不同的，需要引入利益主体理论以综合判断旅游对于旅游目的地社会文化影响的方向。利益主体 (stakeholder) 思想起源于 19 世纪。弗里曼 (Freeman) 是应用利益主体理论的先行者，他认为“(一个组织的) 利益主体是指任何可以影响该组织目标的或被该目标影响的群体或个人”。一般，旅游业的利益主体包括政府、本地居民、旅游开发商、游客、员工、竞争者、积极团体和旅游规划师等。不同利益主体对于旅游社会文化影响的态度及其行为主要取决于：对与旅游社会文化影响有关行动（反对、赞成或中立）的成本与收益的比较；所掌握的旅游社会文化影响信息的全面性、准确性、及时性等因素；在社会关系网络中所处的位置。里德（Reed，1997）主张利益主体理论的应用不能忽视特定地域现存的局限因素，这规定了利益主体理论的应用方向。考虑我国旅游开发的政府主导模式及我国公众参与的基础薄弱等因素，对我国旅游目的地社会文化影响进行分析的利益主体包括政府、本地居民、旅游企业、游客，运用利益主体理论可以构建一个对旅游目的地社会文化影响的方向进行分析的框架体系。

表 1-4 显示了不同利益主体对于旅游社会文化影响评价中的信息获得、成本–收益、行动决策与组织特征。从表 1-4 可以看出，利益主体可以分为两组：一组是从旅游社会文化影响中获益的，他们由旅游开发商、政府职员构成。他们掌握了较为准确、全面、及时的信息，他们的组织程度较高，倾向于对旅游社

会文化影响的正面评价；另一组则由旅游目的地居民和游客构成，他们既是受益者，又是受害者。他们因为信息不全、不准、不及时，或者面对强有力的处于行政网络结点上的受益群体而显得无能为力，他们的组织程度较低，他们对于旅游社会文化影响的评价不一，导致旅游社会文化影响评判标准的多维价值。

表 1-4 旅游社会文化影响的利益主体分析

利益主体	信息获得	成本、收益比较	行动决策	组织特征
旅游开发商	了解政府的有关政策法规和旅游社会文化影响的现状	因为不需要进行旅游社会文化负面影响的补偿，因此旅游产品的生产成本低收益高，从旅游开发中获得较大利益	在外部政策、法制环境不变的情况，支持旅游开发和扩大生产	组织程度高，在某种程度上可以操纵或影响行政网络结点上的人物
政府职员	掌握较为全面的信息	要付出风险成本——经济的和政治的风险，但带来政治上的收益，因为地区经济指标是衡量政绩的主要指标。此外，可能有一定的经济收益及其他交易	在收益大于付出的“政治气候”条件下支持旅游开发	组织程度高，处于行政网络结点上。处于旅游目的地特殊的亲缘、地缘网络中
游客	由感知获得有关旅游目的地社会文化影响的信息，不够全面	是旅游社会文化影响的感受者与体验者，但因为利益关系对旅游目的地社会文化影响的关心程度有限	态度和行为多元化	组织程度较低
地方居民	由感知获得有关旅游社会文化影响信息，不够全面。对于旅游开发缺乏必要的了解，对国家有关的法律、政策及地方政府的行政命令不甚清楚	是旅游社会文化影响的受益者和受害者	态度和行为多元化，不同个体根据自己的个性差异和价值观念及对于旅游社会文化影响的调整和适应能力在支持、中立、反对旅游开发中作出选择	组织程度低，传统的宗族、宗教及经济组织已瓦解。自组织尚未产生

（3）旅游社会文化影响在空间上具有区域性，因此，对旅游社会文化影响的考察需要进行多个区域的比较分析。首先，由于地理隔离机制的影响，文化存在着区域差异，一个文化区域不仅包含共同的地理空间，还拥有相同的文化结构形态。文化的这种区域差异异常丰富，在一个大文化圈中有许多小文化圈，在一个小文化圈中又包括了许多更小的文化空间单位，从而构成了一种复杂的文化区域等级系统。就一个具体的旅游目的地而言，由于其在文化区域等级系统中的层次地位不同，旅游对其社会文化影响的程度和性质也不同。其次，由于资源、区位及开发水平的差异，不同旅游目的地的旅游流强度与方向不同。

热点旅游目的地旅游流强度大，所带来的社会文化影响就大。反之，冷门旅游目的地旅游流强度小，所带来的社会文化影响相应就小。资源文化内涵深的旅游目的地可能更多地吸引专门层次的旅游者，其所带来的社会文化影响相对较小；而以景观取胜的旅游目的地可能会更多地吸引大众旅游者，他们对旅游目的地的社会文化影响较大。因此，不同旅游目的地的资源特征、社会文化生态位势及旅游流强度与方向的不同，旅游社会文化影响的程度和方向也不同。总结旅游社会文化影响的基本规律，有赖于对区位条件、空间范围、资源特征、地方文化、开发历史、旅游发展水平和管理模式等各不相同的旅游目的地进行区域比较分析。

第二节　国外旅游社会文化影响研究

一 国外旅游影响研究进展

国外旅游研究的进程可分为三个时期：早期的认知阶段（19 世纪末 ~20 世纪 30 年代），中期的过渡阶段（20 世纪 40~60 年代）和近期的大发展阶段（20 世纪 70 年代至今）（申葆嘉，1996）。

早期的认知阶段主要把旅游视为一种具有重要经济意义的活动，着重对旅游现象进行统计和经济研究。1927 年，马里奥蒂（Mariotti）出版了《旅游经济讲义》一书，首次从经济学角度对旅游现象进行了系统的分析和论证。这一时期的旅游研究中心是欧洲。中期的过渡时期开始把旅游作为重要的社会现象加以研究，汉泽克尔（Hunziker）和克拉普夫（Krapf）认为旅游现象的本质是具有众多相互作用要素和方面的复合体，这个复合体是以旅游活动为中心，与国民、保健、经济、政治、社会、文化、技术等各种要素和方面相互作用的产物。提出了旅游现象具有多方位和多层面的结构，需要通过多学科综合研究。这一时期，北美学术界对旅游的研究开始发展起来。20 世纪 60 年代以后，大众旅游（mass tourism）兴起，旅游给旅游目的地带来了大量的社会文化和伦理问题、环境和生态问题，旅游目的地的经济利益冲突、社会文化利益冲突和环境利益冲突越来越复杂，引起了学术界的广泛关注，地理学、经济学、社会学、人类学、心理学、环境和生态学等不同学科的学者在各自的专业领域对现代旅游现象展开研究，形成了旅游影响研究方向。20 世纪 70 年代后随着国际旅游规模的不断扩大，旅游影响研究成为旅游研究的热点并发展形成了旅游经济、旅游社会文化和旅游环境三个影响研究领域，研究的深度和广度日益拓展。加法里总结西方旅游研究的发展演变，提出了“关于旅游现象理论认识的 4 个发展平台”的观点，即 20 世纪 60 年代的倡议发展，以积极正面的经济影响评述为主；70 年代的谨慎发展，开始关注旅游现象在社会文化方面的负面影响；80 年代的调整发展及 90 年代以来的可持续发展，旅游影响研究中出现了均衡的观点和系统的方法（申葆嘉，1996）。

二 国外旅游社会文化影响研究的主要内容

国外对旅游社会文化影响的研究注重从人本主义的角度出发，把旅游者放在旅游社会文化影响研究框架的中心位置，以文化交换和跨文化交流为媒介，研究旅游活动过程中主客“碰撞”而产生的各种社会文化现象（肖洪根，1994）。马西森（Mathieson，1982）把旅游的社会文化影响细分为对旅游者（客人）的影响、对旅游目的地居民（主人）及旅游目的地的影响和对主客关系的影响三个方面。

（一）关于对旅游者影响的研究

主要从旅游者个体的角度研究旅游者的社会行为及其产生的社会基础，包括旅游者旅游行为的需要、动机、心理、价值取向及旅游对他们的影响。美国著名旅游学专家加法里从社会文化的角度推导出旅游者及其模式，认为旅游者一次完整的旅游经历包含六个阶段（图 1-3）：旅游需要的产生并为之准备的阶段（XA），离开常住地进入神圣旅游世界的旅途阶段（AB），在一个时间和空间都区别于日常生活的旅游目的地的畅游阶段（BC），不可避免的回归阶段（CD），重新汇入主流生活并受旅游活动影响的阶段（DY）及旅游者离开常住地至回归主流生活期间居住地继续运转的生活（AD）（Jafari，1986）。

图 1-3 旅游者模式

这六个阶段都与旅游社会文化有着密不可分的关系，XA 阶段涉及旅游者的社会文化构成及旅游需要与动机的产生；AB、BC、CD 三个阶段体现了主客跨文化交往的过程及其对旅游目的地的影响；DY、AD 表明了旅游对旅游者的影响及旅游产生的社会基础。

史密斯（Smith H，1955，1957）调查了去欧洲旅游的美国青年在旅行前和旅行后的态度变化，认为人们的根深蒂固观念不会受旅行经历的影响。皮尔斯（Pearce，1977）对访问希腊和摩洛哥的英国旅游者进行了调查研究，结果表明旅游者主要感兴趣的是消遣和新奇环境，而并不渴望接触当地居民和文化。一些学者研究了从海外归来的旅游者，发现他们对本国和本国人的认识有所改变（Herman and Schild，1960；Useem，1967）。此外，旅游者在旅游过程中文化交流所产生的社会压力也引起了学者的关注，如旅游者面临的健康风险、安全感和情绪及语言障碍等（Turner and Ash，1975；Pearce，1984）。

关于旅游者的旅游需求与动机的研究，美国学者麦金托什和格波特（1985）将旅游动机分为身体健康的动机、文化的动机、交际的动机、地位与声望的动机。日本学者田中喜一将旅游动机归于心情、身体、精神、经济四个方面。利奥得将旅游动机分为健康、好奇心、运动、娱乐、宗教、公务商务、探亲访友、自我显耀八种（屠如骥，1992）。

国外旅游动机研究的理论主要包括驱力理论、期待价值理论和唤醒理论，较常被运用的动机分析框架有推-拉因素、需要层次理论和逃-寻二分法。经验研究多采用市场调查方法收集数据，数据分析技术主要有因子分析、方差分析、T 检验等。经验研究结果表明，不同的游客群组和不同目的地其主导旅游动机存在差异，很难从经验研究中概括出适宜于所有群组和目的地的共同的主导动机。

迪尔凯姆（Durkheim）是现代西方社会学的创始人之一，他把社会的无序、社会准则的冲突及由此产生的社会行为“失范”称为“反常态”，对于反常的约束与纠正，关键在于社会的内在准则而非外在力量，内在准则根本源于“神圣”，“集中表现”是贯穿于其中的过程。20 世纪 60 年代以来，他的上述三个重要观点——反常态、神圣、集中表现被运用到旅游研究之中，成为研究旅游动机和旅游行为的一种重要理论依据，形成“新迪尔凯姆学说”。丹恩（Dann，1977）指出反常行为与客源地社会的无意义和社会异化现象相对应，在旅游过程中旅游者“逃离”传统主流社会的义务约束及责任重负，使旅游者投入到一种全新的文化环境中（Nash and Smith，1991）。旅游是区分“世俗世界”和“神圣世界”的尺度，旅游的“神圣”在于到异文化的世界中追求“彼时彼地”的真实（MacCannell，1973）。Turner 和 Ash（1975）提出了“旅游仪式过程”，认为旅游者离开日常生活的“价值中心”是为了到“远处的中心”去体验生活的价值和存在的意义。克朗普顿（Crompton，1979）通过对 39 名旅游者进行动机研究结论：旅游的基本动力是“打破常规”，并把旅游者的旅游动机概念性地置于一个不平衡的“文化-社会-心理”连续统之上，它们是：①逃避所感知的世俗环境；②自我发现和评估；③放松；④显其声望；⑤回归；⑥密切家属亲戚关系；⑦增进社会交往。阿荷拉（Iso-Ahola，1982）从社会心理学的角度建立了旅游动机的逃逸因子和逐求因子理论化模型，学习异种文化和扩大社会交往是逐求因子的重要内容。皮尔斯在对旅游需求和动机的心理学研究中，以主题公园游客游览经历为背景，提出了旅游生涯阶梯模型，即游客的身心放松需求、追求刺激需求、社会交往需求、自尊与发展需求、成就需求等，对马斯洛需要层次理论在旅游研究中进行了建设性的发展。伦德博格（Lundberg，1980）和皮尔斯（Pearce，1982）认为旅游动机问题尚无法从科学理论和研究方法上得到解决。丹恩（Dann，1981）指出了旅游动机研究在方法论上的不足：目前的调研方法均未能准确收集关于旅游动机方面的真实数据；旅游者本人也无法确切回答“自己为什么外出旅游”。

皮尔斯利用多层面分析尺度把旅游者分为五大类型，即环境旅游群集、高密度接触旅游群集、追求精神满足的旅游群集、追求快乐的旅游群集、开发性旅游群集。科恩（Cohen，1979）基于旅游者与当地人交往的程度和方式把旅游者分为四种类型，他们是有组织的大众旅游者、个体大众旅游者、探险者及流浪者。Yiannakis 和 Gibson（1992）运用主成分分析法归纳得出休闲旅游者的 14 种角色形态，这些角色形态包括：热爱阳光的旅游角色、追求行动的旅游角色、人类学家角色、考古学家角色、有组织的大众旅游角色、追求刺激的角色、开拓探索者角色、乘坐喷气式飞机的豪华观光客角色、追求知识的角色、独立的大众旅游角色、上层旅游者角色、流浪者角色、逃避者角色和热爱运动的角色。墨菲（Loker-Murphy，1996）对澳大利亚背包旅游者进行了动机细分研究，发现这些旅游者表现出 4 种旅游动机和行为群集，分别为有组织的大众旅游者、个体大众旅游者、探险者及流浪者。旅游者的动机与行为不同，对与旅游目的地居民的交往及社会文化影响明显不同。史密斯（Smith V，1978）从旅游者类型出发研究了它们对社会文化影响的强弱（表 1-5）。

表 1-5 旅游者类型及其对旅游目的地社会文化的影响

旅游者类型	旅游者数量	对社会文化的影响
1. 探索者	非常有限	
2. 社会名流	极其少见	
3. 非常规游客	不普遍但可见到	越来越强
4. 特殊游客	偶尔可见	
5. 小团体游客	客流量稳定	
6. 大批量游客	不断涌入	
7. 包机游客	大批量抵达	

（二）关于对旅游目的地居民及旅游目的地影响的研究

20 世纪 70 年代开始，国外学者着眼于不发达国家和地区对旅游目的地社会文化影响进行了大量研究，得出的结论各不相同。许多学者认为，大量来自发达国家的游客带来的不同文化冲击着旅游目的地的传统文化，造成了许多矛盾和负面影响，如旅游目的地文化的商品化和伪民俗化、社会及家庭凝聚力的减弱、卖淫、犯罪、赌博等不良现象的泛滥等，这些动摇着旅游目的地的社会基础（Pizam，1982；Ap and Crompton，1993；Johnson et al.，1994）。史密斯（Smish E，1983）把旅游对旅游目的地社会文化的影响归结为 5 点：示范效应、社会分层与社会化、自尊、文化复兴和憎畏感。1978 年 V. 史密斯主编了《主人与客人：旅游人类学》一书，提出了“旅游人类学”的概念，认为旅游现象引发的文化接触和交往及其带来的个体或群体生活方式的变化是旅游人类学的核心命题。自此，旅游社会文化影响日益成为人文社会科学诸多分支学科交叉研究的领域，拓展了旅游研究的内容，丰富了旅游研究的方法。纳什等（Nash and Smith，1991）从文化人类学的角度分析和阐述了“模仿效应”“社会矛盾与冲突”“文化调适”“文化瓦解与复兴”等社会文化现象在世界旅游发展中的表现。Lindberg 和 Johnson（1997）从经济学的角度讨论了旅游负面社会文化影响的经济可补偿性。一些学者对发展中国家旅游发展范式和社会文化影响的研究中，认为发展中国家的旅游发展是非常规的发展范式，即旅游系统的形成不是源于社会自身的内在因素，而主要是外在强加的力量所致，是一个国家或地区经济发展的出路和选择。由于大多没有事先经历国内旅游大发展的过渡阶段，突然而来的国际旅游与发展中国家的传统习俗之间存在着不同程度的摩擦。与发达国家相比，存在着操作、结构和文化上的局限，这使得发展中国家的旅游发展在获得经济利益的同时，也在意识形态、社会观念，甚至文化环境方面付出不容忽视的代价 (Tosun，1999)，出现了“从属理论”和“新殖民主义理论”（Matthews and

Richter，1991；Jenkins，1982；Weaver，1991；Palmer，1994）。1991 年 *Annals of Tourism Research* 第一期刊出了题为“旅游社会科学”的专辑，突出了对旅游多学科综合研究的主题，标志着旅游社会学的初步形成。

随着现代化步伐和文化全球化进程的加快，旅游作为一种文化体验和文化实践的重要形式，成为目的地文化变迁所不可忽视的因素。汤姆林森（Tomlinson，1999）认为，全球化处于现代文化的中心地位；文化实践处于全球化的中心地位。在旅游全球化过程中，人们体验到了全球空间的亲近感，或者说是“时空压缩”，从麦克卢汉（Mcluhan）的“地球村”到联合国所发明的“我们的全球邻居”。这种“亲密感”跨越了很大的时空段，导致远方的游客进入地方的体验之中。然而，这种亲近感却无法回避一个基本的问题，那就是克服了时空距离之后，人们(居民、游客、旅游移民)如何面对新的文化冲击？这种文化实践活动(强势文化)会对目的地文化(弱势文化)变迁产生何种影响？不少学者选择了文化景观中的语言景观展开研究，认为语言变化是衡量社会文化变迁与旅游开发之间关系的一个重要指标。正如布迪厄（Bourdieu，1984）指出的，语言交往的实质是不同的个人、团体、阶层和群体之间的社会地位和社会势力的交流、调整、比较和竞争，也是他们所握有的权利、资源、能力及社会影响的权衡过程。B. Paul 和 C. Paul 等学者通过研究发现旅游者的大量移民冲淡了当地方言，当地方言被旅游“腐蚀”了。

一些学者关注旅游对旅游目的地民族文化的影响，认为民族认同寄生于深层次的集体认同感之上，包括“感情、价值观、共同的记忆和共同的命运等”。而旅游作为一种全球跨文化传播的重要方式，会对目的地民族文化产生多种影响，这种复杂的影响既可以摧残原有的认同心理，使旅游目的地逐渐丧失个性和特色，也可能凸显、增强原有的认同感和文化自尊感。民族文化的真实性与商品化历来是学术界争论的焦点。大多数学者倾向于将其定位在消极方面：认为在旅游发展过程中，经过商业包装的民族文化丧失了原有的文化内涵，主要表现在民族文化的同化、民族文化的商品化、民族文化的庸俗化、民族文化价值观的退化与遗失。例如，戴亚等（Dyer et al.，2003）对澳大利亚本土社区雅加布卡（Djabugay）、Josept 和 Kavoori（2001）对印度宗教旅游目的地普什卡（Pushkar）、梅森（Mason，2004）对加拿大渥太华本地音乐遗产的再语境化过程，都得到类似的结论。但也有学者认为，在商品经济还非常落后的地区，旅游对接待地民俗风情的影响，其积极影响远远大于消极影响。民族文化的商品化增强了民族自信，实现了民族文化的良性变迁，加速了民族文化的世界化进程。伴随着旅游全球化的持续推进，目的地居民对旅游的理解更加深入，主体意识不断增强，不同的策略纷纷采用，作为应对文化冲击的手段，以协调“全球”与“地方”的文化关系。文化生产和身份识别的复杂性从来不会屈服于成品的身份。爱默默 (Amoamo，2011) 考察了新西兰毛利人新的身份涌现过程，即“杂种性” (hybridity)，动摇了毛利人固定身份的概念，为土著——边缘人群赋予新的人格愿景，开创了对自我-他者理解的新空间。

关于旅游对旅游目的地社会结构变迁的影响，国外学者研究主要体现在家庭就业与角色地位的转变；社区结构和社会阶层的重构；社会资本、社会关系及全球社会空间的变迁等方面。作为生活质量的先导，旅游促进了家庭成员地位角色和生计的转变。金特里（Gentry，2007）对中美洲伯利兹（Belizean）妇女调查表明：旅游就业侵蚀了妇女的传统信仰，然而在家庭经济决策、社会交往、交易所有权、自治水平等方面为妇女提供了挑战传统规范的机遇。在落后的土著社区，旅游提供了大量的就业机会，成为当地居民的可持续生计战略。玛百娃（Mbaiwa，2011）在非洲博茨瓦那奥卡万戈三角洲社区（Okavango Delta）的调查得到类似的结论。爱西（Ishii，2012）发现在泰国阿卡族（Akha）部落，旅游在改善当地少数民族生计的同时，也破坏了社区传统的家族式社会系统。然而，在发达地区，旅游对家庭生计的贡献并不那么突出，更多地侧重于维持社会网络、地方感与祖籍地的关系。旅游拉大了社会贫富差距和当地社会分层系统的范围，中产阶级居住的社区逐渐转化为一个相对富裕的区域，推动了旅游目的地社区结构的动态变化，旅游绅士化是目前这一领域的研究焦点。高瑟曼（Gotham，2005）认为，旅游绅士化是休闲娱乐和旅游业的发展使中产阶级居住的邻里地区转化成为一个相对富裕和专有区域的过程，在新奥尔良（Vieux Carre）的实证中发现，伴随着这一过程，社区租金持续上涨，休闲旅游吸引物及娱乐设施充斥邻里，资本流向地产市场，社会空间发生极大变化，低收入者受到排挤不得不离开本地。逆城市化导致了乡村居住系统的改变，与之类似的是国际旅游对偏远的“第三世界”目的地的影响。居住分化和阶级分层在尼泊尔的安纳普尔纳峰（Annapurna）地区的表现尤为突出，内帕（Nepal，2001）研究发现，这种乡村居所的分层结构呈现“核心—边缘”的特点，这种由旅游引起的乡村居住区在数量、规模、功能等方面遵循不同发展阶段的规范的分类法则，同时历史、社会、经济等因素对乡村居住区类型的转换产生影响。社会资本反映了社会凝聚力的大小，一般包括网络参与、互惠、信任、社会规则和公共财产等。自布尔迪厄、科尔曼（Coleman）、普特南（Putnam）、林南等开创性贡献之后，社会资本研究在诸多学科领域中都得到重点关注。社会资本对旅游目的地居民、企业和中间商的效用是不一样的。琼斯（Jones，2005）对非洲冈比亚一个小村庄的考察发现：较高的社会资本是社区居民生态旅游形成的工具，集体行动的共同承诺易受到侵蚀，印证了约翰斯顿（Johnston）社会资本不稳定性的观点。

国外学者不仅注重案例的深入考察，还强调理论概括。巴特勒（Butler，1980）提出了旅游目的地生命周期理论，认为旅游目的地的演化过程是：探查－参与－发展－巩固－停滞－衰落或复兴。旅游目的地社会文化影响出现在巩固阶段。一些学者提出了涵化理论，认为旅游者和旅游目的地居民大规模的人际交往会导致广泛的文化假借过程（acculturation）。一般认为，这种文化假借过程可以使二者之间的差距缩小，但是更多的研究表明，外来文化对旅游目的地传统文化产生了冲击，导致旅游目的地工具和手段上的“后福特主义”、景观和吸引系统的“大迪斯尼化”及服务接待系统的“可口可乐化”（Cohen，1999）。

由于旅游社会文化影响的复杂性、因素的多样性和测量的困难性，20 世纪 80 年代以后，国外关于旅游社会文化影响的研究出现了方法上的变革——旅游社会文化影响的细分法。帕丁（Pagdin，1995）指出：受影响的当地人并不是被动地受外来文化势力的左右，他们也会做出反应，有时甚至会改变这个更大体系的状况。旅游社会文化影响的细分法是通过社会调查和市场细分的方法了解当地居民对旅游影响的感知和态度，详细描述当地居民对旅游影响的反应，以量化旅游对旅游目的地影响的程度和理解旅游与社区之间的关系。旅游目的地社区居民是旅游社会文化影响的真实见证者，是旅游社会文化变迁的“晴雨表”(barometer) 和“指示器”(predictor)，居民对旅游影响的感知是衡量旅游目的地社会文化影响的有效途径。正如克拉姆（Klemm，2002）等学者指出的：社区居民已经成为目的地旅游“产品”的一个基本组成部分，他们的态度和行为对旅游目的地经营的成功与否有着相当大的影响。从“居民对旅游影响的态度”视角审视旅游的社会文化影响，避免了研究对象过于宽泛、难以量化的问题，使研究变得具体、可操作。国外关于居民感知的研究已经取得大量成果，各种研究方法被采用，不同研究目标相继得到实现，研究表明：当地居民对旅游持积极态度的原因是他们把旅游看作一种经济发展的工具。2000 年以来，不同旅游发展形式得到验证，如生态旅游、乡村旅游、滨海旅游、遗产旅游、赌场、事件、主题公园，居民对此态度不一。然而，居民对影响感知和支持的程度，伴随着旅游目的地生命周期阶段的改变而改变。正如巴特勒（Butler）旅游目的地生命周期理论中所指出的：当旅游目的地进入快速发展阶段时，居民对旅游的感知发生分化，任何一种旅游发展形式都不可能得到每位居民的支持；而进入后期发展阶段时，居民对旅游发展开始持消极态度。在这一阶段，传统的经济评价工具已经不足以评价居民的态度，除经济之外，环境、社会、情感等其他因素需要被考虑进来。同时，学者们对不同类型、不同发展阶段的旅游目的地的比较研究也发现居民的态度存在差异。正如一些学者指出：目前居民旅游感知研究已经达到了一定的成熟程度，只需要进行定期的更新工作便可，从而减少了无理智的重复（unwitting duplication）。居民感知的新进展离不开美国学者格里斯等（Gursoy et al.，2002）及其合作伙伴的努力。尽管早些年一些学者已经思考过这个问题，但格里斯等全面审视了居民感知的发展历程，整合理论化的研究框架，重构应变量与其他因素的关系，不断修正、检验、完善旅游影响态度量表，试图建立一个统一的、适用性较强的旅游影响态度量表，以解决衡量指标不统一，调查结果不能进行互相比较的难题，使得这一领域的研究朝着系统化、理论化的方向发展。这种努力一直延续到迪瑞等（Deery et al.，2012）批判性地审视旅游社会影响的研究成果，重新建构居民感知的概念框架和研究议程。将居民旅游感知的结构设计为：影响居民感知的变量分为外部变量和价值观变量。然而 2010 年以后，居民旅游感知模型的有效性开始受到质疑，它是不是全球适用的真理？如果不是，那么在何种条件下才适用？阿方索（Alfonso）等学者对近些年来对居民感知研究有着重要意义的几个模型（如兰克福特和霍华德模型；福克纳和泰德史威尔模型，1997；格里斯模型，2002，2004，2009；瓦尔加斯模型，2009）进行质疑与修正，突出了“游客行为”“游客密度”和“旅游发展水平的游客感知”的重要性。其中，阿方索所提出的“关系模式”更具现实意义，不仅响应了当前旅游与人文地理研究中的关系转向，增强了模型的解释力，还在西班牙新兴旅游目的地韦尔瓦通过检验，其结论将对科学领域、旅游规划与管理产生强烈的理论反响和实践意义。继而一些新要素开始出现在居民旅游感知模型中，如权利、信任、信仰等。总体上看，国外学者对旅游目的地旅游影响居民感知的研究主要集中在以下几个方面：①旅游影响的表现形式与居民感知，探讨旅游经济效应、社会文化效应和环境效应的具体表现形式及其居民感知；②旅游影响居民感知影响因素的研究；③旅游影响居民感知的基本理论与相关模型；④旅游影响居民感知与态度、行为的关系研究。

国外关于旅游影响居民感知研究的主要指标及研究结论如表 1-6 所示。

表 1-6 国外关于旅游影响居民感知研究的主要指标及研究结论

影响的指标	结 论
旅游发展程度	旅游发展程度与居民的影响感知（包括消极和积极）正相关
	消极影响的感知与旅游发展、游客数量正相关
	旅游发展程度只与消极影响感知有正相关关系
对旅游的经济依赖情况	旅游从业者对旅游业的评价比其他群体更为积极
	旅游从业者对旅游的感知与其他群体没有明显差别
	居民、管理者和旅游从业者对旅游的感知有差别
	旅游从业者对旅游的消极评价也比一般居民更多
居住地到目的地的距离	离旅游区越远的居民对旅游的评价越消极
	游客密集区的居民对旅游的态度更为积极
	居民的态度与游客数量、旅游类型都有关
	接近旅游开发区的居民感受到更多的负面影响
与游客交往的程度	与游客接触越多对旅游的评价越消极
	与游客接触越多对旅游的正面感知越多
被研究者的人口社会特征	旅游影响的感知与年龄、性别、教育程度等人口特征没有相关关系
	居民的人口特征与旅游影响感知的关系非常小
	居民对旅游的态度与年龄、教育程度等人口特征有关
	旅游收益被有效管理时，旅游感知与人口特征无关
社区认同	居住时间长、出生于本社区的人对旅游的态度更为积极
	社区认同与旅游感知之间没有明显关系
	社区认同越强，对旅游的肯定或否定评价越强
户外休闲设施的使用	户外活动的多少与旅游影响的感知无明显关系
	户外活动地是旅游区的居民对旅游的正、负面评价都较多
社区的总体经济情况	对社区的未来发展有信心，则不支持发展旅游业
	对旅游业的低支持与总体经济水平较低相关
自我感觉影响旅游决定的能力	可以影响决定的感觉与旅游的积极感知有很大关系
	可以影响决定的感觉与积极感知和消极感知都相关
有关旅游的知识	旅游知识越多、对某一旅游发展项目了解越多，对旅游越支持
政治认同	政治保守的居民对旅游的态度更为消极
旅游公共关系宣传的影响	接受过公共关系宣传的居民比没有受过宣传的居民对旅游的态度更为积极

此外，国外学者还对旅游目的地居民进行了分类研究，以了解旅游目的地居民对于旅游发展的整体认识结构，认识不同类型居民对旅游发展的态度和行为，刻画不同类型居民的人口及社会特征。1988 年戴维斯（Davis）在佛罗里达采用社会调查方法对旅游影响居民态度进行的研究中，通过对 415 个样本的聚类分析将旅游目的地居民分为 5 种类型：热爱者（lovers）、憎恨者（haters）、谨慎热爱者（cautious romantics）、中立者（in-betweeners) 和有理由的热爱者（lovers for a reason），并检验了人口统计特征和社会属性与居民类型的相关关系，得出出生地和对旅游影响知识的了解与居民类型显著相关。1993 年埃文斯（Evans）在新西兰利用 1485 个样本的电话访问，将旅游目的地居民分成四种类型：热爱

者 (lovers)、憎恨者 (haters)、克制者 (controlled) 和自私者 (selfish)；交互分析还发现不同类型居民的人口统计特征，如年龄、性别、家庭月收入、婚姻状况和职业存在明显区别。韦佛（Weaver）和拉沃丁（Lawtin）2001 年在澳大利亚黄金海岸对利用邮寄填答法得到的 462 个样本进行聚类分析，将旅游目的地居民划分为三种类型：支持者（supporters）、反对者（opponents）和中立者（neutrals）。此外，施罗德（Schroeder）、瑞安（Ryan）、马丁（Martin）、马德里加（Madrigal）等学者对旅游目的地居民态度与行为进行了多方面的研究。但旅游影响研究仍存在不足，肯德尔和瓦尔（Kendall and Var，1984）特别指出了研究方法和手段表现出的四大障碍：①研究尺度和标准的不一致，使成果缺乏可比性；②缺乏信度和效度检验；③经验研究的零散性特点，难以对旅游在经济、社会文化和环境等方面的影响作出系统衡量；④衡量旅游影响的标准和规范尚未出现。

（三）关于对主客关系影响的研究

多克西（Doxey，1975）根据在巴巴多斯和尼亚加拉湖区的调查研究，总结出旅游社会文化影响的发展阶段理论，提出“愤怒指数”以评估主客关系。多克西的结论是，当地居民与旅游者之间的关系是循着一定规律演进的，即融洽（乐于接受）—冷漠（对大量游客逐渐冷淡）—恼怒（对物价上涨、犯罪、文化准则遭到破坏表示关注和愤怒）—对抗（公开或隐蔽地对游客进行冒犯）直至最后阶段。此后，米利根（Milligan）运用类似的方法对葡萄牙根西岛地区进行了研究，将多克西所提的发展阶段修正为：好奇—接受—恼怒—对抗（谢彦君，1999）。埃尔南德斯（Hernadez）和科恩（Cohen）对波多黎各的伊莎贝拉（Isabela）进行研究的结果不支持多克西的发展阶段理论（谢彦君，1999）。布伦特（Brunt，1999）则明确指出东道社区的居民并不是理想均质的社会群体，这是多克西理论的主要缺陷。

学者们对主客交往的效应有两种不同的观点：一些学者指出旅游有助于促进相互理解，促进世界和平（Amore, 1988；Pearce, 1991；Gartner and William, 1996）。斯基德莫尔（Skidmore，1988）研究发现，美国人出境旅游的主要目的是更多地了解外国的人民和文化。皮尔斯（Pearce，1991）对欧盟的调查显示，那些曾外出旅游的人，特别是访问过几个国家的人，对欧洲联合的愿望要强烈一些。Belisle 和 Hoy（1980）及 Liu 和 Sheldon（1987）所进行的两项研究显示，有 50% 以上的受访者认为旅游带来的文化交流可以实现对文化背景不同的人的理解与欣赏，由此，居民和旅游者之间的误解和偏见就可能消除。切斯尼（Chesney，1986）、马西森（Mathieson，1982）、格雷迪（Grady，1982）等关于主客交往的研究则更多地显示出负面社会文化效果，出境旅游者对访问国的态度调查，对旅游能促进国与国之间人民的相互了解这一著名论断的有效性提出了挑战。克里斯（Chris，2002）等就主客交往和文化变迁的关系对澳大利亚和新西兰的土著文化尤其是毛里文化进行了一系列研究，结果发现：到访的旅游者并没有对土著人的“真实生活”感兴趣。许多学者认为，旅游中的主客关系是一种独特而繁杂的多元文化的相互作用，这种相互作用深受主客双方的文化差异及主客交往的情景与环境的影响（Urry，1990；Paul B and Paul C，1999）。

20 世纪 90 年代后，主客关系的研究进一步拓展，出现了旅游伦理及旅游利益相关者的概念和研究。旅游伦理是伦理学理论在旅游活动中的应用，主要围绕旅游者和旅游利益相关者的旅游利益和旅游道德的关系，就旅游伦理意识、旅游伦理关系和旅游伦理实践展开研究。1999 年世界旅游组织制定了《全球旅游伦理规范》，目的是为旅游目的地、政府、旅行社、旅游工作者及旅游者制定一个“游戏规则”框架（WTO，1999）。利益相关者是指：任何被共同目标的完成所影响，或者能影响共同目标实现的个体或可辨别的群体（Freeman，1984）。在旅游研究中，关于旅游利益相关者的界定大多是以旅游经营者为核心来进行分析的。罗伯森等（Robson J and Robson I,1996）以旅游经营商为中心列举了 12 个利益相关者，以当地政府旅游市场为中心列举了 18 个利益相关者。Sautter 和 Leisen（1999）及瑞安（Ryan，2002）都曾提出过旅游利益结构图（图 1-4）。

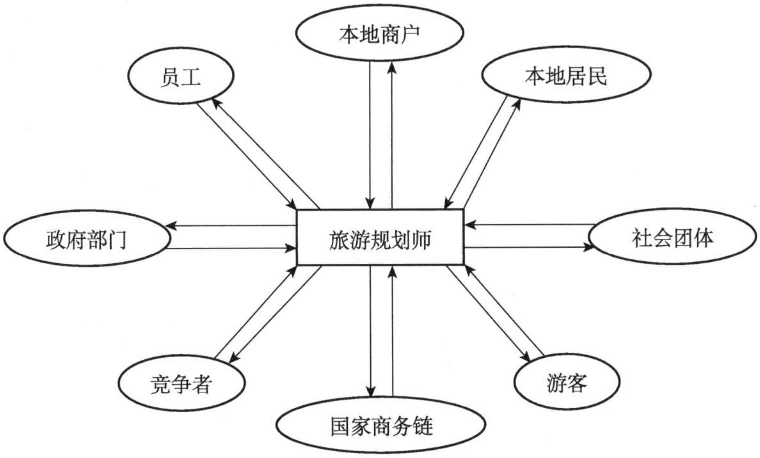

图 1-4　旅游业利益结构图

自从史密斯（Smith V）出版《东道主与游客》以来，“主客关系”一直被视为旅游社会文化影响的重要研究内容。近年来，尤其是伴随着人文地理学的“关系转向”，“主客关系”不断向游客－居民－移民三元辩证关系的方向演进。超越了厄里（Urry）所熟悉的旅游是社会关系的再造，社会网络的空间延伸的阶段。突破了主客身份和地位的严格分类，“主人”成为“客人”，“客人”变成“主人”，或者说“客人”扮演了“主人”的角色，抑或是“非主非客”，这就为处理发生在旅游前线复杂的社会关系提出了挑战。另有学者指出：“主人”和“客人”不应该被随便使用，因为他们缺乏深刻的意义和重要性。目前，居民和旅游移民关系、旅游移民和游客的关系、旅游移民之间的关系成为研究的焦点。而旅游对当地社区居民之间的关系影响研究依然停留在简单的文字描述阶段，如减少社区互动等。

随着旅游城市化、旅游全球化持续推进，一种基于大众旅游的新人口迁移现象——旅游移民在全球出现，并受到了国际地理联合会 (International Geographical Union) 的关注，蜂拥而至的旅游移民改变了社区原有的人口结构和社会关系，使得居民的社区意识发生了微妙的变化，稳定的人地系统产生松动。更有甚者，一些地方文化在全球生根发芽，赋予全球以地方意义，重塑社会空间新景观 (如全球唐人街、新加坡“小印度”等)，不断破除“地方与文化的稳定性是天生的一对儿”的思维方式，成为吸引游客的新亮点。城市发展的现代主义阶段，种族社区往往被认为是阻碍城市发展和复兴的过渡空间，然而后现代时期又赋予此类社区以历史、文化和情感价值的因素，促进种族社会空间的旅游发展。芝加哥唐人街是华人在同当地斗争中建立起来的社会文化、经济、政治有机体。Carla 等学者从种族社会代理的视角考察唐人街的种族旅游交易活动，揭示了种族内部的社会空间关系转换及其无层次的表征。李等（Lee et al., 2012）以韩国多民族节庆为切入点，通过对转换的、认知的、社会的、情感的利益识别，为移民社会空间的整合与和谐发展提供建议。社会空间更替在西班牙巴利阿里和卡纳里群岛表现得更为明显，多种类型的移民在就业性质、专业化分工上差异显著，游客导向的住宅迅速发展并呈现两大显著特征：社会空间社会异质性和住区隔离。

2000 年以来，关于主客关系一个新的研究领域是旅游对地方认同的影响。当全球化深入地方的时候，人们所处的地方随即发生转型。然而，旅游实践最本质的东西恰恰是由地方性而非全球性来定义的。这种地方文化不会在五星级的国际饭店中显示出来，但它会在大街小巷的工作场所、酒吧、餐馆、地方特色商店等地方显现出来。已有研究表明：由于宏观社会文化数据采集的困难，加之当代社会破碎化程度的加深与地区异质性的增大，伴随着全球化和地方化的交织，全球化在改变地方意义构成的影响日益凸显，它怎样影响旅游目的地居民的地方感、认同及自我与地方的关系；它怎样影响当地人所有的、完全在地方定位的生活中发展而来的共享的理解力、价值观、欲望、神话等成为当前旅游社会文化影响的研究热点，学者们对地方与身份关系的理论与经验研究逐渐增多。Jeong 和 Santos（2004）采用文化节日构建地方身份。什么因素会促进地方身份的增强？ Rekom 和 Go（2006）在荷兰沃伦丹（Volendam）与厄瓜多尔奥塔瓦洛山谷（Otavalo Valley）的研究发现，旅游带来的商业活动对培育地方身份有重要的协调作用。精英们倾向于在固定的时空架构中固定地方，通过投资建设物质性的、纪念性的建筑以固化地方意义来形成认同。地方通过景观储存唤醒个人和集体的记忆，进而塑造民族认同和国家感。遗产旅游就是一个生动而鲜明的例子。遗产旅游经历被看作是一种符号化机制，通过它，国家认同感和国家归属感得以重建并互相交流，作为一种文化产品，它最根本的作用在于维持国家的团结性和合法性。帕克（Park，2010）以韩国昌德宫殿（Changdeok）为例，“深描”了游客对国家集体、共享记忆的主观感知和唤醒过程。作为共享国家遗产的背景，昌德宫殿的永久性在于它能够增强认知渴望和民族文化延续的象征和社会心理地位；作为一种象征代理，它们的作用在于鼓励国家感知历史的阐述和国家归属感维持与增强。

此外，关于主客关系另一个新的研究领域是文化表征与象征意义。文化表征是对目的地及其居民的“正确”描述，它们传达了一种客观的风景和体验，以语言、代码的形式融入旅游产业的实践之中。表征产生于“它们本身(人、服饰、食物、自然特征、建筑环境或独特的图标)”(things-in-themselves)。以视觉形式转化为照片或电影；口头形式转化为事实和科学陈述、新闻报告、神话；听觉形式转化为音乐、歌曲、演讲；物质形式转化为模型、仿真、纪念品；数字形式以多种方式组合成网络。旅游表征是一种经济社会力量，把游客、当地居民的文化身份、期望、经历缠绕成一种复杂的关系。亨特（Hunter，2011）鉴于中国台湾南部特殊的文化背景，研究鲁凯（Rukai）社区居民的文化旅游中的表征主题，揭示了表征在本土居民身份识别中的社会历史地位。象征在社会发展过程中扮演了社会转换机制的功能。遗产旅游是一种象征性的文化实践活动，具有特殊的象征运作逻辑。探求景观的象征意义及其对空间和地方的解释大多以列斐伏尔（Lefebvre）的社会空间三元模型为基础，即空间实践、空间表征和表征的空间。克莉丝汀（Christine）等学者解码了游客对海岸旅游目的的文化象征意义的理解。

国外关于主客交往的理论研究主要有社会交换理论、冲突批评理论和符号互动主义理论。社会交换理论是将人与人之间的互动行为看成是一种计算得失的理性行为的社会学理论，20 世纪 80 年代末被引入旅游影响研究，其认为主客关系也是一种交换关系。当主客一方或双方表达出需要时，交换过程就开始了，他们会对交换的结果进行评估以决定自己的态度和行为（Ap，1990）。冲突批评理论是旅游社会学对现代旅游两级化发展中诸多冲突的批判性审视。例如，高度常规化或非人格化的旅游产业发展与旅游者旅游期望或旅游经历质量之间的冲突；“好客现象”的非商业交换本质与“商业化了的好客工业”之间的冲突，在现代旅游发展中，主客关系已完全演化为一种经济交换和利益驱动关系；在宏观考察国家与区域的旅游发展状况与关系时，冲突批评理论的焦点集中在目的地国（以发展中国家为主）对客源国（以发达国家为主）的依赖及这种依赖性的矛盾冲突。符号互动主义理论是社会学的基本理论，认为人类交往行为是基于有意义的符号之上的一种互动过程，人类互动在很大程度上受文化意义的影响。这种理论在旅游主客关系研究中得到广泛应用，用以解释旅游目的地居民如何看待和认同旅游者？旅游者又如何看待和认同旅游目的地居民？埃文斯（Evans，1989）和拉克森（Laxson，1991）运用符号互动主义对美国印第安保留地居民与游客的关系作了深入分析，结果表明，在民俗旅游中短暂的旅游交往不能增进文化了解，相反“恶化”了主客关系，加剧了民族中心主义倾向。

第三节 国内旅游社会文化影响研究

一 国内旅游社会文化影响研究进展

我国旅游社会文化研究起步于 20 世纪 80 年代。早在 1987 年，北京旅游学会和深圳大学共同召开了一次旅游文化座谈会，把旅游文化作为其研究的重点课题之一。但从总体上看，我国旅游社会文化研究一直处于自发的和零星的状态，未能得到旅游理论界和实业界的足够重视，从研究方法到研究内容都与旅游实践发展的需求存在差距。进入 90 年代，我国旅游社会文化研究出现了明显变化，1990 年中国旅游文化学会成立。1990 年 6 月和 8 月，北京旅游学会先后两次组织召开了以“旅游文化”为中心议题的学术研讨会，同年 10 月中国旅游文化学会、北京旅游学会和中国旅游学院联合在北京召开了首届“中国旅游文化学术研讨会”，围绕旅游社会文化研究的诸多问题展开了认真讨论（马波，1999）。1997 年 12 月，国家旅游局、国家科学技术委员会和中国科学院联合在北京召开了首届“全国旅游业可持续发展研讨会”，会议提出实施可持续发展战略是中国旅游业发展的必然选择，而旅游目的地社会文化与旅游可持续发展有着密切关系。1999 年 9 月，美国伊利诺伊大学、香港中文大学和云南大学共同在昆明举办了“人类学：旅游与中国社会”国际学术讨论会，体现了从人类学角度考察中国旅游发展的新趋向（徐建新，2000）。2001 年 12 月在中山大学召开的“21 世纪都市可持续发展暨纪念中国人类学百年国际学术会议”上，旅游发展与民族文化保护成为学者们关注的焦点之一。2005 年 10 月在武汉召开的第三届人类学高级论坛以“人类学与乡土中国”为主题，不少学者对乡土中国的旅游发展手段和旅游对当地的社会文化影响进行了广泛讨论。旅游管理、人文地理等学科的学者们对旅游社会文化影响日益关注，学者们围绕“传统村落与社区旅游”“主客关系管理”“少数民族地区旅游发展”“城市社区旅游”等进行了广泛探讨。2007 年 7 月在广州召开的第五届国际会议“遗产与旅游国际学术会议及旅游地理高级研讨班”上，研究和讨论主题包括“主人与客人”“社区可持续遗产旅游”“居住遗产：少数民族社区的旅游”和“保护与发展：对社区遗产旅游的案例研究”等旅游社会文化影响的内容。2013 年，《旅游学刊》就旅游与社会文化变迁主题发表系列笔谈，从不同角度论述旅游社会文化影响。毫无疑问，旅游社会文化影响已经成为我国旅游研究中的前沿和热点领域。

二 国内旅游社会文化影响研究的主要内容

（一）旅游文化的概念、结构和开发

关于旅游文化的概念有三种不同认识：①旅游文化是人类过去和现在所创造的与旅游有关的物质和精神财富的总和；②旅游文化是旅游主体、旅游客体和旅游媒体相互作用所产生的物质和精神成果；③旅游文化是以一般文化的内在价值为依据，以旅游诸要素为依托，作用于旅游生活过程的一种特殊文化形态。关于旅游文化的构成，有的学者认为旅游文化应包括旅游主体文化、旅游客体文化和旅游媒体文化三个部分；也有学者认为旅游文化由旅游深层文化和旅游表层文化组成。至于旅游文化的特点，学者们存在着综合性、地域性、继承性、新奇性、多样性和服务型等理解（冯乃康，1991）。李维树（1994）认为

文化差异可以形成一种旅游资源。陈传康（1996）最早将文脉的概念引入旅游开发中，提出旅游开发规划应当充分重视对当地文脉的发掘。李蕾蕾（1998）研究了文脉在旅游地形象设计，特别是城市旅游形象策划中的重要作用。王立（1997）讨论了旅游文化的三个发展阶段。王德刚（1999）较为深入地探讨了旅游文化的概念和内涵。赵文红（1998）分析了旅游文化的概念、内涵和载体，提出旅游文化是旅游可持续发展的源泉。谢春山（2001）讨论了旅游文化的内涵、分类及其在旅游业发展中的地位，认为旅游文化是中国旅游业参与国际竞争成败的关键。彭华（1998）则从文化开发策划、自然风光的文化开发、人文景观的文化开发及旅游区整体文化形象四个方面探讨了旅游目的地的文化开发，认为自然景观要注意科学内涵、美学内涵和附会文化资源的充分挖掘，人文景观旅游区的开发要注重其民族性、艺术性、神秘性、特殊性和传统性。许多学者从旅游资源开发的角度，就不同旅游目的地旅游资源的文化开发进行了研究（马勇和李娟文，1996；谢春山，2000；彭欢首，1998）。马晓冬和翟仁祥（2001）认为旅游文化资源有三个结构层次：第一层次，即基础文化层次为文化景观，如文物古迹等；第二层次为文化风情，即动态文化景观，如节日庆典等；第三层次为文化艺术，如表演艺术等。徐菊凤（2005）对旅游文化研究进行了梳理，总结出四个特征：早期关于旅游文化的认识偏于强调旅游文化的外在物化表现，定义上比较笼统；后期观点逐渐强调旅游活动和旅游者是旅游文化的核心；许多人偏好使用“总和”的概念来界定这一新概念；普遍没有借鉴国外这一领域的研究成果，缺乏横向对比与国际衔接。认为国内对于文化旅游的研究基本上停留在浅层次的文化类资源开发的论述上，系统的、理论性的研究非常缺乏。仓理新（2008）、赵红梅（2014）分别从社会学和人类学角度讨论了旅游文化及其内涵、特性和功能。

2000年以后，国内关于旅游文化开发方面的研究不断发展，我国是一个多民族国家，独特的民族文化是具有重要吸引力的文化旅游资源，许多学者对我国民族文化的开发和保护进行了深入的研究。吴必虎和余青（2000）分析了我国民族文化旅游开发的现状，对我国民族文化旅游开发研究进行了系统总结，指出应当正确处理民族传统文化与现代化、民族文化保护与旅游开发的关系，认为民族生态博物馆是一种可持续旅游发展的模式。

丁健和彭华（2002）对影响民族旅游开发的主要因素进行了系统分析，主要包括民族特色与民族知名度、交通条件、区域经济发展水平、客源市场、旅游地民族感知形象、有无著名风景区、空间集聚与竞争、决策者行为、当地居民态度等。陶黎（2002）把民族文化旅游产品的开发类型划分为民族文化景观实体的开发、参与性民俗活动的开发、民族精神文化产品的开发和民族旅游商品的开发。2006年，中国联合国教育、科学及文化组织全国委员会、东南大学、中国南京世界历史文化名城博览会组委会联合主办了“文化遗产保护与旅游发展国际研讨会”。会议指出：文化遗产是人类文明的见证和民族精神的财富，是不可再生的珍贵资源，文化遗产保护是人类共同的崇高事业。通过旅游，可以加强公众对文化遗产重要地位及价值的社会认知度，延续遗产文脉，传承人类文明。不丧失原真性的，科学、合理的旅游发展在更大层面上有利于文化遗产保护。要正确处理保护、利用与发展的关系，多角度挖掘遗产地的旅游价值。文化遗产旅游在我国乃至世界的旅游业发展体系中扮演着重要角色。此后，我国关于文化遗产旅游方面的研究形成热潮。

近年来，随着我国经济转型升级，关于旅游文化产业发展和产业融合的研究开始增多。李蕾蕾等（2005）以深圳华侨城主题公园为例，研究了大型旅游表演的生产流程和产业体系，形成了福特-后福特双重机制的文化产业生产模式。余洁（2007）提出将旅游产业整合为旅游文化产业或文化旅游产业，有利于旅游和文化产业的共同发展。马勇和刘军（2014）从旅游产业与文化产业融合的视角出发，提出了建设丝绸之路旅游文化经济带的构想。

（二）旅游者动机和行为研究

刘纯（2000）从理论上讨论了旅游动机产生的需要，认为旅游行为的动机具有多源性。张卫红（1999）利用调查和统计分析对旅游者的旅游动机进行了定量分析与评价，结果表明，我国旅游者旅游动机的层次普遍偏低，并且不同群体的旅游者的旅游动机和对旅游目的地的选择偏好各不相同。陆林（1997）对山岳型旅游目的地旅游者的旅游动机进行了实证分析，结果表明，我国山岳型旅游者的旅游动机大多为观赏奇异风光、回归大自然，与度假旅游者逃避、放松的旅游动机差异明显。冯淑华（2002）则以古村落为例，探讨了旅游者的行为模式。陆林（1996）阐述了山岳型旅游目的地旅游者的空间行为，并对比分析了中国黄山与美国黄石公园旅游者空间行为的共性与个性。吴必虎（1997）通过大量的问卷调查，总结出了中国城市居民关于旅游目的地选择行为的四个规律。其还运用空间使用曲线技术分析了上海城市游憩者在空间上的流动规律（吴必虎，1994）。殷红梅（1999）以贵州织金洞为例，通过实地调查分析了旅游者的时空分布和行为特征。崔凤军等（1997）对泰山旅游者的交通方式、旅游消费等行为特征进行了研究。张捷等（2002）通过对九寨沟的实证研究，证明游客入游距离与旅游动机相关性不明显。许多学者从旅游需求和市场的角度，研究了旅游者的时空分布（陆林，1994a/b，1997b，2002；陈健昌和保继刚，1988；张红和李九全，2000；张捷，1999a，1999b；保继刚等，2002）。聂献忠等（1998）以九寨沟为例，研究了旅游者的结构与行为特征。2000年后，我国关于旅游者动机与行为的研究开始向纵深发展。张朝枝（2002）研究了旅行社对旅游者的决策行为、时空行为 、消费行为、心理行为的影响。余颖等（2003）对老年旅游者的出游行为决策进行了研究。李燕琴和蔡运龙（2004）以百花山自然保护区为例，对北京生态旅游者的行为特征进行了调查与分析，对生态旅游者进行分类并研究了不同类型生态旅游者在人口统计、动机、环境态度、管理倾向等行为特征方面的差异。苏勤等（2005）以世界遗产地——西递为例，通过分层聚类的方法，根据主导动机的不同将西递旅游者分为四种类型旅游者，并分析了不同类型旅游者的人口社会属性、旅游行为及利益追求的基本特征。石美玉（2005）从多角度研究了旅游者购物行为模式、购买决策过程及其特点。随着旅游方式的多样化，有学者对自驾车旅游者的旅游动机、决策影响因素、消费行为等进行了分析总结（张晓燕等，2006）。徐菊凤（2007）以海南三亚的海内外度假旅游者作为调查对象，比较了中国及俄罗斯度假旅游者的旅游动机、旅游行为和需求方面的异同点。一些学者开始关注入境旅游者的行为研究，白凯等（2010）通过构建旅游者认知和旅游者感知价值、旅游者行为意图的结构方程（structural equation modeling ，SEM），对西安入境旅游者进行了实证研究。郑鹏等（2010）以西安入境旅游者为研究对象，从推-拉理论的视角，运用因子分析、单因素方差分析和皮尔逊相关分析等方法对来华入境游客的流动机理进行了研究。胡兴报和苏勤（2011）运用描述性统计研究了黄山国内旅游者的日常网络旅游信息搜索行为特征，并对搜寻信息内容进行了聚类分析。王兆峰和谢娟（2013）以张家界为例，研究了旅游者对旅游网站信息搜寻的特征和偏好，并采用因子分析法分析了旅游网站信息搜寻对旅游者行为决策的影响。蔺国伟和白凯（2015）构建了网络口碑对潜在旅游者从众行为的影响模型，并以西藏为案例进行了实证研究。杨军辉和李同昇（2015）以女性旅游者为研究对象，探究其旅游行为背后的传统社会观念变迁。黄潇婷和刘春（2016）以香港海洋公园为例，研究了旅游同伴角色对旅游者行为的制约。

（三）旅游社会文化影响研究

刘振礼（1991）最早对旅游目的地社会文化影响进行了研究，通过对河北野三坡的调查分析，得出了旅游的社会影响以有利方面占主导地位和旅游影响具有阶段性的结论。7 年后，刘赵平对野三坡进行了跟踪研究，结果表明刘振礼的结论依然成立，并认为社会交换理论具有适用性（刘赵平，1998）。申葆嘉（1992）讨论了旅游目的地的社会压力问题。吕拉昌（1995）分析了少数民族地区的文化生态系统及其区域开发。郑向敏（1996）论述了旅游对风情民俗资源的消极影响和对策。王宁（1999）对现代社会中旅游现象作了社会学分析，深入考察了旅游作为社会文化变迁和社会现代化动力的各个方面，如社会心理因素变化、社会开放程度变化、社会结构变化及社会伦理改变等。王宪礼等（1999）通过居民态度调查，分析了长白山生物圈保护区旅游的社会影响。唐顺铁（1998）探讨了社区旅游的特点和旅游目的地建设的社区化。付保红和徐旌（2002）对云南西双版纳傣族自治州民族旅游中村民社会角色的变化进行了有意义的调查研究。

戴凡和保继刚（1996）认为旅游因其复杂本质，对目的地文化的影响形式是多种多样的，很难定出一套衡量影响的标准尺度。学者们通过多种途径对旅游文化影响展开研究，文化景观可以成为一个重要的切入点。文化景观是文化地理学中的核心概念和中心议题，是传统文化的本质特征。语言是人类思维的外壳，是人类的交往工具。潘秋玲（2005）刻画了西方、粤语言景观在西安传播的空间格局。吴悦芳和徐红罡（2010）研究了大理古城旅游房地产的发展及社会文化影响研究。

从 20 世纪 90 年代开始，我国学者开始从旅游目的地居民旅游感知角度研究旅游影响，陆林（1996）以皖南旅游区为例，通过旅游地居民态度调查研究，探讨旅游对旅游地影响的性质和程度。戴凡和保继刚（1996）从大理居民学英语态度的转变出发，研究旅游地的社会文化影响。宣国富等（2002）以海南省三亚和海口两市为例，研究了海滨型旅游地居民对旅游影响的感知。黄洁和吴赞科（2003）以浙江省兰溪市诸葛、长乐村为例，对旅游发展带来的积极和消极影响进行了调研，运用主成分因子分析法描述了居民对旅游影响的一般认知，通过聚类分析划分出对旅游发展持不同观点的三类人。苏勤和林炳耀（2004）采用分层聚类法将西递、周庄和九华山三地居民分为四种类型，提出国内外旅游地居民对旅游发展的态度与行为存在明显分化，国内居民较国外居民对旅游发展表现出更为积极的态度和支持行为。吴忠宏等（2005）以澎湖列岛为例，进行了居民对生态旅游态度的研究。杨兴柱和陆林（2005）以中山市为个案进行了城市旅游地居民感知的研究。卞显红（2005）以太湖为例进行了居民态度与社区问题研究。黄玉理（2006）在平遥古城进行了世界遗产地居民态度实证研究。

近10年来，关于旅游社会文化影响一些新的研究领域开始在国内出现，卢松等（2008）选择世界遗产地西递和九寨沟为研究案例，对旅游地居民旅游影响感知进行了比较研究。李东和等（2008）以黄山风景区为例，研究了居民对旅游影响感知和态度的空间分异。陈丽坤（2011）对西双版纳三个傣寨、唐雪琼等（2011）对元阳哈播和绿春的研究都表明少数民族为适应现代社会的主流文化，经历了地方文化认同、文化适应与文化重构的过程，从而走向世界文化。关于旅游对旅游目的地社会结构变迁的影响，旅游影响少数民族家庭权利、价值观及生计变迁也取得了一些进展，如唐雪琼等（2009）对云南泸沽湖地区摩梭女性及张瑾（2011）对广西黄洛瑶寨红瑶妇女参与旅游的研究。在旅游绅士化方面，赵玉宗（2009）在南京“总统府”周边区域的实证表明：城市旅游绅士化现象呈现了较为明显的居住与商业转变过程，“企业化”的地方政府和寻求利润的房地产开发商在推动旅游绅士化发展中具有主导作用，而特定的地方城市社会文化特质和居民的需求偏好则重塑其发展背景。在旅游对地方认同影响方面，张彦和于伟（2011）对济南两社区的实证研究表明：旅游活动导致的不同居住类型和参与经营程度居民对社会资本影响呈现差序格局。旅游供应商充分利用社会资本策略，加强全球与地方的联系，为当地旅游扶贫做出贡献。个人社会资本在旅游企业发展过程中也存在鲁棒效应 (robust effect)，这种效应在社会资本的不同维度是不一样的，对个人能力和建立企业的可能性产生正面效应，文化资本、政治资本、人力资本等与旅游导向的社会资本存在关联。在文化表征与象征意义方面，杨丽认为少数民族文化表征是民族旅游的核心，并从利益相关者的视角识别中国云南多民族文化表征，反映并强化社会权利关系的政治过程，揭示了文化霸权在旅游表征中的永恒性。而象征在社会发展过程中扮演了社会转换机制的功能，遗产旅游是一种象征性的文化实践活动，具有特殊的象征运作逻辑。杜芳娟等（2011）研究发现民族精英通过各种社会关系、权力影响和重构地方身份，进而影响地方意义的重构。孙九霞和王心蕊（2012）关注作为世界文化遗产的丽江大研古城自旅游开发以来古城原生文化的变迁，从古城酒吧发展的视角，探求古城文化变迁过程，并应用乔治·里茨尔“虚无”与“实在”理论分析古城酒吧发展过程中“虚无”与“实在”的表征及动因。孙九霞和陈浩（2012）还以海南三亚回族社区为案例地，发现旅游商品销售、旅游运输业、旅游餐饮业等旅游相关行业使当地居民的族群认同发生了一定变化，主要表现为宗教意识得以强化、传统习俗发生改变、旅游与传统产业的职业认同有所分化。一些学者开始关注旅游地社会空间变迁，孙九霞以列斐伏尔（Lefebvre）的空间生产理论为指导，对旅游与传统社区空间生产之间的关系进行了理论上的探讨（孙九霞和苏静，2014）。研究发现，旅游影响传统社区空间变迁的根本原因在于游客成了传统社区空间生产的主体之一，旅游利益相关者是传统社区空间的主要建构者，并通过占有传统社区的土地成为社区空间的直接生产者；空间生产主体的多元化、主体生产目标和行动的错位是导致旅游影响下的传统社区空间生产过程中矛盾多发的主要原因之一。吴骁骁等（2015）以周庄古镇历史镇区为案例地，发现周庄历史镇区的居住空间形成了使用者多元化、空间功能多样化、空间分布破碎化的变迁特征，认为产生变迁的根源是旅游发展后新主体大量涌入，其基于各自的立场而对旅游商业化有着不同的理解与评价标准，而这种源于利益考量的理解与评价的差异与变化产生了对古镇旅游商业开发的不同行为，本地社会关系在这种频繁的实践与互动过程中不断复杂化，出现新的空间，居住空间发生变迁。

第四节 国内外旅游社会文化影响研究评述

国外对旅游社会文化影响的研究最早来自社会学和文化人类学领域的学者，后逐步与人文地理学和旅游地理学等学科交叉融合。目前，已经形成了一种跨学科多维研究的局面，研究的相关学科包括：人文地理学、旅游地理学、文化人类学、社会学、心理学、文化学、民族学、民俗学、语言学、美学、宗教学及休闲学等。不仅建立了一系列相关旅游学术团体和机构，还出版了多种综合性和专业性的旅游学术刊物。在研究技术与手段方面，人文和旅游地理学借鉴了社会学和文化人类学的研究方法，特别强调对具体旅游目的地的案例研究和比较分析。在定性的理论演绎和逻辑推理的同时，又普遍使用定量的分析，广泛采用文献研究、调查研究、实验研究、实地研究、比较分析和社会统计的基本方法。但由于旅游社会文化影响的复杂性，也由于各自研究的案例选择、研究内容和具体研究方法等方面各不相同，研究成果缺乏可比性和理论上的概括性，关于旅游社会文化影响的衡量尺度至今也未能形成规范。2000 年以来，社会学、人类学、经济学、生态学等学科的研究理论大量引入旅游社会文化影响研究。例如，社区依恋理论、情感团结理论被用来研究居民对旅游的态度与情感；创造性破坏理论被用来研究旅游目的地文化变迁；“景观信息链”理论成为识别旅游目的地文化景观要素变迁的重要工具；文化系统理论被用来解释旅游目的地的文化表征和身份；社会破坏理论被用来研究旅游对社区犯罪的影响等。多学科理论介入固然重要，对自身理论的总结更为可贵，这也是科学走向成熟的关键。

国内对旅游社会文化影响的研究较国外存在较大差距。国内研究起步较晚，相关学科之间的交叉融合不够，对旅游社会文化影响缺乏综合性的研究——特别是从人文地理学、文化人类学、社会学角度的综合考察。总体来看，我国旅游社会文化影响研究还处在一种零散的状态，特别是结合不同旅游目的地对旅游社会文化影响进行的系统研究和比较分析还十分缺乏。理论上还停留在对旅游文化的概念、结构和特点的认识及对国外相关理论的介绍和引进，从研究方法和手段看，定性描述和理论分析居多，缺乏深入细致的调查研究，定量研究和社会统计分析方法运用较少，使得我国旅游社会文化影响研究成果的应用性不足。

第二章 旅游目的地社会文化变迁的基本理论

第一节　社会文化变迁及其基本理论

文化是活的文化，文化系统是一个开放动态的系统，文化始终处于发展和变迁之中。

文化变迁是指文化内容的增加或减少及其引起的文化系统结构、功能、模式和风格的变化。但由于在制度文化、行为文化和心态文化的诸多文化要素中，文化现象和社会现象不能截然分开，有些文化变迁现象也是社会变迁的内容，而有些社会变迁现象也是文化变迁的内容，因此可以把社会变迁和文化变迁现象统称为社会文化变迁。

社会文化发生变迁的根源是什么？是什么力量驱动社会文化变迁？自 19 世纪以来，西方社会学、文化学、人类学及文化地理学等学者进行了多方面的探讨，形成了各种各样的理论学说。

一 社会文化进化论

社会文化进化论是关于社会文化变迁理论中被广泛接受的观点。生物进化论最早是由达尔文提出的，他在 1859 年出版的划时代著作《物种起源》中提出：生物是由简单到复杂、由低级到高级逐步进化而来的。而斯宾塞早在达尔文提出生物进化论之前，于 1849 年就提出了社会学领域的进化观。斯宾塞在社会学领域提出的“进化”和“适者生存”观念，使一些人类学家开始用进化的观点来探讨社会起源和文化发展等问题，从而形成了古典文化进化论。古典文化进化论学者通过对不同类型文明的比较研究得出了一个人类文化和社会进化的一般性规律理论：这个进化的规律是一种单线或单向的，由低级向高级的，由原始的、野蛮的阶段向现代的、文明阶段的有序进化。古典文化进化论一般都把人类文化的发展看做是统一的，各地区各民族的社会和文化都是由简单到复杂、由低级到高级，各自独立发展而来的，都将经历同样的发展阶段。而人类的文化发展也具有共同法则，发展和进化是人类文化的必然，进化过程中的任何一个阶段都不可能被跨越，且不可逆。古典进化论是一种“单线进化论”，实际上是一种机械进化论。

20 世纪初，在引用、发扬或批判古典文化进化论的过程中由多种文化学理论融合到一起产生了古典文化相对论。德国著名哲学家、文化学家奥斯瓦尔德·斯宾格勒在《西方的没落》中首次明确提出并系统地阐述了文明形态史观，对文化进化论进行了批判，主张以民族文化的价值观念来取代知识、技术等因素来考察民族文化的发展，承认各民族文化发展的特殊性。美国文化人类学的代表人物弗朗兹·博厄斯认为文化是意义的联合体，而非技术或事物的联合体。没有绝对的标准可以用来衡量一种文化是否先进，任何一种文化都具有各自的特殊性，因而都有其存在的价值。而每一种文化都有其成长的历史和环境，评价一种文化现象只能以存在于其文化形态内部的价值标准来衡量。美国著名人类学家本尼迪克特明确指出：各文化都有自己的价值取向，有与自己所属社会的适应能力。

20 世纪 30 年代，新文化进化论开始发展，成为文化人类学中的主流思潮。新文化进化论的主要代表是美国的一些文化人类学家，他们在坚持和系统化摩尔根、斯宾塞等的进化论思想的基础上，吸取了传播学派、相对论学派的一些思想，提出一些与古典进化论不同的观点，新进化论者认为社会文化变迁是多线的，不同的社会文化有不同的变迁方式。而技术发展、社会分化和社会构成要素的相互依赖是文化或社会进化的决定性因素。

二 文化形态理论

英国历史学家阿诺德·汤因比（Arnold Toynbee）继承并发展了奥斯瓦尔德·斯宾格勒的理论，提出了文化形态学理论，把文明等同于生命有机体，认为文明一般都要经历产生、成长、衰落和解体的过程。汤因比提出了“挑战－应战”的基本法则，借此阐述文明进步的动因。在他看来，文明进步的动力在于：人类社会不断接受挑战，少数具有创造力的人凭借智慧引导文明社会的大多数应对挑战。旧的挑战被克服，新的挑战又起，如此循环往复，文明社会方能迈步向前。

文明产生于挑战和应战，挑战分为自然环境和人为环境的各种各样的挑战，为了应付这种挑战，在少数具有创造力的人的引导下，人类表现出空前的努力，一种文明就在“挑战与应战”的过程中产生了。但并不是任何挑战都能激起应战，挑战与应战之间存在着恰当的张力：文明的产生应当是对适度挑战的成功应战。文明的成长是挑战、应战、平衡、新挑战，不断重复的循序渐进的过程。从外部来说，文明的成长表现为对自然环境和人为环境的征服，对自然环境的控制或征服表现为技术水平的进步和提高；对人为环境的控制或征服表现为军事征服其他地区的人民或地理的扩张。从内部来说，文明的成长则表现为有了日益增强和日益积累的精神、自觉能力和自我表现能力，人们有较高的思想境界和道德水准。衡量文明社会成长的标准是人类自身精神的进步、道德水准的提高。它表现为人们具有社会责任感和历史使命感，能够对人类自身所创造的异己力量进行科学利用和有效控制。文明的衰落来自于一个社会对新挑战不能再进行成功的应战。衰落不是物质的、外在的、客观的因素造成的，而是内在的、精神的、主观的原因所导致的。一方面，少数创造者受到刻板的、机械的、被动的社会环境的熏陶，同时为了适应毫无创造力的民众，自己也陷入呆板、无活力的模仿的机械性状态；另一方面，由于少数英雄人物没有随着时间、地点、条件的变化而相应地调整自己，面对既得的成就踌躇满志，丧失了进一步取得成功的内在动力。文明社会的解体是文明社会对同一个、越来越强的挑战无法进行成功的应战所导致的，文明社会的解体表现一分为三，即统治者、内部无产者、外部无产者。

与认为社会文化变迁趋势是朝着一个特定的方向的进化论学者不同，文化形态理论认为社会文化在经历着一个无方向的、连续的成长和衰落、挑战和反应的变化模式，社会文化是循环发展的，每个循环都以某种“挑战”开始，而每个“挑战”都会得到一个“反应”。如果这一反应成功了，社会文化会继续发展并面对下一个挑战；如果反应不成功，社会文化就会衰落甚至崩溃，社会文化的产生与变迁是客观环境与人类实践交相作用的结果。

三　功能主义理论

功能主义的最基本原则是，社会与生物有机体在许多方面是相似的：社会与生物有机体一样都具有结构，一个社会要想得以延续就必须满足自身的基本需要，社会系统中的各个部分也需要协调地发挥作用以维持社会的良性运行。因此，从功能主义的视角来看，社会是由在功能上满足整体需要从而维持社会稳定的各部分所构成的一个复杂的系统。法国社会学家迪尔凯姆被视为当代功能主义的奠基人，他把社会看作是一个由道德价值观上的共识来规范的一种特殊的有机体。

美国学者塔尔科特·帕森斯（Talcott Parsons）是将功能主义发展为社会学分析中一个全面而系统的理论的领袖人物。他把社会理解为一个各部分之间相互依存的系统，其中的每一部分都为系统的维持作出一定的贡献。社会系统为了保证自身的维持和存在，必须满足四种功能条件：①适应。确保系统从环境中获得所需资源，并在系统内加以分配。②目标达成。制定系统的目标和确定各目标的主次关系，并能调动资源和引导社会成员去实现目标。③整合。使系统各部分协调为一个起作用的整体。④潜在模式维系。维持社会共同价值观的基本模式，并使其在系统内保持制度化。在社会系统中，执行这四种功能的子系统分别为经济系统、政治系统、社会共同体系统和文化模式托管系统，这些功能在社会系统中相互联系。社会系统是趋于均衡的，四种必要功能条件的满足可使系统保持稳定。在社会系统与其他系统之间，以及在社会系统的各子系统之间，存在着多种多样的输入-输出的交换关系。通过交换，社会秩序得以结构化，并构成社会系统的动态平衡。塔尔科特·帕森斯认为总体社会系统中的四个子系统之所以能够充分发挥功能，其关键在于社会拥有将其成员整合在一起的共同的价值体系。他强调文化（也就是一个社会的共同信仰、规范和价值观）是维持社会紧密结合的“胶水”，因为它特别不易变化，如果过多的人拒绝接受这些价值观，社会稳定将会崩溃。正因为社会文化体系是由相互依存的部分组成的，因此一个部分的变化必然会引起其他部分的变化，进而导致整个社会文化系统的相应变化。对于社会文化系统中的一个特定部分（如一个群体、一种设置、一个阶层）为什么能够存在，功能主义会问它在维持社会文化整体秩序中发挥的功能是什么。功能主义理论认为社会文化的变迁主要原因有两个：特定体系的外部或特定体系内部的紧张关系。

四 社会冲突理论

社会冲突理论是对结构功能主义的反思和对立物，结构功能主义着重从功能上分析社会系统的制度性结构，主张社会的稳定和整合；冲突理论主张社会的变革，强调社会冲突对社会的巩固和发展具有积极的作用。冲突论的主要观点建立在马克思的阶级分化的理论之上，但当代冲突论学者不仅关注由经济因素决定的社会阶级之间的冲突，还扩展到种族、民族、政党及宗教因素所决定的社会阶级之间的冲突。

社会冲突理论学者认为：社会体系处于绝对不均衡状态，冲突是社会固有的特征。冲突是价值观、信仰及稀少的地位、权力和资源分配上的斗争。社会体系内每一种成分、每一个部门都是彼此相关联的，在社会系统运转时，各个部门对社会系统的整合与适应程度不一致，会导致不同部门操作及运行方式和过程不协调，造成社会系统运行出现紧张、失调和利益冲突现象，整个社会体系处于绝对不均衡中，社会冲突是不可避免的，而且是社会运行中的常态，冲突是社会的固有特征。美国社会学家刘易斯·科塞认为社会冲突在一定条件下具有维护社会有机体或社会子系统的重要功能：一是冲突对社会及群体具有内部整合功能；二是冲突对社会与群体具有稳定的功能；三是冲突对新群体与社会的形成具有促进功能；四是冲突对新规范和制度的建立具有激发功能；五是冲突是一个社会中重要的平衡机制。冲突既是社会稳定秩序的破坏力，也是社会发展的推动力。群体之间的冲突有助于群体内的凝聚与整合；群体内部的冲突也有助于群体内部的凝聚和整合；冲突有助于群际关系的整合。

德国学者达伦多夫认为社会变迁是一个由社会内在冲突导致的社会权威结构不断更替的过程，社会成员事实上处在权力的支配与被支配的关系之中。他把社会冲突的根源归结为特定的社会结构，并从权威结构中寻找冲突的根源。社会体系是一个各个部分被矛盾地联结在一起的整体，社会权力的资源是有限的，各个利益集团之间权利分配的不均就必然产生社会冲突。达仁道夫认为，社会变迁分为“根本性社会变迁”和“突发性社会变迁”。“冲突强度”与“根本性社会变迁”、“冲突烈度”与“突发性社会变迁”之间存在着一种明显的相关律。社会文化变迁的冲突论基础是：每一个社会每时每刻经历着变迁过程，社会变迁是普遍存在的；每一个社会每时每刻经历都表现出不一致和冲突，社会冲突是普遍存在的；社会冲突导致社会变迁，但变迁的结果不同，社会文化就是在发展—冲突—再发展—再冲突的循环中不断曲折前进的。

五 文化传播理论

20世纪80年代以来，以美国为主的一些人类生物学家认为，生物学中基因遗传和生物进化的过程同人类社会生活中文化的传播机制和演化过程存在很多相似之处，即一种文化特征也具有形成、选择、传播与演化几个阶段。文化传播就是一种文化特质或者文化元素从一群人传到另外一群人、从一个区域传到另外一个区域的过程。世界上分为不同的文化区，这些文化区之间不是彼此封闭的，文化在这些文化区之间的传播叫做跨文化传播。美国人类学家爱德华·霍尔（Edward Hall）被称为系统地研究跨文化传播活动的第一人，在其名著《无声的语言》中，明确指出文化即传播，传播即文化。

文化传播是通过无数个个体实现的一个社会过程，并通过个体-群体的变异推动社会文化的变迁。文化传播的主要途径包括空间上的文化扩散和时间上文化传承。人是文化的载体，文化传播是人的社会活动过程，离开了社会关系，离开了人与人的交往，文化传播就不能存在和实现。文化传播的主要媒介是符号、人群、物品和大众传媒，其中人既是文化传播者，又是最活跃的传播媒介；而大众传媒则是最有力的传播媒介。文化传播的渠道一般有垂直传播、斜传播和水平传播，文化扩散则分为迁移扩散和扩展扩散。

文化传播理论把外来文化的传播看成是社会文化变迁的主要动因，持这种观点的人最典型的是文化地理学者和文化传播学者。认为社会文化的变迁现象是在文化接触过程中产生的，是两种文化融合的结果。正如威廉·里弗斯所言：各族的联系及其文化的融合，是形成各种导致人类进步力量的主要推动力。大范围的不同文化群体间的接触和交易，自然会产生彼此之间的渗透，通过很长一段时间最终发展成为文化整合，导致文化变迁。文化传播的动力来自于两个方面：①文化具有显著的地域性特征。不同文化区域总是具有自己独特的文化特质和面貌，而文化系统是开放的系统，这种区域之间的文化差异是文化传播的外在动力。②文化区域自身的生存与发展是文化传播的内在动力。文化传播理论虽然重视外来文化传播对文化变迁的影响和作用，但也忽视了不同民族的社会文化内在结构对外来文化的选择性。

六 社会文化变迁的动因

总结社会学、文化学和人类学的研究成果，引起社会文化变迁的主要原因有七个方面：物质环境、人口、技术、非物质文化、文化进程、经济发展和有目的地促进变迁（波普诺，1999）。

物质环境主要指人类赖以生存的自然环境，自然环境的变化尤其是自然灾害往往会对社会文化的变迁造成巨大的影响和破坏。一个社会的人口数量和人口构成的变化会对社会生活产生巨大影响，进而促使经济和政治体制发生变迁。技术进步、科学发明会迅速改变人类的物质文化，但也需要非物质文化的内容为适应新技术而进行调整和修正。人类历史上的大变革都是以科学技术的发明创造为基础的，而随着时代的发展，科学技术在社会文化进化中的作用越来越重要。非物质文化，如价值观念和思想观念的变化会极大地推动社会文化的发展。经济发展通常是指与现代化相关联的三个构成要素：工业化、城市化和科层制化，这三个构成要素反过来又会导致社会文化发展与变化。有目的地促进变迁是指人们有目的性的努力形成的社会和文化因素的变迁，广泛多样的社会运动就是这一人为因素的重要体现。

需要指出的是，不管社会文化变迁的动因多么复杂，最终都是通过人这个价值主体来实现的。

第二节 旅游目的地社会文化变迁的相关理论

一 文化采借理论

在旅游活动这种跨文化沟通中，单个旅游者一次旅游逗留的时间虽然短暂，但作为众多旅游者组成的整体而言，却构成了旅游目的地一个庞大的新的社会群体——旅游者社会。来自不同文化背景的旅游者与当地居民接触交流的一个普遍现象便是通过“借鉴过程”互相采借对方的文化，这便是文化的采借过程。文化的习得性和传承性是一个事物的两个方面，而文化采借正是这种双面性在旅游活动中的具体体现。

旅游活动中主客双方的文化采借不是完全对等的，在很大程度上受双方社会经济状况、文化势能、双方人口数量及接触时双方关系性质的影响。大多是相对弱势的文化采借强势文化的先进文化元素。

理论上旅游过程中的文化采借是双向的，旅游者和当地居民相互作用、相互影响。但实际上，旅游者带给当地居民的社会文化影响比他们接受旅游目的地社会文化影响的程度要大得多，主要原因在于：①旅游者与当地居民的接触是短暂的，因而对于旅游者而言，这种接触是表层和相对肤浅的经历；②旅游者与当地居民的接触范围是有限的，他们通常接触的都是旅游企业的工作人员，双方之间的关系是一种消费者和服务者之间的不平等关系，并且旅游企业的工作人员也很难代表当地居民的社会方式和价值观念；③即便旅游者在旅游目的地逗留时间较长并与当地居民广泛接触，但语言作为交往的障碍往往也会影响交往的深度。从当地居民的角度看，他们所接触的不只是单个旅游者，而是不断前来访问的旅游者群体。因此，旅游者带给旅游目的地社会文化的影响是一种潜移默化的长期影响，这种影响还会因为旅游者的旅游动机、旅游方式及主客交往的不同而呈现不同的效果（苏勤，2001）。

旅游活动中主客双方的文化采借也不是全部接受的，文化采借是有所选择的。就不同的文化主体而言，对文化的选择通常有两种情况——接纳和排斥，选择的标准主要包括：使用价值的大小、与东道文化模式的接近程度、与旅游目的地居民心理的一致性等。其中，文化主体心理的差别与自我感觉的文化“等级地位”有关，自我感觉“优越”的文化主体可能产生文化沙文心理，而自我感觉“卑微”的文化主体可能产生文化盲从心理。对于特定的旅游目的地，如果社会文化环境相对封闭，外来文化的冲击力较小，则旅游目的地居民对于外来文化的选择必将强烈地受自身传统文化的影响，并形成顽强定势，后者又经其反作用力强化着这一影响，使旅游目的地居民不易接纳其他文化。反之，一个旅游目的地社会文化环境相对开放，外来文化冲击力较强，则旅游目的地居民对于外来文化的排斥力就较小。

在文化采借过程中，一般的情形是物质文化的采借先于精神文化的采借。一方面，因为物质文化处于整个文化核心结构的外层，在两种文化交流接触中最容易发生改变；另一方面，因为物质文化的使用价值比较容易判断，并且与当地居民的精神文化没有直接冲突，容易被接纳。而精神文化深居文化结构的内核，是文化结构中抵御外界影响的能力最大、最具稳定性的层面。但是，随着物质文化的被采借，精神文化的传播也是不可避免的。

二 社会交换理论

社会交换理论是在古典政治经济学、人类学和行为心理学基础上发展起来的，将人与人之间的互动行为看成是一种计算得失的理性行为的社会学理论。旅游作为不同文化背景的人之间的交流与接触，毫无疑问是社会交换的一个渠道。20 世纪 80 年代，这一理论被引入旅游影响研究中来，Sutton 认为具有社会特征的交换在主人和游客间确立了“旅游遭遇”关系，这种遭遇具有不对称、不平衡的特征。

Ap（1992）通过研究，提出了一个社会交换过程的模型（图 2-1），通过旅游目的地居民初始涉及旅游交换、持续交换及最后脱离交换的过程，试图说明旅游目的地居民与旅游者之间的动态相互关系，解释居民对旅游影响形成的感知与态度。模型反映的主客交换过程的基本构成有四部分：需求满足、交换关系、交换后果、不交换。联系各部分间关系的过程有：初步交换、交换形成、交易估价、后果积极估计及后果消极估计。

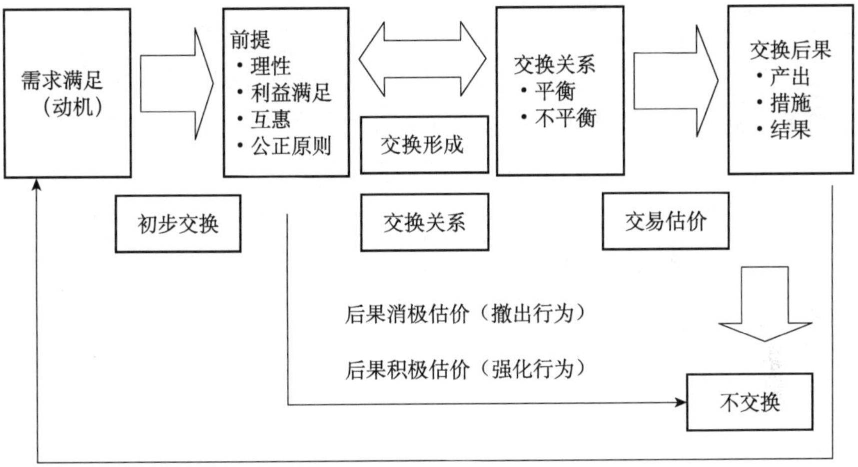

图 2-1　旅游目的地主客社会交换模型

在这个模型中设定的基本假设有：①旅游主客关系中存在社会当事人之间的资源交换关系；②社会当事人在交换关系中寻求相互利益；③涉及居民的初始交换动机是改善地区的社会经济面貌，而涉及旅游者的初始交换动机是获得满意的旅游体验；④从居民的感知及态度可以预测他们的行为。当交换的一方或双方表达出自己的需要时，交换过程就开始了。但交换关系的正式形成还必须满足几个先决条件：①理性，指基于寻求报酬的当事人行为符合“有限理性”的观点。研究表明，察觉到的旅游的报酬越大，当地人对旅游的反应就越积极。而察觉旅游的成本越大，当地人对旅游的反应就越消极。②利益满足，这是理性概念的延伸。如果利益达到居民当事人可以接受的满意水平，那么居民就表现出对旅游的积极评价或态度。如果利益达不到居民当事人可以接受的满意水平，那么居民就表现出对旅游的消极评价或态度。③互惠，互惠的概念被认为是交换理论的核心，是“相互满意”的形式。通过交换居民得到与他们付出等价的报偿，而旅游者得到他们期望的服务。如果出现互惠性的强迫，当事人一方无视、强压或凌驾于另一方，那么另一方会感到不平等或被剥削。若居民不平等地回报旅游者，那么旅游者就会对当地居民或服务人员的缺乏热情而表示愤怒或抱怨，导致不满意的游客散布不良的口头信息，并不再重复参观该地区。如果居民与旅游当事人之间的资源交换是互惠性的，那么当事人各方都会积极地觉察旅游影响。反之，当事人各方都会消极地觉察旅游影响。④公正原则，交换中要有公正原则来支配行为。如果接待方与顾客方之间交换的资源价值被觉察为公平的，那么，接待方很可能对旅游抱积极的反应。反之，接待方很可能抱消极反应。居民可能会对利益和成本分配的不公平表现出过激行为，如索价高、粗鲁、冷淡、劣质服务、犯罪行为等。

交换关系的形成是一个双向过程，具有选择性。若当事人预期或觉察到交换后果没有报偿或不值，那么就会退出交换行为，从而不交换。因而，交换关系是随时间变化的较长或较短的社会关系。交换关系的发展还会导致当事人之间进行交易估价，将交换关系与交换后果联系起来，当达不到可接受的水平时，当事人可能消极地估计后果，并产生退出行为——不交换。若后果是无报偿或负面的，则当事人也会产生不交换行为。若当事人需求得到满足，则交换行为得到强化，以后将继续从事交换行为。模型中，居民对后果的反应主要是经验性、心理上的结果。进行交易估价时，先检测交换产出，再决定取得产出的行动措施，最后评价心理感受结果。其中，产出指旅游收入，经济利益；措施指友好态度，热情好客，彬彬有礼；结果指当事人的心理感受。

根据社会交换理论，一旦某地区发展旅游，那么旅游者和当地居民之间一定的交换必然产生。发展旅游的动力是部分人（居民、市政领导、企业界）希望借此提高该地区的经济和社会发展水平；而对另外一部分人来说，则被强加给旅游。居民可以通过参与旅游发展，扩大游客接待能力，从而通过交换从旅游者那里得到收益。另外，居民可能通过不同意旅游或向旅游者及旅游倡导者表现出敌意行为而阻挠旅游。当旅游者的需要得到满足时，当地给予其的旅游体验将增加他们与居民间交往的愿望。反之，该遭遇可能对旅游者产生消极印象。而由于无止境的旅游者的进入，当地居民日常生活的社会文化环境发生改变。

目的地发展旅游，其目标就是使居民与旅游者之间达到成本－收益平衡。居民根据他们提供的服务与报酬的成本－收益平衡来估计社会交换的作用。由于旅游是动态持续过程，那么，先前被强加承受旅游的居民也有机会重新估计这种交换的作用。当居民发现交换得到的收益比其付出的成本更大时，居民的感知和行为将转向积极。

国外科痕等学者在波多黎各（谢彦君，1999）和国内刘振礼 (1992)、刘赵

平 (1998) 等在野三坡的案例研究结果都支持了社会交换理论在旅游目的地社会文化影响中的适用性。

三 旅游目的地社会文化环境变迁的系统理论

系统理论认为，系统是物质、能量、信息，并通过要素、结构和层次而形成的有机整体。系统整体按照其固有的规律运动和发展着。

旅游目的地由于地域空间和文化环境的特殊性和异质性使之成为一定地域的旅游流、信息流和物能流的中心，是具有开放性和动态性的地域系统。但在旅游者介入之前旅游目的地是一个维持自身物质、能量、信息、人口等“流”循环的稳定的结构系统，系统内各要素具有很强的自循环性和自流通性。旅游目的地社会文化环境也是一个相对稳定的自循环结构；居民拥有共同的社会心态，包括价值观念、思维方式、道德情操、宗教信仰及民风民俗等——地域空间内的社会群体在长期的人地和人际关系的磨合中所形成的一整套社会规范和文化模式，是这个稳定的社会文化系统的内在表现特征。系统内“流”的运动和外界“负熵”的交换有限，而旅游目的地稳定的自循环结构使外界导入的少量的“流”产生不了足够的扰动和冲击，从而使旅游目的地在大规模旅游开发和游客进入之前保持相对稳定。

但是，随着旅游目的地的开发，旅游目的地成为具有开放性和动态性的地域系统。外界游客的涌入和本地不同利益群体的分化，使旅游目的地社会文化系统原有的平衡状态在外界强力和内部应力的综合作用下被打破，这种状况会导致两种发展方向：①在外界物能“流”流入带来的文化冲击和旅游目的地系统内应力迎合需求的双重作用下，旅游目的地社会文化系统的外向度和现代化程度提高，社会文化环境质量得到改善。②当外界强力和旅游目的地系统内应力的复合作用和旅游目的地社会文化环境的容量发生冲突或作用点出现偏差时，系统结构的不协调就会暴露，旅游开发社会文化的负面效果也会显现。

从旅游目的地社会文化环境变迁的作用机制看，旅游目的地社会文化环境变迁是由外界随游客输入的物质、能量、信息、人口“流”与旅游目的地内各主体要素（政府、企业、居民等）的行为而形成的场流与系统相互作用的结果。其作用机制模型（杨俭波，2001）见图 2-2。

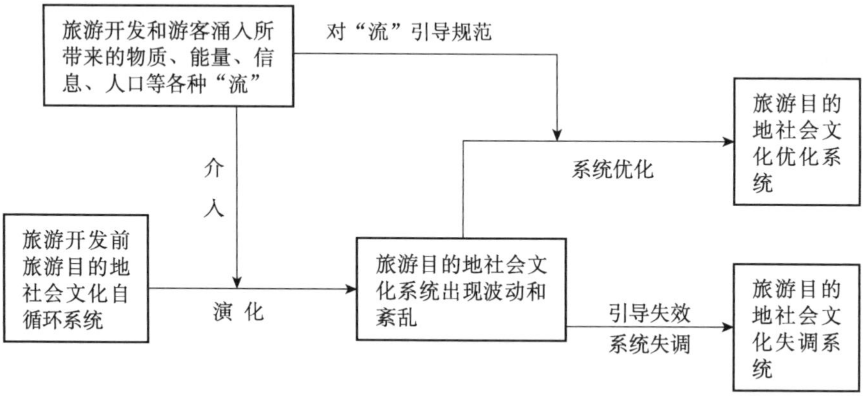

图 2-2 旅游目的地社会文化环境变迁的作用机制

四 旅游目的地发展阶段及社区态度演变理论

著名的旅游目的地生命周期模型是加拿大地理学家巴特勒 (Butler,1980) 提出来的。认为旅游目的地生命周期一般要经历探索阶段、参与阶段、发展阶段、巩固阶段、停滞阶段、衰退阶段或复苏阶段。在这个模型中，旅游的社会文化影响并不是关注的焦点，但巴特勒也注意到在巩固阶段一些社会文化影响的出现：旅游者和旅游设施的增多会引发当地居民的不满和反对。而到了停滞阶段，达到或超过了旅游目的地的容量水平，各种经济的、社会文化的、环境的问题也随之出现。

旅游带给当地的社会文化影响可以是客观真实的，也可以是主观感知的。如果居民感知并相信存在某种旅游社会文化影响，他们就会改变自己的态度和行为。一般而言，旅游目的地居民对旅游发展的态度变化根植于旅游带给当地的复杂影响。

多克西（Doxey，1975）根据在巴巴多斯和尼亚加拉湖区的调查研究，总结出旅游社会文化影响可根据当地居民对旅游发展的态度而划分为不同的阶段。随着旅游开发及其社会文化影响的深入，多克西总结的五个阶段是：融洽阶段（乐于接受）—冷漠阶段（对大量游客逐渐冷淡）—恼怒阶段（对物价上涨、犯罪、文化准则遭到破坏表示关注和愤怒）—对抗阶段（公开或隐蔽地对游客进行冒犯）—最后阶段。这一理论认为，当地居民对旅游发展和旅游者的态度变化来自旅游者数量的不断增加及他们的到来给当地原有的生活方式所带来的影响。其中，旅游社会文化负面影响的积累，是导致当地居民从旅游发展初期的欢迎而变为恼怒和对抗的社会基础。

第三章 旅游主体文化与旅游客体文化

旅游使得不同文化背景的人们相遇，形成各种文化交换和文化交流，而旅游主体（东道主）与旅游客体（旅游者）之间主客交往是实现这一目标的重要形式。

从文化传播的角度看，旅游首先是人们跨越地理空间的一种流动，其本身就是跨文化传播的方式之一，旅游者就是文化的承载者和传播者。旅游者承载着他所在国家和地区即客源地的语言、服装、行为方式、思想观念等一系列的可见和不可见的文化符号来到异国他乡，虽然对于个体旅游者而言，他只不过在旅游目的地进行短暂的停留、游览、观光，但当大量旅游者持续不断地来到旅游目的地时，旅游者与当地居民大规模持续邂逅与交往必然导致旅游目的地社会文化出现个体—群体的变异结果。因此，旅游对于旅游目的地社会文化的影响从本质上来说，是旅游者大量涌入旅游目的地所带来的旅游客体文化即旅游者文化与旅游主体文化即东道主文化相遇的结果。

第一节 旅游主体文化的基本特征

东道主社会和旅游目的地的文化称为旅游主体文化。旅游交往的主体和客体——东道主和旅游者，都是具有一定身体素质、心理素质、科学文化素质、思想道德素质的社会人。旅游主客交往双方作为独立的个体，在交往过程中，不仅表现出其个体的特征，还表现出他所在的社会、社区的群体行为，即文化的特征。

一 东道主文化

东道主是指生活在旅游目的地，生活习惯、价值观念、社会组织等方面相似，并对旅游目的地存在归属感的人。东道主社区是指由居住在旅游目的地的人们结成多种社会关系和社会群体，从事各种社会活动，所构成的相对完整的社会实体。单个的东道主居民是构成东道主社区的一分子，他们在一定地域、设施下组合在一起，又会表现出群体行为特征，形成东道主社区。东道主社区既具有诸如地缘、友谊、亲情、认同共生互助等传统内涵，又包括磨合人与人的关系、建立处理公共事务的运作模式、确立适合本地域生活方式等含意，是主客交往的宏观背景。东道主社区的社会文化是一个复杂的系统，也具有独特的个性魅力，最能体现出与别种文化的差异，最具有本民族文化的精神内涵。

根据旅游相关性及主客交往的背景，可将东道主分为旅游从业者和非旅游从业者两个一级分类和企业经营层、管理层、背景层三个二级分类（表 3-1）。

表 3-1　东道主社区分层

项目	旅游从业者		非旅游从业者
	企业经营层	管理层	背景层
人群	本地商户、服务业、旅行社、导游、导购及从事旅游经营性行业的旅游从业人员	政府雇员、景区雇员、规划人员、媒体、当地及国家团体（如环保、稽查等）	共同构筑了当地社会文化景观的不从事旅游业的当地居民
旅游相关度	高	较高	低
交往主动性	高	较高	低
交往机会	多	较少	较多
交往动机	经济	经济、管理	社会、文化
关注焦点	旅游企业经济效益改善	可持续利用资源	旅游与社区的融合
主客身份	商家—消费者	管理者—被管理者	主人—客人

旅游业的发展同企业部门的经济收益直接相关，企业部门员工同旅游业的关联程度最高，他们的衣食住行都同旅游业联系在一起。从时间上看，虽然受到淡旺季的影响，但是旅游企业人员的生活同旅游休戚相关，除必要的社会再生产时间以外，其他绝大多数时间花在直接对客的经营、销售、服务性质工作上；同游客交往大多出于经济目的，他们往往对旅游发展持肯定态度，尤其关注经济收益、政府政策、竞争环境的变化。由于该群体为旅游者提供了基本需求和服务，他们同旅游者交往最为频繁。

管理群体包括政府、企业、规划等部门的管理者，同旅游业相关程度较高，从事规划、管理、营销等方面的工作；对旅游发展趋向于肯定态度，认为旅游开发力度越大，就越有利于当地设施的改善及就业的增加；关注经济收益的同时，关注社会、文化综合效益，旅游决策者会更加关注可持续发展的途径。

不从事旅游业的当地居民，同旅游业的联系较为稀松，只是随机或偶然的机会同游客接触，他们充当了旅游目的地的背景。对当地居民而言，旅游目的地是他们日常生活的地方，大量旅游者的到来，不可避免对当地居民的生活产生这样或那样的影响，他们对旅游的态度可能越来越趋于分化，最为关注旅游活动对自己生活的影响。

二 东道社区社会文化系统的结构

东道社区地域空间和文化环境的特殊性和异质性使之成为一定地域的旅游流、信息流和物能流的中心，是具有开放性和动态性的地域系统。

文化地理学着重研究一定空间范围内各种文化现象的空间分异、地域组合及文化区的形成、发展和演变。文化地理学强调从地域的观点探索文化现象的形成和发展，揭示文化现象的特性及其与地理环境的关系，探讨由原始的自然景观变成文化景观的过程(王恩涌，1989)。20世纪30年代，美国地理学家索尔（Sauer）提出把解释“文化景观”作为人文地理学研究的核心，开创了人文地理学的“景观学派”和文化地理学的先河。认为“文化景观是任何特定时间内形成一地基本特征的自然和人文因素的复合体，文化景观因人类的作用而不断变化，因此，文化景观反映了人类文化与自然环境相互影响、相互作用的关系和结果”(邓辉，2003)。文化地理学以人类文化与自然环境的关系论点作为其理论基础，发展形成了文化景观、文化生态和环境响应三大研究领域。文化景观主要研究文化景观的形态、构成、特征、演变及其空间差异；文化生态主要研究文化现象与自然环境相互作用、影响的关系，强调环境对文化和人类文化对自然环境的“双向作用”；环境响应则从人对环境感知、认识与行为的角度，探讨文化景观的形成与演替，揭示文化景观的客观存在原因。

运用文化地理学的理论，可将东道社区社会文化系统分为文化景观和文化基质两个部分。文化景观是“附加在自然景观之上的各种人类活动形态”，表现为东道社区的风景名胜、空间格局、建筑风貌、文物古迹等，可以视为是物质文化的内容。而文化基质则是文化景观所表达的创造主体的思维模式和行为方式，表现为东道社区社会的价值观念及民风民俗、宗教信仰、社会组织等，可以视为是制度文化和精神文化的内容。图3-1反映了东道社区社会文化系统的结构。

东道社区的文化景观作为一种直观的物质留存，是地理环境、政治、经济、文化和技术等多种因素共同作用而形成的，其中地理环境提供了东道社区文化景观建设与发展的自然基础，而文化基质则是东道社区文化景观形成中最具稳定性、继承性、持久性和生命力的力量。文化景观反映了东道社区的风貌和特色，文化基质透过文化景观表达和规定了东道社区的核心吸引力，文化景观是“表”，文化基质是“里”；文化景观是“景”，文化基质是“情”；文化景观是“流”，文化基质是“源”，彼此关联不可分割。

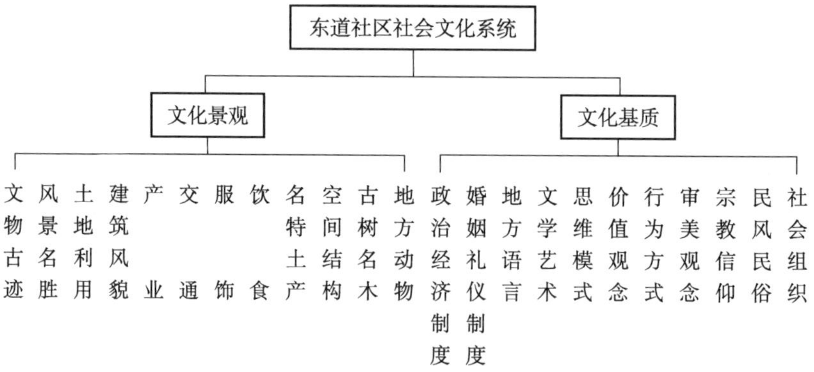

图 3-1　东道社区社会文化系统结构图

文化景观与自然环境的相互关系构成了东道社区的文化生态，而文化景观和文化基质之间相互观照的内在关联则体现了东道社区的空间意象。图 3-2 反映了三者之间的关系。

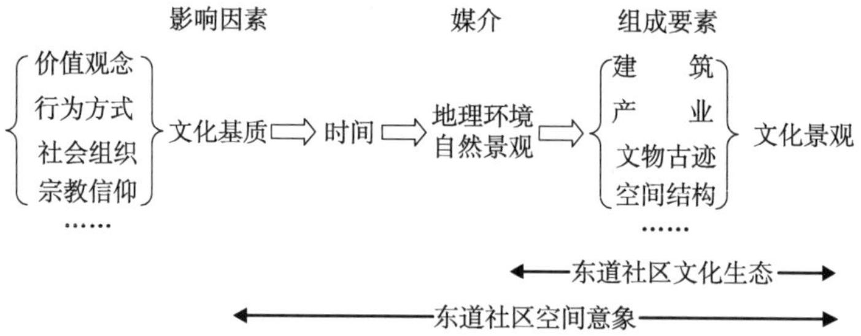

图 3-2　东道社区文化景观、文化景观与文化生态的关系

三 东道社区社会文化系统的地域性与民族性

“异地性”是旅游的重要特征。旅游者的旅游行为就外界吸引力而言常常是由自然和文化环境的差异性引起的，人们力图通过旅游获得最大的环境信

息量，以便从感知上消除或减少这种差异。因此，差异产生旅游吸引，差异就是旅游资源，这种差异突出表现在东道社区社会文化系统的地域性和民族性上。

（一）东道社区社会文化系统的地域性

东道社区作为一个自然和文化的物质存在，总是在地球表面占据着一定的地理空间。独具特色的地理环境不但成为东道社区景观、形态和格局的自然背景，而且地理环境与人类活动相互作用与调谐的结果成为东道社区形成与发展的文化基因，它们深深印刻在东道社区的景观中，也深深印刻在东道社区人们的生活中。这种地理环境与人类活动相互作用的关系既反映了东道社区的文化生态，也是东道社区社会文化系统地域性的内在根源。

东道社区社会文化系统地域性的作用机理是：一定地域的地理环境作为东道社区形成和发展的场所与空间，也是一定地域人们生产方式和经济基础形成的基本条件，人们据此产生一定的思想观念并经过长期整合形成特定地域的文化模式。文化模式是社会群体长期的共同的文化进化的结果，具有较强的整体性和稳定性，它反过来规范和调节着人们的思维模式、价值观念和行为方式。文化模式通过影响人们评价、选择、协调和改造地理环境，从而创造出各具特色的文化景观，并最终使东道社区的社会文化系统以一定的地理环境为本底打下深刻的地域烙印（图 3-3）。

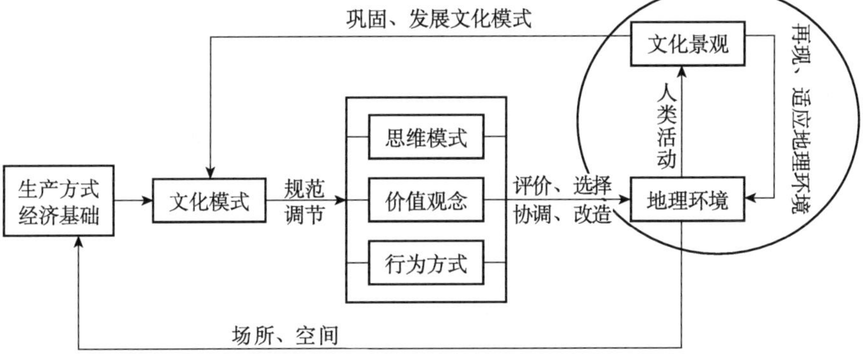

图 3-3　东道社区社会文化系统的地域性

（二）东道社区社会文化系统的民族性

美国著名文化人类学家本尼迪克特指出：每个民族，由于心理特点不同，都会具有自己独特的文化模式，每一种文化模式都是一个独立的世界，具有共同民族性格和文化行为，有其突出的不同于其他文化的一面。每种文化之中都具有自己的代表其特色的目的性，而这种目的性并不一定为别种社会的不同文化所具有，所以不同社会具有不同的模式。文化模式说阐释了文化体系的内部结构样式和文化性格，为探索东道社区社会文化系统的民族性奠定了理论基础。

社会文化系统与构成各不相同，使得文化模式也具有各式各样的形态。人类的生存活动积淀成人类文化的全部，如按异同方式来考察人类的生存活动，则不难发现，人类生存的需求欲望是基本相同的，世界上任何一个地域的人们都需要衣食住行，都制作衣服、生产粮食、建筑房屋、创造交通工具等。这种不同种族、不同文化特质中所拥有的相同或相似的文化共有模式称为同质文化模式。但是人类生存的环境各不相同，人类生存与发展的方式、手段乃至长期积淀的民族心理也会随不同的地域、种族、国家而有所不同，这种特殊的具有强烈个性色彩的文化模式称为异质文化模式。异质文化是文化整体构成中的重要部分，它最具独特的个性魅力，最能体现出与别种文化的差异性，最具有本民族文化的精神内涵。

异质文化作为旅游资源的重要组成部分是吸引游客关注的焦点，也是促使人们产生旅游动机的源泉。东道社区的异质文化突出表现为东道社区社会文化系统的民族性。

第二节　旅游客体文化的基本特征

旅游客体文化是关于旅游者的文化，包括旅游者的旅游动机、旅游行为，旅游者社会文化特征如职业、受教育程度、收入水平等。由于旅游客体文化影响他们对旅游目的地社会文化的认识、与旅游目的地居民的交往，以及对旅游目的地社会文化影响的程度。因此，从旅游客体文化入手提供了一个研究旅游对于旅游目的地社会文化影响的初始角度。

一 旅游者的旅游动机与行为

旅游动机是推动旅游活动的直接动力，在旅游者的旅游决策过程中占重要地位，决定着旅游者的旅游行为、旅游体验和对旅游目的地的选择。由于旅游者的价值观对旅游动机的调节和控制有直接影响，决定着旅游动机的性质、方向和强度，因此，旅游动机不同，旅游者的行为方式不同，他们对旅游目的地社会文化的影响程度也不同。

国外学者对于旅游动机进行了大量的研究，得出的结论各不相同，相对一致的研究结果是：旅游动机存在多样性和复合性，不同类型的旅游者、不同旅游目的地和不同情境下的旅游者其旅游动机存在差异。因此，对旅游者动机的研究需要根据具体旅游目的地进行专门分析以便概括出此类旅游目的地旅游者的共同主导动机。

国外旅游动机研究的理论主要包括驱力理论、期待价值理论和唤醒理论，较常被运用的动机分析框架有推-拉理论、需要层次理论和逃-寻二分法。关于旅游动机研究普遍认同和广泛应用的旅游动机研究框架是推-拉理论框架，驱力理论认为个体由于生理需要而产生一种紧张状态，激发或驱动个体的行为以满足需要，消除紧张，从而恢复机体平衡状态。驱力理论强调个体的活动来自内在的动力，忽略了外在环境在引发行为上的作用，因此又提出了诱因理论。诱因是个体行为的一种刺激物，具有激发或诱使个体朝向目标的作用(Hull，1943)。推-拉理论框架中推的因素是指心理不平衡或紧张引起的动机因素或需求，它促使旅游愿望的产生。推的因素是内在的。拉的因素与特征、吸引物及目的地自身属性相联系，包括旅游目的地的吸引物特征、市场形象和旅游设施与服务等，由旅游者对目标属性的认识所产生，影响目的地的选择(Cees，2000；Juergen，1997；Samuel et al.，2003；Vincent et al.，2001；Stephen and Simon，1999；Metin，2002)。Dann首先将驱力理论应用到旅游研究中，他认为旅行决策中主要有两类因素，即推动型因素和拉动型因素。提出了关于旅游动机的推-拉理论（Dann，1977）。Crompton支持Dann的推动型和拉动型动机的观点，他通过一系列的深入访谈确定了九种动机，其中包括七种推动型动机、两种拉动型动机，并发现了解推动型动机比较困难（Crompton，1979）。Mannel和Iso-Ahola提出两种主要的推动型和拉动型因素，即个人因素和人际因素。他们认为人们旅游的动机是摆脱现实环境中的个人或人际关系矛盾，并获得个人与人际关系补偿和回报（Iso-Ahola，1982）。目前，推-拉理论框架已被普遍认同和应用于旅游动机研究中（Metin，2002）。

旅游动机与旅游需要、旅游行为之间的关系可用图3-4表示。

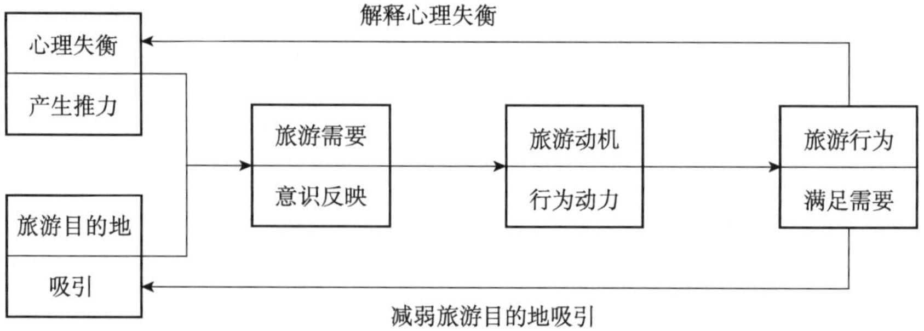

图 3-4　旅游动机产生的模式

马斯洛的需要层次论是在旅游动机研究中运用较多的理论。马斯洛的需要层次论，认为旅游者的旅游动机作为推动旅游者进行旅游活动的内部原因和实质动力，也存在由低到高的五个层次：第一个层次为放松动机。旅游者通过离开自身的定居地到另一个地方短时期逗留，去观赏异地风光，体验异国风情，身心得到放松、休息和恢复。第二个层次为刺激动机。旅游者通过空间的转移，了解异地的知识，得到新的经历，体验异地文化，形成新的感受和新的思想。第三个层次为关系动机。旅游者通过外出旅游，结交朋友、建立友谊。第四个层次为发展动机。旅游者通过在异地的旅游，得到新的知识，增加新的阅历，获得他人尊敬，提高个人声望和地位。第五个层次为实现动机。旅游者借助于旅游，丰富、改变、创造自己的人生，发展自我潜能，获得更高的成就。

巴特勒（Butler，1974）概括出有关旅游者通过主客交往对旅游目的地社会文化影响的五个因素：①旅游者的数量；②旅游者的逗留时间；③旅游者的种族特征；④旅游者的经济特征；⑤旅游者的行为。

二 旅游者的体验质量

旅游体验是旅游个体通过与外部世界取得暂时性的联系从而改变其心理水平并调整其心理结构的过程（谢彦君，2010）。就旅游个体而言，旅游体验是旅游者活动的主体内容，其满意程度决定了旅游的质量感知水平。不管对于旅游者，还是对于向旅游者提供服务和产品的旅游企业经营管理者而言，旅游体验的质量都是他们从事旅游及相关活动的生命线。高质量的旅游体验会增加旅游目的地对旅游者的吸引力，提高重游率，而低质量的旅游体验会使旅游者对旅游目的地产生负面评价。

美国经济学家约瑟夫·派恩 (Joseph Pine) 和詹姆斯·吉尔摩（James Gilmore）

在《体验经济》一文中首次提出体验经济理论，他们认为体验质量的高低可以通过对产品和服务的消费评价来判断。这种观点被引入旅游研究中，一些学者开始从经济学、管理学、营销学的角度来测量旅游体验质量，由此倾向于将旅游体验质量定义为旅游者的满意度水平。满意度水平越高，旅游体验质量水平也就越高（余向洋等，2006）。根据规范性的标准定义，满意度是指期望与体验在实际方面的比较：当体验与期望发生负差距时，便会产生不满意。在旅游现象中，人们把旅游满意度定义为旅游者对于目的地的期望与旅游者在目的地的实际体验进行比较产生的结果，即期望与感受的差异（谢彦君，2010）。

三 旅游者的文化类型

旅游者携带的文化形式多样，可以通过比较旅游者文化同东道主文化的差异将旅游者文化划分为三类：文化相同或相似、文化不同但差异较为细微、文化和东道主有重大差异。Jafari 认为在旅游过程中所有参与者的行为创造了一种独特的“旅游文化”，这是与他们常规状态下的日常文化明显不同的。旅游者的行为之所以不同，是因为他们离开家乡而处于一种不同的心理状态，处于一种“非惯常环境”下的“游戏”的心境。同东道主的交往中，这种“心境”及旅游者自身文化的特质夹杂在一起对东道主产生影响。

1973 年，美国学者斯坦利 · C. 帕洛格提出了旅游者心理类型模式，借以分析不同的旅游者在进行暂时性社会文化空间跨越时，对于差异性社会文化内容不同的适应性及由此产生的旅游动机、需求、期望行为和旅游体验等方面的差异（麦金托什和格波特，1985）。

帕洛格通过对数千美国人的个性心理因素的研究，把人们划分为五种心理类型：自我中心型、近自我中心型、中间型、近多中心型和多中心型。

心理类型属于自我中心型的人，其特点是以自己的社会文化背景为中心，对异域文化的适应性较差。行为上表现为喜安逸、好轻松、活动量小，喜欢熟悉的气氛和活动。同自我中心型相反，另一个极端类型是多中心型。属于这一心理类型的人特点是兴趣广泛，对于异域文化的适应性较强。行为上表现为喜新奇、好冒险、活动量大，不愿随大流，喜欢与不同文化背景的人相处。除了这两个极端类型之外，中间型属于表现特点不明显的混合型，这类人数量众多，兼有上述两类人的部分特征。近自我中心型和近多中心型则分别属于两个极端类型与中间型之间略倾向于各极端特点的过渡类型。

不同旅游心理类型的人具有不同的旅游动机和心理特点（表3-2）。

表3-2　旅游者心理类型及其动机与行为

类型	典型旅游动机	典型旅游行为
自我中心型	自我提高与追求地位 接近社会 度假 娱乐	希望游览地是熟悉的地区 喜欢在游览地进行常规活动 希望在日光下游艺场中活动和放松 活动量要小 多乘汽车到达游览地 希望旅游设施完备 希望有熟悉的环境和气氛 希望旅游活动都安排得满满的
混合中心型	放松和愉悦感 与朋友或家人在一起 增进健康 逃避压力 观赏美的事物 旅游目的地的吸引 追求舒适、食物及休闲 旅游购物 度假	有组织的大众旅游方式
多中心型	获得教育和知识 观赏异域风情 了解异域文化 结交新朋友 获得满意感 追求刺激 自我挑战 体验新生活 个人活动	希望去非游览区 热衷于自己有新发现和新经历 希望去那些富于故事情节的和不寻常的游览地 活动量要大 多乘飞机到达游览地 热衷于与异族的或不同文化的人打交道 希望只安排最基本的旅游活动，　给游客充分的自由和时间

资料来源：麦金托什和格波特，1985

从对旅游目的地社会文化影响的角度看，多中心型旅游者人数最少，在旅游组织形式上，这类人虽然也需要旅游业为其提供某些最基本的旅游服务（如交通和住宿等），但更倾向于有较大的自主性和灵活性，有些人甚至会尽量不使用或少使用旅游企业的旅游服务。他们更多地使自己置身于旅游目的地当地的文化中，愿意以积极的态度了解、认识和接受当地人的生活方式。由于他们人数较少，他们对旅游目的地的社会文化影响很细微，但他们却为旅游目的地的进一步开发开辟了道路。多中心型旅游者之中一些对旅游目的地社会文化进行考察、研究和艺术创作的人，如人类学家、社会学家、文学家、艺术家等对旅游目的地的开发和市场宣传起到了重要作用，如周庄就以一幅旅美画家陈逸飞“故乡的回忆”而名扬天下。

混合中心型旅游者人数最多，但他们的旅游活动大多是事先计划好的，他们与旅游目的地居民的接触交往很少，基本上是站在自己所属的文化角度观察和了解旅游目的地文化，多为有组织的大众旅游者。但由于他们人数众多，他们的生活方式和行为对旅游目的地居民有较大的示范作用，尤其是在旅游者的物质文化高于旅游目的地物质文化的情况下。而地方政府和旅游企业为迎合这些人的旅游需要，大量建造和提供“标准化”的旅游设施和旅游服务，不仅会改变旅游目的地的文化景观，还会影响当地传统文化的本真性和原始性。因此，混合中心型旅游者对旅游目的地的社会文化会产生较大的影响。

虽然分辨旅游者的心理类型是困难的，但可以通过旅游者的人口特征和社会文化特征，如年龄、职业、收入水平、受教育程度及其旅游动机和旅游行为进行综合分析。

第四章 旅游主客交往的基本理论

旅游中的主客交往是旅游的重要过程，旅游交往是一种暂时性的个人间的非正式平行交往，旅游交往的对象是关系平等的旅游者与东道主居民，旅游交往的形式多为邂逅或者偶遇，旅游交往的内容多为信息咨询、物品交易或感情沟通，没有组织规范的严格约束。旅游者与东道主居民在旅游交往过程中，带有了不同程度的跨文化接触和交流的意味，并由此促进文化传播与文化变迁。

第一节 旅游主客交往的动机与意愿

一 旅游主客交往的动机

总结国内外有关旅游主客交往的研究成果，可以将主客交往的驱动力分为生理安全驱动型、商业交换驱动型、文化体验驱动型、放松愉悦驱动型、荣誉声望驱动型、社会交往驱动型、探索求知驱动型七种类型。

（一）生理安全驱动型

生理、安全的基本需求在马斯洛需求层次理论中是人最基本的需求。旅游者尤其是散客旅游者，在到达旅游目的地之后，对旅游目的地的各方面是陌生的，从东道主居民处获得有关住宿、餐饮、景点、商品及地方文化等方面的信息，便成为主客交往的驱动力之一。对东道主而言，旅游者的到来影响了旅游目的地固有的社会文化系统，打破了原有社会文化系统的平衡，当地居民同旅游者的直接或间接接触难以避免。旅游者逐渐熟悉东道社区生活，与当地居民的交往会越来越多并逐渐成为当地居民生活的一部分。这种类型的驱动可以解释为什么旅游者记忆最深刻的主客交往往往发生在偶然的邂逅、为什么旅游目的地纯朴的民风最能够让旅游者感动，在这种驱动下的主客交往是自发而非“舞台化”设计的，是内在心理的“推”力驱使的，主客交往的满意度较高。

（二）商业交换驱动型

旅游目的地商户大多出于经济目的同旅游者接触，旅游者对当地旅游产品、服务感兴趣，双方实现“货币-商品”“货币-体验”的交换。这种交往具有较强的主动性，商户或东道主都可能是交往的发起人，交往持续时间一般不会太长，极少向旅游过程的两极延伸，并且多次重复。商业交换的关系很大程度上淡化了交往双方文化的差异。这种模式具有强烈的社会交换特征，对社会、文化的关注在这里变成了商户获得经济收益，旅游者获得体验收益，文化景观成为交换的背景和道具。

商业交换型主客接触在整个主客接触中占据了极大比重，形式多种多样，其影响和结果也多种多样。商业交换驱动型主客交往的效果有一种极端化的倾向：能够给旅游者留下印象的交往，要么是很好的交往体验，要么是极差的体验，普通的商业交往会很快在旅游者头脑中淡忘。旅游商户既能卖给旅游者富有地方特色的旅游商品，给旅游者留下美好纪念，也可能会出售假冒伪劣产品，使之受到经济和内心的伤害；为了获得更大的经济受益，旅游目的地企业会将地方手工艺品进行改造，使之更加便于加工、符合旅游者的审美观，但也会使文化的“真实性”受到影响，使旅游者感觉受到了“欺骗”；主客交往过程中会发生讨价还价等正常商业行为，也常会产生诸如价格欺诈、强迫消费等形式的负面行为。

（三）文化体验驱动型

旅游作为一种社会文化活动处处都打上了文化的烙印。美国著名旅游专家托马斯·戴维逊提出旅游是一种经历或过程，不是一种产品。旅游者通过对旅游目的地的事物或事件的直接观察或参与感受，得到的是游历过程中的印象、体验和心理快感。旅游体验的满意程度决定了旅游的质量感知水平。对旅游者而言，旅游目的地的体验主要集中在对差异化的地域和民族文化的体验。旅游目的地的物质景观和非物质景观都不可避免地反映了当地一定的文化背景和文化符号，如旅游目的地的生活方式、风俗习惯、文学艺术、建筑、语言、服饰和饮食等都在形式和内容上展现了东道社会的文化内涵。通过同当地人的交往，旅游者获得对旅游目的地差异文化的体验，是旅游交往的主要驱动力之一。

对东道主居民而言，旅游者呈现在他们面前的是一种外来的文化，这种在旅游中表现的文化，并不能真实地反映旅游者的真实生活状态。然而，这种旅游者文化恰恰对目的地居民有更大的吸引力。通过与旅游者交往，也会给当地居民在服饰、语言、价值观念、行为方式等物质和精神层面带来潜移默化的影响。

（四）放松愉悦驱动型

现代社会生活节奏快、压力大，研究表明，追求放松、愉悦是旅游者最主要、最基本的旅游动机之一。人们通过旅游，短期改换一下生活环境，或欣赏山水风光，或体验风土人情，不仅可以放松身心、愉悦心情，还可以开阔视野、增长见识，可以获得精神和物质上的享受。所以，在现代社会，人们生活水平日益提高、物质需求得到充分满足的情况下，旅游已发展成为人们日常生活中的必要组成部分。对于本地居民而言，旅游者虽然并不是他们获得放松、愉悦交往的最佳对象，但是在他们与旅游者的交往中，旅游者的见闻、思想、态度对当地人也拥有较大的吸引力，能产生放松和愉悦的心理体验。

（五）荣誉声望驱动型

荣誉声望驱动型的主客交往，交往双方不是以经济利益，而是以荣誉或声望为追求的目标。例如，旅游者洽谈商务、出席会议、考察研究、追求业余爱好等，旅游者同当地名流、著名演艺人士、主要行政首脑等进行交往；或者当地人同旅游者中的名人、权贵等的交往，相互倾慕的客源地与目的地人们之间也存在这种性质的主客交往。通过这类旅游活动的开展实现为人承认、引人注意、受人赏识、提高声望和带来荣誉等。旅游者旅游动机中存在以荣誉或声望为动机的类型，当地社区中同样存在以同富有或知名的旅游者交往为荣的居民。

（六）社会交往驱动型

社会交往是人的基本需求之一，这是人们出于满足自己开展社会交往，保持同某些异域人群的接触这类需要而产生的旅游动机类型，包括探亲访友、深入异国他乡接触当地民众、逃避惯常的社会环境、结识新的朋友等，通过社会交往以摆脱日常琐事的烦扰。旅游者总是有选择地同当地人进行交往，从交往中获得信心、尊重和地位，旅游是实现社会交往理想的方式之一。随着旅游者的大量涌入，同旅游者的社会交往是东道主社交生活的一部分。

（七）探索求知驱动型

在这一驱动力驱动下的旅游者大多以通过与东道主的接触，获得知识为主要动机。不同于文化体验型旅游者，他们对知识有着更加明确、深入的追求，东道主就是他们学习研究的对象。这个群体包括一些人类学者、社会学家、绘画实习生等。随着修学旅游的兴起，这个群体在旅游目的地比较常见。对于东道主而言，他们对该类型旅游者的专业背景比较陌生，会充满好奇地向旅游者询问、交流。

“邂逅”“偶遇”等是主客交往的重要形式。从表面上看，这种交往是缺乏明确动机的。实际上，邂逅之后主客交往会不会继续、会不会持续到较为深入的层面，同旅游者的驱动力模式密切相关。缺乏交往驱动力的邂逅，只能停留在隔离、潜交、示意的浅层交往上。

二 旅游主客交往的偏好

旅游者特征、行为、文化为东道主所感知，影响其对不同旅游者的接受度和容忍度，反过来影响旅游者的满意度。同理，旅游者对东道主自然属性和社会属性的感知，影响其对待东道主成员的态度和行为，进而影响主客关系。

（一）类型偏好

国外学者针对东道主对旅游者国籍偏好，对不同国籍旅游者的行为和主客关系特点做了较多研究。研究表明，东道主不仅对旅游者的国别具有偏好，其对旅游者其他特征，如年龄、消费、旅游类型、停留时间等也存在一定的偏好，反映了当地居民对不同类型游客的重视和喜好程度。

（1）国籍。由于各国文化的不同，各国旅游者给东道主居民留下截然不同的印象。例如，中国人具有注重自己和他人的颜面、节俭、宽容、中庸等特点；受儒家文化的影响，日本人更加崇尚平和、被动性、集体主义、互惠义务及等级结构；美国人强调个体的利益至高无上，重视时间、效率、组织和实用性。不同国籍的旅游者在旅游目的地时，表现出其自身文化的特征，在东道主头脑中形成固定的形象，影响东道主居民对国籍的偏好。

（2）年龄。处在不同人生阶段的人，行为具有明显的阶段特点。年轻的旅游者喧哗、好动、经济能力弱，服饰新潮时尚；中年人消费能力强、稳重、得体；

老年人游览节奏慢而对当地文化充满兴趣，当地人对不同年龄的偏好差异明显。

（3）消费。以商业、服务活动为目的的主客交往是主客交往重要的交往驱动模式之一。旅游者的消费多少，直接影响旅游从业人员的收入，影响东道主对旅游者的态度。

（4）停留时间。停留时间长短是一个矛盾的概念。出于经济动机，延长停留时间是旅游目的地营销的主要目的之一。但是，时间的延长意味着旅游负面影响的加大，主客发生冲突的可能性加大。

（5）组织形式。散客和团队旅游者是最常见的旅游者类型，可以界定为非组织旅游者和有组织旅游者。旅游者出游形式的不同，其行为有较大差异。散客旅游者可以更加自由地支配时间，有更多的机会同当地人接触、购买商品和服务；单一旅游目的地对有组织的旅游团队而言，只是旅游产品线上的一个节点，停留时间短、综合消费低，却容易带来加剧人口拥挤、环境破坏等问题。

（二）行为偏好

旅游者通过直接和间接的行为影响东道主社区的平衡。旅游发展阶段导致当地人对旅游者行为容忍度的差别，旅游发展初期并不被当地人所关注的行为，到了旅游目的地巩固阶段或衰退期遭到当地人的强烈反对，如对环境的破坏、对当地人生活空间的侵犯等。

（三）文化偏好

根据个体文化背景的相似性与差异性，学者区分出三种主要的文化相遇类型：个体的文化背景是相同或者相似的；个体的文化背景是不同的，但是其差别是细微的和互补的；个体的文化背景是不同的，而且差异是重大的与互不兼容的。一般认为，文化的差别越大，他们就越有可能曲解相互之间的行为，越容易导致矛盾和摩擦。而相似文化背景的旅游者与东道主之间则更容易沟通、交流，对问题更容易形成一致的看法。

三 旅游主客交往的意愿

交往意愿对交往效果产生较大的影响。用“推-拉”理论解释主客交往效果的差异，可以认为主客双方在有交往意愿的情况下，受内心驱动的交往行为比受外在吸引而产生的交往行为，给旅游者的体验质量更高。这也就可以解释为什么主客交往中当地商户拉客、叫卖等行为很容易引起旅游者的反感，这种交往是在旅游者缺少交往动机下，非自愿的交往。当然，这种交往意愿也是可以扭转的，原本缺少交往意愿的旅游受到旅游目的地场景环境的影响，可能会改变其固有观点，同当地人交往。

四 旅游主客交往满意度

主客交往的满意度是旅游者旅游经历满意度的重要组成部分。满意度一般是指期望与体验在实践方面的比较：当体验与期望发生负面差距时，便会产生不满意。旅游提供的是无形旅游产品，这种产品高度依赖面对面的主客接触。在接触过程中，旅游者对东道主行为、提供帮助的意愿、服务态度、服务效率、导游讲解等方面的感知，对其满意度产生较大影响。对主客交往的不满意，可能导致旅游者离开旅游目的地或者拒绝同当地人交往，降低旅游者的重游率和旅游目的地的美誉度。对于东道主而言，对主客交往的满意度是其对旅游影响感知的一部分。主客交往满意度的高低，是东道主对旅游态度的重要影响因素。

第二节 旅游主客交往的行为与过程

一 旅游主客交往的行为

（一）旅游主客交往的行为特征

从形式上看，旅游交往是一种暂时性的个人间的非正式平行交往，具有双向性和互动性的基本特征。在旅游交往期间，由于对象一般是脱离了原社会系统职能约束的平等的旅伴、交易者，所以彼此的沟通多为平行的方式，并以感情上的沟通或物品交易为主要内容，当然也就没有组织规范的严格约束。

联合国教育、科学及文化组织在 1977 年的一篇题为《旅游对于社会文化价值的影响》（*The Effects of Tourism Socio-Cultural Values*）的研究报告中，对接待地主人与客人之间的交往进行了研究，从东道主的角度归纳出主客交往存在的四方面特征：

（1）主客之间的关系是短暂的。客人在接待地停留时间很短，任何主客之间的交往都只能是偶然的和表面的。

（2）主客交往存在着时间上和空间上的限制。客人的到来通常都有季节性，而且一般不会再来。

（3）随着大众旅游的发展，旅游者个人缺乏与当地主人会面的自发性。通过包价旅游，大部分与居民的接触是事先安排好的，甚至一些聚会也是事前计划好的，这种聚会是旅游活动的组成部分，且常常成为一种商业性的安排。

（4）主客之间的接触通常是一种不对称和不平衡的过程。在与外来游客接触时，与游客们的阔绰富裕相比，当地人显得寒酸，因而愤愤不平。再则，客人是在度假休息，享受新奇的经历，对当地居民来说，这种活动和接触、会见已经成为他们的日常工作，因此容易缺乏兴趣。

由于对东道主社区弱势群体较为关注，旅游发展阶段的不同，国外学者大多关注主客交往的负面特征。除了以上特征外，主客交往还存在特征，表 4-1 从不同视角对主客交往的特点进行了汇总。

表 4-1　旅游主客交往特点汇总

	交互视角	游客视角	东道主视角
主客交往	文化交流，表面的，不深入的，对双方的意义不均衡，商业的，正规的，偶然性，结果不确定性不平衡的，模糊性的	容易遭受欺骗、剥削和不信任的，要求服务者提供服务并非常关心服务质量的，要求有新体验的	含有梦想和艳羡成分的，缺乏自发的

（二）良好交往的条件

有效的交际是指能达到愉悦而有益效果的交往。“交往能力”和“有效交际”是密切相关的两个概念，“交往能力”是“有效交际”的前提或保证，“有效交际”则在交往能力的基础上才能达到。Allport（1954）和 Amir（1969）提出，要达到一种良好的社会交往效果，参与者必须达到四个条件：

（1）参与者具有平等地位；

（2）交往发生于多数群体的成员与少数群体中具有较高地位的成员之间；

（3）接触双方是自愿的；

（4）在合作、亲密的关系下追求共同目标，并有一定制度保障。

也就是说，良好的主客交往应当是在互动、有利的社会氛围下，在合作而不是竞争的背景下，交往双方地位基本相同，并且双方自愿才能实现的。交往参与者享有高度的共同活动、兴趣和目标，才会产生亲密、深入而不是随意、表面的交往效果。国外有许多学者通过实证研究证实了上述四个条件对于一次良好的社会交往过程缺一不可。

（三）旅游主客交往的行为情境分析

德国心理学家 K.Lewin 认为，行为是个体和周围环境的函数。人之所以有这样和那样的行为，主要是受个性内部特征和环境的影响。无论是个人特征或环境特征的变化，都会引起行为的变化（贾玉新，1997）。

$$B=f(P, E)$$

式中，B为个体的行为（behavior）；f为函数（function）；P为个体的各种特征（personality）；E为环境（environment）。此模式表明，人的行为是随本人的主观因素（包括心理的和生理的因素）和他所处的客观环境（包括个人社交环境、旅游商业环境、群体、社会等）因素的变化而变化的。同一个体的人因所处环境不同而会有不同的行为反应。同样，不同个体的人虽然所处的环境相同，但由于各自的主观因素不同，也会做出不同的行为反应。旅游主客交往良好的效果，有着多种要求。

1. 个体特征

在人口学差异、交往能力、旅游动机和文化基质等个体特征因素的共同影响下，旅游者交往意愿存在明显差异，这种意愿是交往发生和深入的重要条件（表 4-2）。

表 4-2　个体特征因素

人口学差异	文化基质	交往能力	旅游动机
心理类型、性别、年龄、受教育程度、职业、交往偏好等	价值观、知觉、态度、思维模式、审美观念、社会规则等	交际愿望、交际偏好、沟通手段（语言与非语言行为）、旅游经验丰富程度等	追求游览与愉悦的旅游者、追求学习与知识、追求发展与成就、追求休闲与放松等

1）人口学差异

东道主和游客是交往的基本单元，他们体现了鲜明的个体文化和群体文化特征。交往双方的心理类型较难测量，但是可以通过旅游者的人口特征和社会文化特征，如性别、年龄、职业、旅游动机和受教育程度等进行综合分析。

从性别上看。一般而言，女性本能上具有保护和封闭意识，男性天生具有进攻意识，主动性高，男性旅游者在交往主动性和交往意愿上强于女性旅游者。相应的，男性旅游者从交往中得到的效应也多于女性旅游者。在东道主社会，女性天生的亲和力，使他们在主客交往中获得的交往机会更多，效应也更为深远。

从年龄看。年轻旅游者一般愿意与当地人进行交流，而且交往时较轻松、随便，交往时间不长，对当地人，特别是年轻的异性更有兴趣；老年游客游览节奏较慢，交往时更加倾向于同龄的当地人，由于老年人的阅历和兴趣特点，同当地人沟通的内容多集中在历史和文化等话题，老年人同青年人，有时会存在代沟，对交往意愿、交往机会及交往效应都产生影响。旅游的发展给东道主，特别是年轻一代，提供了更多的就业机会，增加了收益。因此，年轻人大多对旅游者持欢迎的态度，有主动交往的动力，同旅游者的交往也对年轻一代的价值观念、思维习惯等方面产生了深远影响；东道主社区的老年人，对来去匆匆旅游者从一开始的好奇，逐渐习以为常。随着旅游负面影响的逐渐显现，老年人虽然没有将这些影响完全归咎于旅游者，但往往对主客交往缺乏动力。

从受教育程度看。游客的受教育程度越高，对历史、文化的兴趣越大，与当地居民的交流愿望也越强烈。东道主受教育程度越高，其观念越开放，也就越容易理解和接受新鲜事物，也越有与旅游者发生交流的动力。

从游客的职业来看。退休人员、职业技术人员表现出对旅游目的地文化的浓厚兴趣，其与当地居民的交流愿望要比家庭主妇和农民强烈得多。对我国入境外国游客的调查表明，学生、商务人员进行文化交流的愿望最强烈，政府职员、专业技术人员、一般职员和工人的交流愿望也较强烈，而推销员和农民的交流愿望最低。对东道主而言，旅游业从业者往往比非旅游从业者对主客交往更有兴趣。

2）旅游动机差异

不同旅游动机的旅游者对当地居民主客交往的态度是有差异的。按照主导动机的不同可以将旅游者分为不同的类型，不同类型的旅游者对主客交往的态度有较为明显的不同。一般而言，出于生理安全驱动型、商业交换驱动型、放松愉悦驱动型动机的旅游者对同当地居民接触交往兴趣普遍不高，出于文化体验驱动型、探索求知驱动型动机的旅游者较为注重居民对游客的态度，愿意同当地居民接触交往，而出于荣誉声望驱动型、社会交往驱动型动机的旅游者最为看重同当地居民的交往。

3）交往能力

交往能力，即人们进行社交活动的能力。因为双方的语言、交际愿望、交际偏好、沟通手段（语言与非语言行为）等水平各不相同，主客交往双方的交往经验和交往技能差别较大，直接影响主客交往的效果。一般可以认为，旅游经验丰富程度与游客社会交往的技能成正比，与交往顾虑成反比。具体表现为，旅游次数越多的人，经验越丰富，越自信，越少顾虑，交往意愿会越强，交往的人会越多。对东道主而言，旅游从业者同旅游者的交往能力整体上强于非旅游从业者。

4）文化基质

文化基质是文化景观所表达的创造主体的思维模式和行为方式，表现为旅游目的地社会的价值观念及民风民俗、宗教信仰、社会组织等，可以视为是制度文化和精神文化的内容（苏勤，2003）。他们是旅游目的地及客源地文化景观形成中最具稳定性、继承性、持久性和生命力的力量，主客交往的双方都带有各自文化的参与，影响着主客交往的全过程。深层次看待主客交往，就是两种具有不同文化基质的文化交流。

2. 环境

（1）旅游目的地类型。旅游目的地的类型对主客交往的机会、频率、方式等方面都会产生影响。例如，有当地居民居住的文化旅游目的地，主客交往的机会将远大于人迹罕至的自然风景名胜区；休闲度假型旅游目的地的旅游者，一般比观光型旅游目的地的游客有更多的时间同当地人接触；经过长期开发的成熟旅游目的地居民，同游客交往的技巧要强于新开发的旅游目的地。

（2）旅游组织形式。散客相对于团队游客，可以更自由地安排行程，调整旅游中的时间分配，更有可能同当地人发生交往。旅游团队内的氛围也会对主客交往产生影响。例如，和谐的团队氛围，会使旅游者将更多的注意力集中在团队内部的交流，忽视同东道主的交往。

（3）空间。交往空间具体涉及的地点包括：游客中心、参观沿途、参观点、表演活动点、餐厅或旅馆、茶馆、酒吧、商店等地。一般而言，环境较好、空间宽敞，能提供驻足、休息机会的地点，如餐厅或旅馆、茶馆、酒吧等更容易实现深层次的交往。

（4）时间与行为。虽然，交往的时间和交往行为并不是机械对应的关系，但是交往时间同交往行为之间存在较为明显的正相关。几分钟以内的交往，对应的内容大多是打招呼或寒暄、揽生意、闲聊等浅层次的沟通。半小时以内的时间，主客双方有了更多时间沟通，可以进行深入交谈等较深层面的相互理解。主客交往时间在一小时以上，可以认为，主客双方有条件参与居民日常生活、参与当地居民社会活动，甚至有可能在旅游结束以后依然保持联系。长时间的交往更有可能形成积极的交往效果。

（5）频率。显然，主客交往的频率越高，相互了解的机会越多，程度越深。

（6）性质。Dekadt（1990）将旅游者和东道主之间发生交往的三种主要情景划分为：当旅游者向当地居民购买物品和服务时；当旅游者与当地居民在旅游景点相遇时；在信息交换过程中双方发生面对面交往时。第三种情况更容易达到深层次的主客交流。

二 旅游主客交往的过程

（一）宏观过程

生命周期理论、主客关系演变理论、旅游者类型和旅游影响程度理论在旅游目的地理论中影响较大，Konstantinos Andriotis 对四个经典理论的叠加（图 4-1），有助于从宏观上了解一般意义的主客关系演变过程。

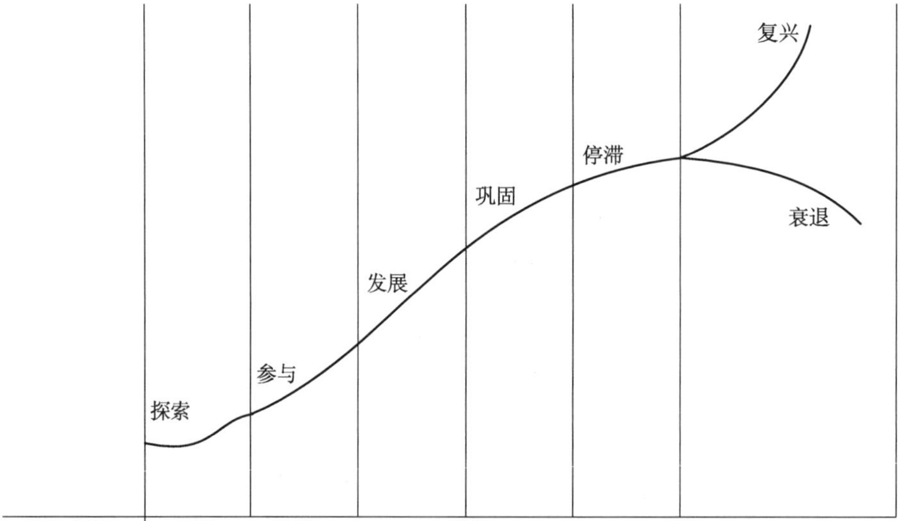

社区态度	融洽	冷漠	恼怒	对抗
旅游者类型	探险者	个体大众旅游者	有组织大众旅游者	个体大众旅游者和有组织的大众旅游者
整体变化	不改变	变化大	稳定	崩溃

图 4-1　主客交往宏观过程

资料来源：引自 Andriotis，2006

从图 4-1 中可以看出，开发初期，旅游目的地游客以少量的探险旅游者为主，外来者对当地基本没有影响，主客关系融洽，当地社会文化并未发生变化；随着旅游开发力度的加大，大量的散客（个体大众旅游者）自发来到旅游目的地，当地人有机会同旅游者大量接触，旅游者的行为和文化对当地人产生了较大影响，当地人对旅游者的到来习以为常；到了旅游的发展和巩固阶段，大量有组织的游客到来，旅游发展的负面效应开始显现出来，从旅游业中获得收益小于付出的当地居民，将旅游业的愤怒转移到游客身上，产生恼怒情绪；当矛盾激化到一定阶段，特别是旅游目的地进入衰退期，当地人收益不足以抵消其愤怒，对抗的主客关系应运而生，当地社会文化系统逐渐走向崩溃。

（二）微观过程

Jafari（1986）从社会文化的角度推导出旅游者及其模式，认为旅游者一次完整的旅游经历包含六个阶段（图 4-2）：旅游需要的产生并为之准备的阶段（XA）；离开常住地进入神圣旅游世界的旅途阶段（AB）；在一个时间和空间都区别与日常生活的旅游目的地的畅游阶段（BC）；不可避免的回归阶段（CD）；重新汇入主流生活并受旅游活动影响的阶段（DY）及旅游者离开常住地至回归主流生活期间，居住地继续运转的生活（AD）。

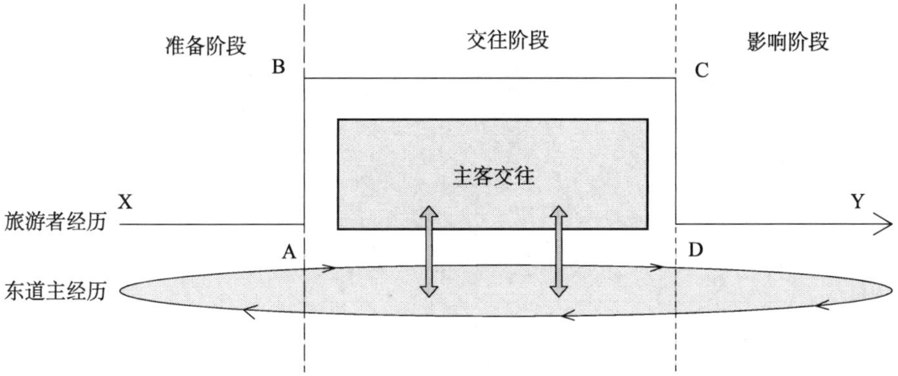

图 4-2　主客交往微观过程

在 Jafari 的旅游经历模型的基础上，加入东道主经历的过程，从主客交往的角度审视主客交往的微观过程。可以将旅游主客交往划分为三个阶段：准备阶段、交往阶段、影响阶段。

准备阶段（XA—AB）。在该阶段，旅游者产生旅游需要与期望，影响旅游主客交往态度的诸多因素在此阶段已经存在，并且存在一部分以主客交往为主要动机的旅游者。准备阶段的东道主居民既受自身社会文化的影响，又受以往同旅游者接触经验的影响，是主客交往循环的一环。

交往阶段（BC—AD）。该阶段是主客交往发生的阶段，对主客双方产生影响的行为在这个阶段发生。AD 在这里不再表示“旅游者离开常住地至回归主流生活期间，居住地继续运转的生活”，而是表示东道主经历中，主客交往的过程。主客双方在设定的各种情境下进行交流，是涉及表层和深层、行为和心理等方面的复杂过程。

影响阶段（CD—DY）。主客交往对旅游者和东道主及其关系和文化的影响。旅游者离开旅游目的地，他们会把在旅游目的地的经历同旅游前的期望相比较，得到满意或不满意的评价，旅游目的地的经历会对旅游者产生不同程度的影响。对于东道主而言，这种影响是旅游者影响又一次量的积累，也是另一次循环的开始。这种影响达到一定程度实现了质的改变，会对下一次的主客交往行为产生影响。

从图 4-2 中可以看出，一次完整的旅游主客交往过程中，主客交往发生在旅游者的畅游阶段（BC），旅游者的经历大多是单向的、非重复的。东道主的主客交往经历并没有明显的阶段性，其所在的旅游目的地社会文化静态平衡系统状态，受到“旅游流”持续的冲击和干扰，使其主客交往过程是循环、反复的闭合系统，上一轮主客交往经验影响下次交往的态度和行为。

第三节　旅游主客交往的影响与趋势

主客交往的影响是指游客与东道主之间发生了直接或间接的交往，而给主客双方文化带来的所有影响和变化。这些影响和变化可能是积极的，也可能是消极的，可能是暂时的，也可能是永恒和不可逆转的。

一 对东道主及其文化的影响

旅游目的地社会文化的变迁现象是在文化接触过程中产生的，是主客两种文化融合的结果。文化传播是通过无数个体实现的一个社会过程，并通过个体-群体的变异推动社会文化的变迁。旅游对东道主文化的影响，本质而言是人对人的影响，即旅游者通过直接和间接的主客交往施加一个外来的“力”，东道主社区对这种“力”做出反应，主动或被动地调整其社会文化系统的过程。

（一）主客交往影响力的差异

旅游目的地社会文化变迁的动力来自于两个方面：文化具有显著的地域差异，不同文化区域总是具有自己独特的文化特质和面貌，而文化系统是开放的系统，这种区域之间的文化差异是文化传播的外在动力；文化区域自身的生存与发展是文化传播的内在动力。外来动力对不同的旅游目的地的影响力大小是有差异的。菲利普·L. 皮尔斯的推论，从东道主社区自身属性的角度看待主客交往的影响：如果东道主社区规模小、单纯且封闭，旅游者社会与心理方面的影响最大，不管是以直接人际交往的形式，还是以更微妙、更复杂的间接接触的形式，这种冲击对东道主来说都是非常强大的；如果接待地在技术水平上更先进，并且旅游者和居民贫富差距较小，接触所产生的冲击就会弱一些（瑟厄波德，2001）。主客交往的影响力大小还受主客交往的情境、过程、类型的影响。

（二）影响过程

主客双方通过接触获得了解对方及其文化的机会。东道主在保持自身文化基本取向的基础上，消化、吸收外来文化因素，形成新的文化，其对外来文化的认可程度，决定了这种交流的深入程度。

对于交流而言，应该是双方互动的。但是，在旅游过程中，总有一方较为主动。对于比较落后的旅游目的地，旅游者文化程度相对较高，其文化沉淀较深，规范力较强，在文化交流中成为影响流动的主要方向。张文（2001）提出文化势能的概念，认为文化势能是特定文化在特定条件下、特定环境中所形成的趋势及其对社会文明所能产生的影响。可以将文化势能理解为一种“力”，这种力可以由交往双方携带，能够通过主客交往进行传递，在不同的条件下能够衰减、扩大、变异。旅游者所携带的文化势能可以分为两类：一类是生命力强、文化优越的高势能文化；一类是生命力弱，文化落后的低势能文化。在不同的情境之下，两种文化可以相互影响和转换，因此不能简单地用好或坏去评价。

旅游者的行为过程中，虽然生活空间发生了改变，但在主客交往过程中表现出来的行为模式、习惯、观念都传达了自身的文化，并对东道主及其社区产生影响。如图 4-3 所示，旅游者要通过主客交往对东道主和东道主社区产生影响，必须突破以下几道屏障。

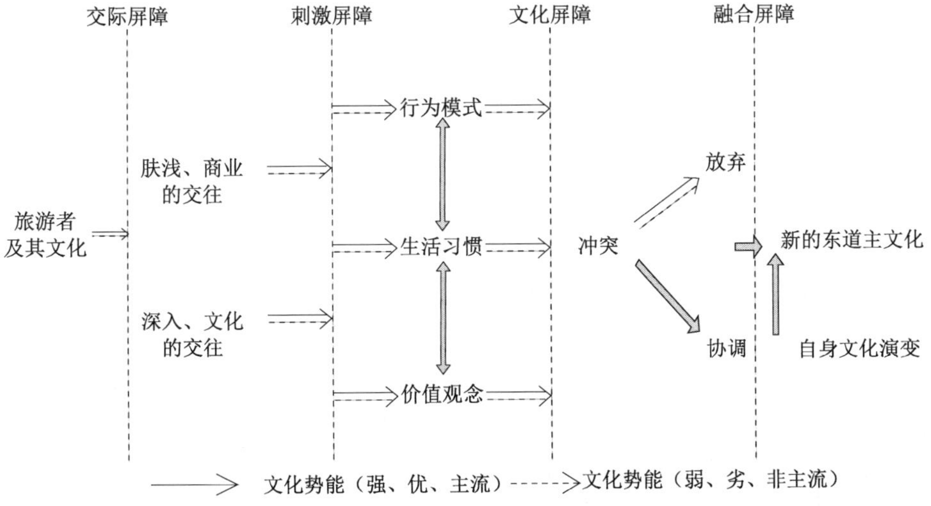

图 4-3　主客交往对东道主及其文化的影响过程

1. 交际屏障

直接或间接的接触，是旅游者对东道主产生影响的前提。接触越充分、持久、愉悦，主客双方越有可能进行充分交流，旅游者越有可能对东道主产生影响。旅游者和东道主之间存在交际的屏障。受到交往意愿、情境、语言等因素的影响，交往并不总能够发生。即使能够发生，主客双方在文化背景、交往技巧、交往动机等方面差异较大，交往的机会对不同的群体也是不均等的。

突破交际屏障之后，主客交际又可简单分为肤浅、商业的交往和深入、文化的交流，后者的文化穿透力远大于前者。

2. 刺激屏障

只有主客交往能够对东道主社区居民产生刺激，并促使其对自己的行为、习惯和观念做出适当调整，才能说主客交往对东道主造成了影响。这种“刺激—反应”的过程，并不是简单的机械变化，而是信息传递、文化交流的过程。

已有的研究发现，大量肤浅、商业的接触出现频率极高，却很难给东道主留下持久、显著的印象；深入、文化的交往，通过文化层面的作用往往对东道主的影响更大。当地居民能够回想起来的同主客交往要么是非常正面的，要么是非常负面的交往经历。

受到旅游者文化的刺激，东道主在行为模式、生活习惯、价值观念发生两个方向的改变。这种改变可能独立发生，如行为模式在突破其他障碍之后，成为东道主新的行为文化的一部分，也可能是沿着“行为—习惯—观念”的脉络发展。

3. 文化屏障

面对旅游者文化的传播与传递，东道主受自身文化的影响，坚持自己的思想和规范，对外来文化有选择地吸收，称为东道主的文化屏障（丹尼尔，1992）。旅游者对东道主产生刺激，这些刺激是否对东道主产生影响，以及影响的程度受到东道主文化屏障的影响。

东道主和东道主社区对外来文化的吸收，受到其开放和封闭程度的影响，是外来文化与本地文化相互博弈的过程。只有具有强大势能的外来文化才能真正产生影响，影响的大小是当地文化势能同外来文化势能之差。旅游者的文化势能强大却未必先进，他们既带来了先进、主流的文化，如最新资讯、礼仪规范、行业标准、生活方式等，也带来了落后、糟粕的东西，如赌博、嫖娼等。由于文化屏障的存在，东道主及其社区对旅游者文化有选择的吸收，这种选择可能是理性的也可能是非理性的。包括对那些体现时代进步文化的理性选择，也包括对落后、糟粕文化的非理性选择。

4. 融合屏障

融合屏障是指旅游者文化在穿透文化屏障之后，经受时间的考验，融入东道主文化之中，共同形成新的文化。

旅游者文化虽然能够穿透旅游目的地文化屏障，对东道主产生影响，但是这些影响的持续时间是有差异的。大多数情况下，外来文化不足以彻底改变东道主文化，只有那些能经受时间考验的外来文化，经历冲突到协调的过程，才能突破融合屏障的作用，真正融入东道主社会。在正常的社会发展下，美好、真实、开放的文化更容易融入东道主社区，成为其文化的一部分；丑陋、流行、虚荣的文化，往往会被逐渐过滤，淡出东道主文化主体。

文化变迁受到空间上的文化扩散和时间上文化传承两种因素的共同影响。东道主文化在承受旅游者外来文化影响的同时，自身也在发展，在内外部能量共同作用的情况下，完成文化融合的过程。

（三）影响的内容

主客关系对东道主的影响，主要表现为旅游目的地居民在价值观、个人行为、家庭结构、生活方式、道德观念、宗教、语言、健康和文化等诸方面的变化。可以从正反两个方面，经济行为、人际交往、价值观念、社会变迁四个角度进行论述（表 4-3）。

表 4-3　旅游主客交往对东道主的影响

影响对象	影响内容
对经济行为的影响	使本地居民善于经营商业
对人际关系的影响	使本地居民的人际关系（相互信任等）受到影响 增加了本地居民与旅游者之间的交往 使本地居民更加殷勤好客
对价值观念的影响	使本地居民更加珍视和保护自己的生活方式 使居民道德水准下降 促进了本地居民思想观念的更新和开放 使本地居民的文化自豪感增加
对社会变迁的影响	使本地居民婚姻和家庭关系改变 使本地方言改变和减少 使本地居民文明礼貌程度提高 使本地犯罪率（抢劫、偷窃、诈骗等）上升

二 对旅游者及其态度的影响

现阶段，主客交往对旅游者影响的研究大多分散在旅游经历对旅游者影响的研究之中，有关研究较为有限，而且观点存在明显分歧。

对旅游影响的性质，有两种不同的观点：一种观点认为旅游者的经历是肤浅的、不重要的，因此不可能在旅行者心里留下长久的印象；另一种观点认为旅游是现代人的“朝圣”，是对真实性的追求，影响是显著而长久的（瑟厄波德，2001）。具体到主客交往上，即主客交往的商业性同旅游者追求真实、体验之间的矛盾。

从旅游经历对旅游者态度和观念的影响来看，也存在两种截然不同的观点。史密斯（Smith H，1955）认为旅游者根深蒂固的观念不会受旅行经历的影响。他对夏季去欧洲旅行的美国青年进行了研究，在他们旅行之前和归来后都会有一份问卷寄给他们。H. 史密斯发现旅游前后，他们对相同调查指标的评价基本没有什么变化。另一种观点认为，游客对目的地社会的态度在交往前后有明显的变化。对大理、丽江、桂林等地外国游客的调查显示，通过与当地人交往后，游客对目的地的印象都有一些正面变化（欧阳军，2003）。对上海的调查也体现了这一点，75% 的外国游客认为上海市民比较友好，70% 的游客认为上海比想象中的要好。另外，游客在对旅游目的地的文化有更深一步的了解后，还会对自己的国家及其文化产生不同的看法。同时，由于“泛化效果”的存在，游客对有相似环境的旅游目的地的看法也会有相似的变化（梁旺兵，2006）。

由于主客双方交往在多数情况下属于邂逅式交往，所以主客交往多数情况下都在较早的阶段、较短的时间内终止。主客交往行为对旅游者态度、观念只会产生暂时的影响，影响的程度受交往深入程度的影响。笔者对周庄的调查也证实了这个观点：同东道主接触后，旅游者会羡慕周庄人的安静、祥和，产生回归自然的愿望，但是当他们回到自己的日常生活环境后，这种态度很少会延续。

第五章 旅游区域社会文化影响的作用机制与调控对策

第一节 旅游社会文化影响的驱动力

一 宏观驱动力

宏观驱动力是指在宏观层面上推动旅游目的地社会文化环境变化的力量。

旅游发展过程中，在旅游者外来文化的冲击下，当地文化应向何处去，这是首先应该考虑的问题。美国著名的人类学家本尼迪克特（1992）认为："由选择而造成了文化的差异"，"一个社会，一个部族面对无数人类行为的可能性，选择是不可避免的……"由选择所造成的差异性绝不是生物学意义上的那种必然差别，是文化、社会选择的结果。

旅游目的地发展之初，存在着各种旅游发展途径，对应着不同的旅游社会文化影响。不同的旅游发展途径有其不同的社会文化影响，很难用单一标准来判断彼此之间的优劣。从博弈论的角度分析，旅游目的地存在着旅游发展不同的利益主体，不同利益主体对待旅游发展的态度可能有所不同，他们看待旅游发展问题的角度、深度及他们影响旅游发展进程的方式和力量都会有很大差异。一个旅游目的地旅游发展的途径，是在特定的资源禀赋、政策环境和社会文化背景下，各利益主体之间反复博弈的结果。

不同利益主体对于旅游社会文化影响的态度及其行为主要取决于：对与旅游社会文化影响有关的行动（反对、赞成或中立）成本与收益的比较；所掌握的旅游社会文化影响信息的全面性、准确性、及时性等因素；在社会关系网络中所处的位置。考虑我国旅游开发的政府主导模式及我国公众参与的基础薄弱等因素，我国旅游目的地开发的利益主体主要包括政府、旅游开发商、本地居民、游客。

一般而言，政府负有推动地区社会经济发展的职责，因此，政府对待旅游发展的态度及其决策构成了旅游目的地社会文化变化的政策驱动力。旅游开发商追求旅游开发的效益最大化，客观上也促进了旅游目的地社会经济的发展，旅游开发商对待旅游发展的态度及其决策构成了旅游目的地社会文化变化的经济驱动力。当地居民具有盼望社区经济繁荣和社会进步的良好愿望，他们同时也是旅游目的地社会文化变化的受益者和受害者，当地居民对待旅游发展的态度及其行为构成了旅游目的地社会文化变化的社会驱动力。游客的旅游动机、旅游需求及其在旅游目的地的行为是旅游目的地社会文化变化的市场驱动力。

政策驱动力、经济驱动力、社会驱动力和市场驱动力在形成一个旅游目的地旅游发展途径的决策中的权重不同，在决策时处于不同的层次，其相互作用有覆盖的特征。权重占优势、处于最上层的决策意图将覆盖处于下层影响力较小的决策意图。影响力越大，其覆盖力也越大，最后形成的决策仅仅反映出占主导地位的驱动力的作用，并不反映其他驱动力的意图。因此，在特定的旅游目的地，其旅游发展途径是各相关利益主体之间反复“博弈”的结果，博弈的过程是动态的，机理是复杂的，其结果也是多变的，而最终确定的旅游发展途径是优势利益主体的反映（彭德成，2003）。我国目前区域旅游开发的实践中，采取的是政府主导的开发模式，旅游发展的规划决策都由各级政府制定。因此，政策驱动力是旅游目的地社会文化变化的主导力量。

二 微观驱动力

微观驱动力是指在微观层面上推动旅游目的地文化个体发生变化的力量。

对任何一种文化而言，吸收新观念和认同别种文化，有赖于一定群众基础的形成。从旅游目的地社会文化变迁的过程看，文化的变异首先发生在旅游目的地居民个体身上，多数个体的文化变异导致旅游目的地居民群体的文化变异。因此，旅游目的地社会文化的变迁是文化的个体-群体变异带来的结果。

旅游的核心动力是地域和文化的差异性，这种差异性伴随着旅游者的空间流动而发生着客源地文化与目的地文化之间的跨文化交际、沟通和传播。因此，作为跨文化传播的方式之一，旅游者就是文化的承载者和传播者。旅游者承载着他所在国家和地区即客源地的语言、服装、行为方式、思想观念等一系列的可见和不可见的文化元素来到异地他乡，与当地居民的接触交往对旅游目的地的社会文化产生种种影响。人类学家华德（Ward）提出了“意识范式”（conscious model）的概念。她把处在一定空间地域的人们对自己的文化所建构的范式称为“直接范式”（immediate model），这一范式在不同的地域各不相同；把处在该空间地域之外的人对该空间地域文化所建构的范式称为“内在观察范式”（internal oberserver' s model）（李世众和赵长华，1997）。对于大多数人来说，这些“意识范式”是在他们各自的社会化过程中不知不觉地形成的。如果社会是一个盛水的容器，文化是水，而人就是水中的鱼。正如鱼无法拒绝水对它的养护和限制，一个人的“意识范式”是文化塑造的结果。各种各样“直接范式”的存在构成了不同地域的地方文化特色及其相互之间的差异。而“内在观察范式”是各地域文化互动的基础。每一个旅游者的意识结构中既存在着“直接范式”，又存在着“内在观察范式”。一个旅游者置身于另一个文化区游览，其实质是该旅游者正在以“内在观察范式”感受、体验一种有别于自己母文化的文化。因此，旅游体现了两种文化或亚文化的互动，而旅游者就是文化的承载者和传播者。

与其他跨文化传播形式相比，旅游中的跨文化传播主要基于人际交往的传播形式。旅游者与当地居民的交往是通过旅游者对旅游目的地的访问而实现的，其性质多属于邂逅相遇，目的在于增进相互之间了解和对彼此文化的理解。图 5-1 概括了旅游目的地居民与旅游者跨文化交往的目的、途径和性质（张文，2001）。

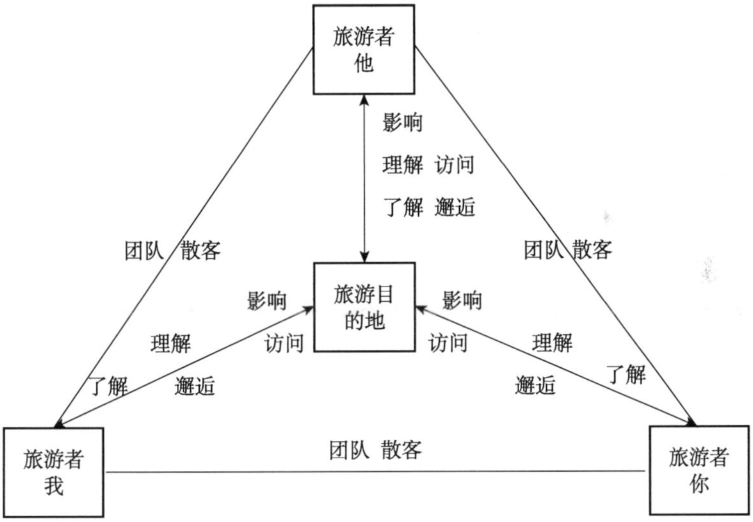

图 5-1　旅游目的地居民与旅游者跨文化交往

不同的旅游者与当地居民构成一种彼此之间跨文化交往的三角形结构。这个三角结构反映出一个地区旅游业发展过程中可能出现的多种跨文化交流与传播形式，而这些文化交流的形式必然会对旅游目的地居民产生各种影响。

旅游活动为旅游者与当地居民之间的文化交流提供了一个具体到个人的条件和机会。这种文化交流以旅游者旅游行为的发端为起点，以旅游者旅游行为的结束为终点，具有暂时性和异地性的时空特点。旅游者在旅游目的地的生活方式和行为方式上传递出自身背景文化的信息，他们的出现对旅游目的地居民构成了一种刺激并引起相应的反应。而当地居民也基于自身的社会文化背景捕捉、判断、评价与旅游者交流所带来的新信息和新知识，进而对自己原有知识体系进行充实或调整。因此，旅游者所带来的与旅游目的地相异的文化因素和文化内容是当地居民价值观念和思维模式变化的重要影响源（张文，2001）。图5-2反映了当地居民与旅游者接触交流的刺激–反应过程。

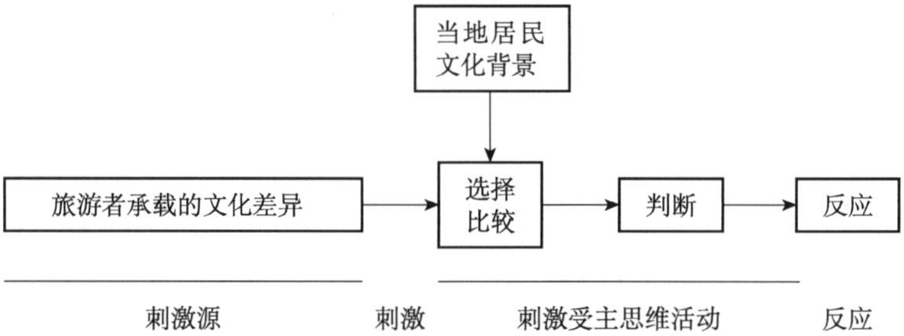

图 5-2　当地居民与旅游者接触交流的刺激-反应模型

由于每个人的个人属性和价值观念不同，他们在交往过程中对文化信息的选择、判断和处理方式也不同。因此，人们的文化交流显示为一种具有个人意志的人们之间的互动。而旅游目的地社会文化的变迁则是由无数相互作用的个人因素所形成的复杂的文化动力学过程。

把旅游目的地居民与旅游者交流接受信息进而调整或改变价值观念和思维模式的过程称为狭义的文化过程。当不同文化背景的旅游者和当地居民接触交流时，由于文化差异的存在，当地居民与旅游者接触交流的刺激–反应存在不同的行为特征和文化过程特征（表5-1）。一般而言，主客文化差异越大，文化相互作用的强度就越大，这种狭义的文化过程就越普遍。因此，狭义的文化过程通过文化个体–群体的变异推动旅游目的地社会文化与不同文化的交流、冲突、整合以至融合，进而推动旅游目的地社会文化的变迁。

表 5-1　文化差异及主客交往刺激－反应的行为与文化过程特征

刺激－反应类型	行为特征	文化过程特征
文化差异－吸引	好奇	了解
－迷惑	不理解	冲突
－反感	抵制	碰撞
－体会	交流	整合
－有条件接受	交流	融合
－无条件接受	交流	异化

资料来源：张文，2001

第二节　旅游社会文化影响的作用机制

一　旅游社会文化影响的作用机理

旅游目的地文化系统是由物质文化、制度文化和精神文化所组成的一种核缘结构。物质文化层处于文化结构的表层，受外界影响的概率和程度最大，是文化结构中最活跃和最易变的层面。制度文化是联系物质文化和精神文化的中介层次。制度文化通过诸要素的相应变化来适应文化发展变迁的需要，从而实现文化结构的自身调节性和内在稳定性。而精神文化深居文化结构的内核，最能反映不同文化的本质差异，也是文化结构中抵御外界影响的能力最大、最具稳定性的层面。

从文化系统结构三个层面的关系上看，物质文化是制度文化的外化产物，它反过来要求制度文化与其相适应；精神文化是制度文化的内化产物，它反过来又指导、支配和制约制度文化的发展，文化系统结构三个层面的双向交互作用形成文化变迁与发展的内在机制。旅游对旅游目的地社会文化的影响正是沿着物质层次—制度层次—精神层次这一文化结构形态的逻辑展开的，并通过文化系统结构三个层面的双向交互作用推动旅游目的地社会文化的变迁。旅游对于旅游目的地社会文化影响的作用机理是：

首先，旅游发展带动了旅游目的地经济结构和产业结构的变化，通过提高旅游目的地经济发展水平及居民收入水平，促进旅游目的地一系列现代化因素的发展，进而推动旅游目的地社会文化环境的变迁。推动旅游目的地社会文化环境变迁的现代化因素突出表现为旅游目的地交通通信等基础设施的改善及大众传媒体系的发展。交通通信等基础设施的改善极大地扩展了旅游目的地居民的生活空间和交往范围，而大众传媒体系的普及和发展则改变了旅游目的地传统的社会化和现代化模式，使得旅游目的地与外部世界直接联系起来，各种现代生活的新信息、新观念、新方式能够迅速传播到旅游目的地的社会文化系统中，当地居民则通过接受大众传媒带来的影响而具有了更多的现代性，从而推动旅游目的地制度文化和精神文化的变化。而旅游业发展的物质支持和客观需要是旅游目的地各种现代化因素迅速发展的重要动力。

其次，旅游发展通过促进旅游目的地经济结构、产业结构、人口结构和业缘关系的变化带动旅游目的地的社会分化。这种社会分化主要表现为旅游目的地居民以职业分化为基础形成不同利益和要求的社会阶层，相应地要求处理各种社会关系的制度文化发生变化。因此，物质文化是旅游目的地社会文化变迁的初因和动力，旅游业发展所促进的经济结构和产业结构的变化，不仅是旅游目的地物质文化变迁的核心内容，还左右着旅游目的地社会文化变迁的其他领域。

最后，旅游发展使得大量的游客及外来人口来到旅游目的地，导致旅游目的地成为高密度的、多元异质的不同文化背景和行为模式的人群聚集地，旅游者的“示范效应”及当地居民与旅游者之间自觉不自觉的接触交往产生了对旅游目的地居民价值观念和思维模式等精神文化层面的各种影响。而旅游者是导致旅游目的地居民精神文化层面变化的重要影响源。

图 5-3 反映了旅游对旅游目的地社会文化影响的作用机理。

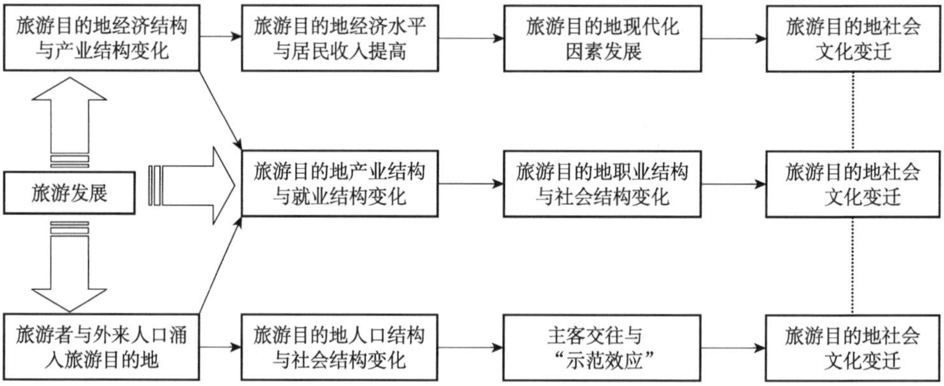

图 5-3　旅游对旅游目的地社会文化影响的作用机理

二 旅游社会文化影响的制约因素模型

图 5-4 反映的是旅游对旅游目的地社会文化影响的制约因素模型。概括起来，旅游社会文化影响的制约因素包括如下几种。

（1）政府的行为，如旅游发展的目的、政策、旅游管理模式、旅游利益的分配等。一般而言，如果政府发展旅游的主要目的是经济，则其政策导向往往强调满足市场需求，对旅游业的社会、文化和环境功能重视和发挥不够。反之，如果政府基于可持续的旅游发展目的，则其政策导向更加注重经济、社会文化和环境效应的协调。旅游发展的政策不同，旅游社会文化影响的程度和方向也会有很大不同。

（2）旅游企业行为。包括旅游企业的经营管理模式、旅游企业的地方化程度、旅游企业的就业构成、旅游企业利润的分配等。一般来说，旅游企业以本地资本为主、为当地居民提供较多的就业机会、重视企业员工利益和社会效应，往往会促进旅游社会文化的正面影响，反之有可能导致旅游社会文化负面影响的增加。

（3）旅游者行为，如旅游者的来源、数量与动机、旅游者的旅游形式、停留时间、旅游者经济和文化水平、主客交往形式等。旅游者数量越多、在旅游目的地停留时间越长、旅游者经济和文化水平与当地居民的差异越大、主客交往越广泛越直接，则旅游社会文化的影响就越大。

（4）当地居民行为。包括当地居民对待旅游业的态度、支持程度、参与程度等。当地居民对旅游业理解、支持、参与程度是旅游目的地成功开发、经营和管理的一个重要因素，在很大程度上左右着旅游社会文化影响的程度和方向。

（5）旅游目的地资源特点。影响旅游目的地吸引力的大小、方向及旅游开发所能承受的强度。

（6）旅游目的地区位及空间范围，影响旅游目的地的旅游容量和主客交往程度。旅游目的地区位闭塞、空间范围小，则旅游目的地的对外交流和旅游容量有限，旅游社会文化影响较大。

（7）旅游目的地经济发展水平与生命周期。影响旅游目的地经济对旅游的依赖程度及旅游发展的阶段特点。旅游目的地经济对旅游的依赖程度越深，则旅游发展促使旅游目的地产业和就业结构的改变就越大，越会促进旅游目的地社会文化环境的变迁。

（8）旅游目的地文化生态位态势。这里引入生态位态势理论（朱春全，1997）。任何文化都以一定的状态存在并对人类社会产生相应的影响，包含“态”和“势”两个方面的属性。“态”表示文化发展历史积淀的结果，“势”表示文化的现实作用和影响力。旅游目的地文化生态位态势一般与地方文化的历史发展与积淀、物质文化发展水平、制度文化的先进程度、文化区人口数量、文化区范围及文化的交流与发展水平有关。旅游目的地文化生态位态势高，则旅游发展的社会文化影响就小。反之，旅游发展的社会文化影响就大。

由图 5-4 可见，旅游对旅游目的地社会文化的影响是在特定的区位空间、资源禀赋、经济发展水平及文化生态位态势的条件下，政府、旅游开发商、旅游者和当地居民等利益主体综合作用的结果。旅游目的地特定的区位空间、资源禀赋、经济发展水平及文化生态位态势构成其社会文化变迁的环境本底，而政府、旅游开发商、旅游者和当地居民的行为是其社会文化变迁的动力因素。对图 5-4 的进一步分析可知：

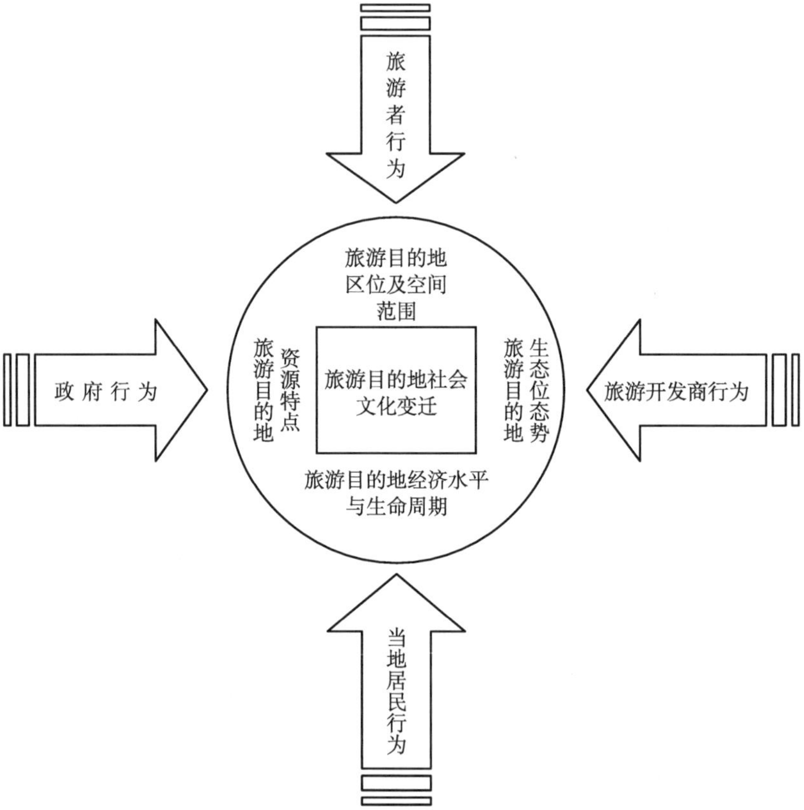

图 5-4　旅游对旅游目的地社会文化影响的制约因素模型

（1）不同旅游目的地的区位及空间范围、资源特点、经济发展水平和文化生态位态势不同，不同旅游目的地社会文化变迁的环境本底不同，导致旅游对旅游目的地的社会文化影响存在差异性。

（2）不同旅游目的地政府开发的政策、旅游开发商的开发模式、旅游者动机与行为、当地居民对待旅游开发的态度与行为不同，不同旅游目的地社会文化变迁的动力因素不同，导致旅游对旅游目的地的社会文化影响存在差异性。

（3）促使旅游目的地社会文化变迁的动力因素不是一成不变的，不同利益主体之间的相互关系及他们对待旅游发展的态度与行为都会随着旅游发展的进程进行调整，使旅游对旅游目的地的社会文化影响呈非线性的发展。

（4）基于上述三个原因，旅游社会文化影响具有复杂性、动态性和不确定性。因此，就单个旅游目的地进行的旅游社会文化影响研究所得出的结论一般不具有普适性，不能将特定旅游目的地社会文化影响的研究结论推及其他旅游目的地上。

第三节　旅游区域社会文化影响的调控对策

一 政策驱动力的调控

（一）从经济的发展观转向可持续的发展观

20 世纪 90 年代以后，随着我国经济体制的改革，地方政府在区域经济运行中的地位和作用大大增强，地方政府成为区域经济发展的主体。我国旅游目的地的旅游发展遵循的也是“政府主导型”的发展模式，由于地方政府掌握着管理、规划、土地及生产要素，在确立旅游发展目标、运用政府资源、协调社会力量、推动旅游开发方面发挥了主导作用。面对区域经济建设加快与竞争加剧的形势，地方政府发展旅游的原动力是发展地方经济。因此，政府在旅游规划、管理及制定政策措施的过程中，对旅游发展的关注点是经济影响，重视旅游发展在地方财政、就业和产业方面的数据，而忽视旅游社会文化和环境方面的影响。这种经济至上的旅游发展观是旅游目的地社会文化负面影响的重要根源。

地方政府要充分认识到：旅游产业的发展对旅游目的地地方经济、社会结构、文化传统和生态环境等方面有着广泛的影响，这些影响既可能是积极正面的，也可能是消极负面的。地方政府发展旅游业需要着眼于旅游业具有经济、社会、文化和环境的四大功能，着眼于旅游目的地的长期发展和当地居民的长期福利，从基于经济的发展观转向可持续的发展观；从首要目标为追求经济效益转向提高人民生活质量；从政府主导转向市场主导、政府推动、社区参与，使旅游发展与当地自然、社会文化和人类生存环境成为一个协调的整体。

地方政府发展旅游业的政策导向应该是：不仅把旅游业作为一个经济产业，更要把旅游业作为文化产业；不仅要制定旅游业发展的经济目标，更要制定旅游业发展的社会文化和生态环境目标；不仅要重视旅游发展的政府利益，更要重视旅游发展的地方居民利益。

（二）制定具有社会文化综合目标的旅游总体规划并控制实施

旅游规划是政府发展与管理旅游业的纲领和蓝图，也是旅游区域开发、项目建设、招商引资和宣传促销的重要手段。在市场经济条件下，政府主要通过旅游规划对旅游开发进行宏观调控和行业管理，“规划出项目，项目引资金，资金保建设，建设促发展”。但长期以来，旅游规划以获取最大的经济收益为衡量标准，以满足旅游者的需要为导向，关注旅游人次、旅游收入的增长和投资收益回报，对旅游发展的社会文化影响考虑不多。而过度的或规划不当的旅游扩展给旅游目的地长期的社会文化变迁带来不良后果。因此，旅游规划必须发挥更加前瞻性和引导性的作用，通过周密的规划、决策和控制在强化旅游开发积极作用的同时，降低或消除旅游社会文化的负面影响。

为此，政府应该制定具有社会文化综合目标的旅游总体规划。旅游总体规划要高度重视旅游开发所导致的旅游目的地社会文化环境的变化，把社会文化目标融入旅游规划过程的各个阶段。世界旅游组织（WTO）推荐的旅游规划方法提出了制定具有社会文化综合目标的旅游总体规划的步骤和方法（表 5-2）。

表 5-2　融入社会文化目标的旅游总体规划

规划阶段	社会文化领域	方法
1. 研究和分析	国家的社会文化特征	多角度调查现有的特征 列出旅游资源情况
2. 旅游政策	积极的社会文化作用	从国家全局角度进行成本收益分析 确定社会文化目标
3. 互补性服务方案	确定旅游企业服务人员需求量	预测 使用标准系数法，确定对员工的需求
4. 旅游主体规划	保护社会文化资源	确定保护资源的可行性研究
5. 实施战略	尊重人们对社会文化方面的利益需求；行动方案（职业培训、旅游产品的构成、弘扬当地文化的计划）	协作 立法
6. 评估旅游开发规划的作用	评估旅游开发规划在每个优先发展地区所起到的作用	从本地区或国家的角度进行成本收益分析 重复第二阶段的工作
7. 控制措施	目标与结果协调一致	对影响的研究 纠正的措施

资料来源：WTO 提出的全国和区域旅游规划的方法，载《旅游规划工作纲要》（何光韦，1997）

如表 5-2 所示，在研究和分析阶段，要广泛了解旅游目的地的社会文化特征；制定旅游开发政策时，也要把旅游的社会文化影响考虑在内；制定旅游主体规划之前，首先要确定旅游开发后对服务的需求量，进而推算出可以吸纳当地劳动力的数量，为当地创造就业机会；旅游的主体规划中，必须包括保护社会文化资源的方法和措施；整体规划实施时，要通过协作和立法确保上述各项措施的落实；在评估旅游开发的作用时，除了重点考察可量化的经济指标外，还要关注社会发展和文化发展等方面的指标；在最后的控制阶段，政府要加强对旅游规划实施的效应尤其是旅游社会文化影响方面的监测与评估，并将结果与规划所确定的目标相比较，及时发现问题并采取必要的调整与纠正措施。在此基础上对比可供选择的旅游开发方案在经济、社会文化和环境方面的优势和劣势，选取能产生最大收益的方案。

政府还要强化对旅游规划实施过程的监督管理。旅游规划的制定是一个科学和技术过程，而旅游规划的实施则是一个社会和政治过程，在很大程度上取决于所涉及的众多因素的协作能力和旅游管理部门的管理水平。市场机制的缺陷使旅游开发的各种利益集团追求自身利益的最大化，使旅游规划的蓝图很难不折不扣地实现。因此，必须把旅游规划的决策、制定和实施作为一个完整的过程，旅游规划的实施因为涉及多种利益关系和大量具体的行政行为而更为复杂，需要进行有力的管理和监督。必须建立旅游规划的管理协调机构，监督控制旅游规划的实施，并统一协商、调整、控制旅游规划实施过程中复杂的、弹性的、不确定的、涉及面极广的利益矛盾和冲突。

（三）构建由管理机构和利益主体共管的旅游目的地管理模式

我国传统的旅游目的地管理模式是自上而下政府单一纵向的强制性管理，在旅游开发的实践中，宏观的规划决策由各级政府制定，微观的经营管理则由不同的投资经营者具体实施，而当地社区被排斥在外，没有形成不同主体之间的利益平衡。这种管理模式缺乏有效的协调机制，随着旅游的发展，旅游者和外来人口的涌入、旅游目的地经济结构改变和社会结构分异使得不同利益主体的权利要求和自我意识增强，导致不同利益主体之间尤其是各利益主体与当地社区之间的矛盾冲突加剧。

旅游目的地可持续发展的管理需要协调好三方面的关系，即自然与自然的关系、人与自然的关系、人与人的关系（不同利益主体之间的关系，如当地政府与当地社区、当地政府与相关部门和企业、相关部门与企业和当地社区、相关部门与企业和游客、当地社区与游客等），但传统的旅游目的地管理职能仅仅集中在处理前两种关系上，处理人与人关系的职能较为缺乏（韩念勇，2000）。

而旅游社会文化影响更多地是通过人与人的关系表现出来的，管理滞后是旅游目的地社会文化出现许多负面影响的重要原因。因此，传统的自上而下政府单一纵向的旅游目的地管理体制已明显不适应新时期旅游发展的需要，必须构建旅游目的地利益主体之间的平衡机制，实行“开放式、参与式、适应式”的新型管理模式。

根据利益主体之间的关系可将旅游目的地管理模式分为三种（图 5-5）。

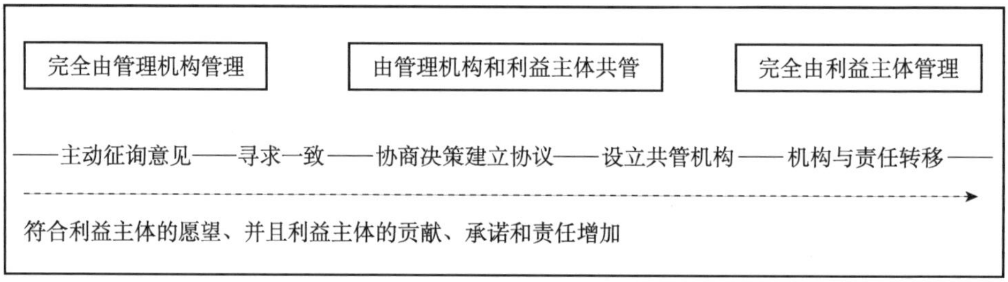

图 5-5　旅游目的地管理模式序列

资料来源：引自韩念勇（2000），有修改

完全由利益主体管理模式与各个利益主体的利益尤其是当地社区的利益紧密相连，易于形成各个利益主体之间的协调，是旅游目的地最为理想的管理模式。但由于我国政府力量强大，非政府组织和团体作用微弱，当地居民受传统思想及自身素质的束缚，参与意识和能力不强，完全由利益主体管理的模式难以有效实施。因此，我国需要构建由管理机构和利益主体共管的旅游目的地管理模式，这种模式既保持了一定程度的管理权威，又鼓励参与合作，将各种利益主体都整合到管理体制中，有助于各种利益主体的利益表达和实现。为此，旅游目的地要成立联合管理委员会，其组成应包括当地政府、与旅游开发有关的非政府组织代表、企业代表和当地居民代表。旅游目的地发展规划和战略应当通过圆桌会议的方法征求各个利益主体的意见，其决策应当得到大多数利益主体的赞同，这样有利于所制定的计划和措施在执行中得到最大程度的支持，也有利于促进旅游开发的积极作用而减少旅游开发社会文化的负面影响。其中，当地居民的观点应当予以高度重视，因为当地居民对旅游者的接受容纳程度和对旅游发展的积极态度不仅有助于增加旅游目的地的吸引力，还有助于提高旅游者的旅游经历，从而减少旅游社会文化的负面影响。没有当地居民的理解、支持和配合，旅游目的地发展的规划和战略不可能顺利实现。

（四）严格控制旅游目的地的旅游容量

旅游对旅游目的地社会文化的影响主要是通过旅游目的地文化个体-群体的变异来实现的，而这种文化个体-群体的变异是由不同文化背景的旅游者和当地居民接触交流而产生的。因此，旅游者及其所带来的与旅游目的地相异的文化因素和文化内容是旅游目的地文化个体-群体变异的重要影响源。许多研究显示，旅游目的地社会文化影响的重要问题是旅游目的地的拥挤和游客过饱和，这种状况会对东道社区和当地居民产生最大程度的社会和心理冲击（瑟厄波德，2001）。但市场机制利益最大化的追求使之无法对旅游目的地的拥挤和游客过饱和实现自动调节，因此，政府必须对旅游目的地的旅游容量进行严格控制。

旅游容量是指游客在某一旅游区旅游及相关活动的水平能够与游客较高水平的满意度及对旅游区资源的较小影响相适应。旅游容量需要满足三个条件：①不降低自然环境质量；②不降低游客旅游体验质量及旅游活动满意度；③不超过当地居民所能忍受的旅游对旅游目的地影响的最大水平（Mieczkowski，1995）。因此，旅游容量是旅游管理的重要依据，也是对旅游社会文化影响进行调控的重要依据。

旅游容量作为一个体系包括自然环境容量、物质环境容量和社会环境容量。政府严格控制旅游目的地的旅游容量，必须要对旅游目的地旅游容量体系的标准做出具体规定。

（1）规定旅游目的地的大气、水、噪声等环境质量标准及固体废弃物的防治标准，测量并规定旅游目的地的空间环境容量。

（2）规定旅游目的地的基础设施规模与标准，规定旅游目的地的住宿、餐饮等旅游接待设施的数量与标准。

（3）测量并规定旅游目的地居民的心理承受能力。在此基础上，提出旅游目的地合理的旅游容量并予以严格控制，减少旅游社会文化的负面影响以促进旅游目的地的可持续发展。

政府控制旅游目的地旅游容量可采取空间和时间两个方面的手段。空间上的手段主要有：在旅游目的地建立管理分区，对游客服务区、高密度游憩区、低密度游憩区及重点保护区实行空间分离，对不同分区的旅游容量做出限制；严格规定车辆界限，合理布局旅游线路，利用步道和游径调控游客流向和流量。时间上的手段主要是：利用价格杠杆调控淡旺季游客流量；利用公众媒体发布旅游目的地淡旺季旅游产品供给控制和促销的有关信息，引导旅游者理性消费，疏导游客时间流量。

二 经济驱动力的调控

旅游开发商是旅游目的地的投资者，负责旅游资源的开发。但企业追求利益最大化的本质使旅游开发商着重于旅游资源经济价值的开发，而对旅游资源文化、科学、教育和生态价值重视和利用不足。由于旅游开发商支出了旅游资源开发的进入成本、建设成本及市场开发成本，他们更多地强调旅游资源开发的投资回报和经济效益。显然，企业不加限制的逐利行为往往会加剧旅游社会文化的负面影响，如过度商业化和文化庸俗化等现象。因此，必须对旅游开发商的行为进行必要的约束和规范，这是优化旅游社会文化影响的重要内容。

旅游企业的产品是以服务为核心的综合性产品，具有比物质生产更强的文化特色。因此，旅游目的地的企业应当体现出对当地社会文化良好的根植性，更好地向旅游者展示旅游目的地独特的文化因素。从这个意义看，旅游目的地开发以当地资本和当地企业为主体，有助于提高旅游企业对于地方文化的归属感和当地居民对于旅游企业的认同感，有助于改善当地居民对于旅游开发的积极态度和支持行为，从而促进旅游社会文化的正面影响。

从旅游企业本身的行为看，旅游目的地的旅游企业应当在追求企业利益的同时，关注旅游目的地社区利益和企业员工利益。旅游企业修建服务设施和开发旅游产品必须考虑当地居民的需求，向当地居民开放，促进当地居民生活水平的提高；旅游企业开发旅游资源应当考虑带动当地传统经济和产业的发展，优先雇佣当地居民，为当地居民提供更多的就业机会和发展条件；旅游企业应当积极主动融入当地的社会文化环境中，如组织宣传当地社会文化的专题旅游项目、参加当地社会文化的公益活动等，增强当地居民的文化自豪感。

对旅游企业行为进行调控的手段主要包括：

（1）制定旅游目的地旅游企业的进入准则。通过颁发经营许可证衡量进入企业的资格和控制进入企业的数量，包括企业成长历史、经济实力、公众形象、经营管理理念及发展战略等，确保高素质的企业进入旅游目的地和防止过多过滥的企业进入旅游目的地，避免旅游目的地的过度商业化。

（2）制定旅游目的地旅游企业的经营规制（张昕竹，2000）。主要内容包括旅游企业应当尊重当地的文化传统和民风民俗，禁止开展与旅游目的地社会文化环境不协调的经营项目、确定旅游产品价格与服务质量等，减少旅游社会文化的负面影响。

（3）为旅游企业提供竞争环境和有效服务。可以通过限制企业经营合同期限，为企业提供信息服务、人员培训等，激发企业竞争和经营热情，促使企业不断创新产品和提高服务质量，强化旅游社会文化的积极作用。

三 市场驱动力的调控

旅游的社会文化影响归根到底是由东道社区的人们与不同文化背景的旅游者之间直接和间接接触交往而产生的对东道社区“人的影响”。大多数旅游者在旅游过程中以自身文化传统为基础，表现的是自己的生活方式，遵循的是自己的生活习惯，他们对于旅游目的地当地社会文化的了解和接受是有限的。而旅游过程中的主客交往多数情况下属于邂逅相遇，因此，理解和误解构成了主客交往的内在矛盾，这种内在的矛盾运动推动了旅游目的地社会文化的整合或变异。主客交往内在矛盾的根源在于主客之间政治的、经济的、文化的、社会的和历史的差异，对待这种矛盾，需要旅游者具有发自内心的对于旅游目的地文化的理解与尊重，这样才能成为旅游目的地社会文化发展的积极力量。因此，优化旅游社会文化影响，需要对旅游者进行宣传教育以增进主客交往的理解减少误解，调整旅游者的行为。

对旅游者行为进行调控的手段主要包括：

（1）事前宣传引导。旅游前对游客进行宣传教育，可以通过编制旅游指南使旅游者充分了解旅游目的地的地理、历史和社会文化，向旅游者介绍旅游目的地的习俗礼仪等文化规范并据此提出旅游中需遵守的行为准则，教育旅游者要尊重所访问地区的传统文化。

（2）集中宣传引导。在旅游目的地建立游客中心，不仅向旅游者提供旅游信息和旅游服务，还通过展示旅游目的地景观，提供旅游目的地社会文化相关实物、书籍、画册和音像资料及宣传讲解，使旅游者进一步加深对旅游目的地社会文化的了解。

（3）旅游中人员引导。旅游中的人员引导是指利用旅游解说员的语言解说和行动示范，使旅游者了解、尊重旅游目的地的习俗、礼仪和传统文化。其中，导游最为重要，由于导游与旅游者密切接触，游客对导游比较信任。因此，导游的言行具有较好的示范作用，能达到教育游客的目的。从这个意义上，旅游目的地需要大力提高导游素质，尽量利用当地人从事导游工作，使导游本身具有良好的文化归属感和自豪感而成为文化交流的使者。导游要通过解说为游客提供一种有意义的体验和信息交流，加深对旅游目的地社会文化的理解，并通过

“意象—感觉—知觉—态度—行为”这一认知与行为反应链影响旅游者的行为。

（4）旅游中设施引导。旅游中的设施引导是指利用非口头解说媒介向旅游者传递旅游目的地社会文化的信息或行为警示，使旅游者在旅游活动中进行观光和娱乐的同时获取知识并减少不规范行为。

（5）适当控制旅游团的规模。

四 社会驱动力的调控

旅游发展对旅游目的地社会文化的冲击使旅游目的地的社会文化面临着“传统性与现代化”“本真性与商品化”“民族性与国际化”“地域性与开发化”等纷繁复杂的矛盾和选择。对于旅游发展所带来的矛盾冲突，当地居民会表现出不同的态度和行为，而当地居民的态度与行为反过来又影响着旅游社会文化影响的程度和方向（图 5-6）。因此，优化调控旅游社会文化影响，需要对当地居民进行文化调适，引导当地居民的态度与行为趋于积极。

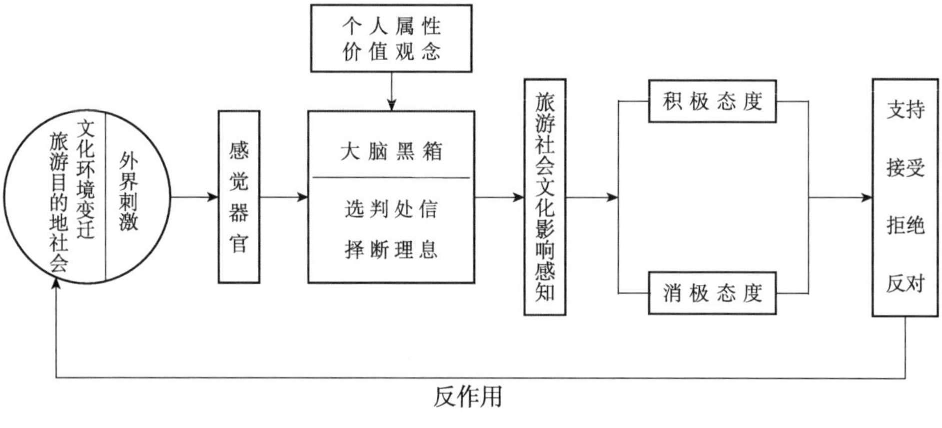

图 5-6　旅游目的地居民对旅游社会文化影响的态度与行为

对当地居民态度与行为进行调控的手段主要包括：

（1）加强当地居民有关旅游知识的教育。对旅游知识的了解有助于当地居民对旅游发展全面公正的认识和评价，也有助于居民在理解的基础上做出理性的行为。因此，加强对当地居民有关旅游的教育培训，能够提高居民对旅游发展后果的了解、承受和适应能力，进而有助于改善当地居民的态度与行为。

（2）加强当地居民有关传统文化的教育。使当地居民充分认识到在当今国际化、信息化和城市化飞速发展的时代，传统文化最能显示出地方和民族的特色、身份和归宿。旅游目的地的生活方式、民风民俗、历史传说、传统产业、传统服饰、地方食物、地方语言等都是一定地域与民族的文脉延续，是吸引旅游者的核心所在，培养当地居民的文化自豪感，为继承和保护社会文化提供持久动力。

（3）重视旅游经济利益的公平分配。旅游经济利益在很大程度上左右着人们对旅游发展的认识和评价，影响着人们对旅游发展的态度和行为。因此，采取有效措施保证旅游给当地居民带来福利对于改善居民态度和强化居民支持具有重要意义。要特别重视旅游经济收入、旅游创造的就业岗位和商业机会的公平分配，通过旅游发展提高当地居民的生活水平。使当地居民认识到自己文化的旅游价值和经济价值，并进一步认识到保护自己的文化就是保护自己的经济收益，培养当地居民的保护民族文化的责任感，为继承和保护旅游目的地社会文化提供经济方面的动力。

（4）减少旅游所带来的社会分化的冲击。旅游发展会给东道社区不同的社会群体和个体以不同的影响，由于个性差异和价值观念的差异，不同个体对于旅游发展社会文化影响的认识、适应与调整能力存在差异。一般而言，老年和居住时间较长的人群对所居住的社区有更为强烈的归属感，他们经过长时间的人与人、人与居住环境的磨合在社区形成了较为稳定的社会网络，而旅游发展冲击了这种业已存在的社区平衡，同时他们对社会生活环境变化的调整和适应能力也相对较弱。此外，家庭收入非来自旅游业的人群倾向于对旅游社会文化影响持负面感知与态度。因此，关注和扶持对旅游发展的认识、适应与调整能力相对较弱的人，如老年人、居住时间较长的人，关注和扶持对旅游社会文化影响倾向于负面感知与态度的人，如家庭收入非来自旅游业的人，有助于旅游业树立良好形象和获得当地居民的欢迎。

（5）增加居民的各种发展机会以减少社区对旅游的依赖。旅游目的地对旅游业的过度依赖不仅会极大地改变当地的产业结构和就业结构，还会极大地改变当地的社会结构，易导致旅游目的地人口与交通拥挤、物价上涨、季节性失业及干扰当地居民的日常生活等不良影响。需要发挥旅游业关联性强的优势，加强旅游业对当地传统产业的带动和发展替代型经济，为当地居民提供更多的发展机会，减轻由于对旅游业的过度倚重而对旅游目的地社会文化的巨大冲击。

（6）大力倡导社区参与，让居民了解旅游并参与旅游决策的制定。传统的旅游开发很少考虑旅游目的地社区利益，旅游发展带来的各种成本和代价由旅游目的地整体社区承担，而从旅游发展中受益的只是社区少部分人，导致旅游目的地居民对旅游发展的反感和抵制，旅游目的地好客度下降，旅游目的地的社会分化和主客冲突加剧。因此，需要把旅游目的地社区作为主体纳入旅游发展的决策和执行体系中，实现旅游发展目标与当地社区发展目标的协调一致。社区参与旅游发展应该做好以下几方面工作：

第一，要制定相关法律法规，明确旅游开发社区参与的主体地位和权利。

第二，要确定旅游开发社区参与的内容。具体表现为旅游开发决策参与、旅游开发过程参与、旅游开发效应评估参与和旅游开发利益分配参与四个方面。

第三，要构建旅游开发社区参与的机制。旅游目的地要成立联合管理委员会，其组成应包括当地政府、与旅游开发有关的非政府组织代表、企业代表和当地居民代表。涉及社区利益的重大问题，如旅游发展的目标、重点、旅游利益分配、旅游目的地形象策划等时必须与社区信息共享，征询和尊重当地居民的意愿。社区参与不能以居民个体的方式进行，要把当地居民组织起来成立社区代表大会，社区自治组织是社区参与的基本途径。

第四，旅游开发社区参与的类型和方法要多样化。图 5-7 是旅游开发社区参与的类型和层次，表 5-3 是旅游开发社区参与可选择的方法。表明，旅游开发的社区参与不仅包括接受教育、被告知信息、获得咨询和发表意见等，还包括旅游开发过程的参与与控制。而社区参与的具体方法要根据不同的目的和类型采取适当的方法。

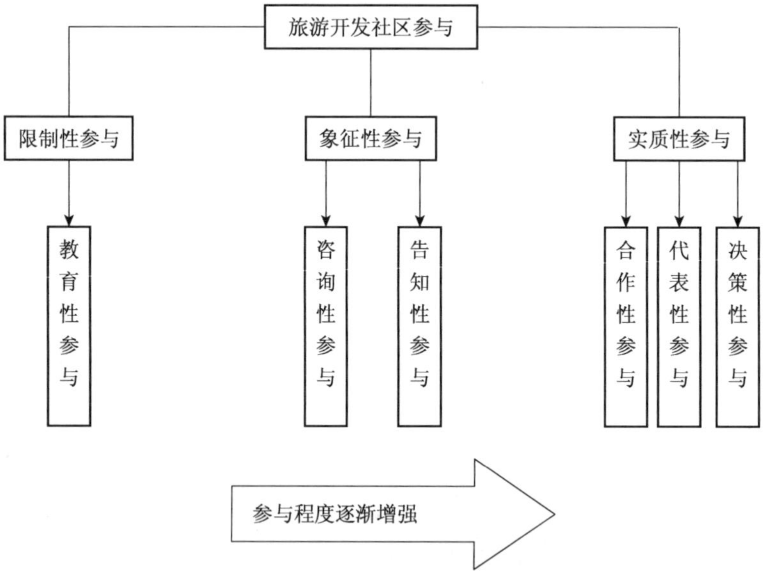

图 5-7　旅游开发社区参与的类型和层次

考虑我国长期以来政治文化传统中民主意识不强及居民参与的素质和能力较弱，我国旅游开发社区参与的类型和层次要多种多样和循序渐进。既要有宣传性、教育性、咨询性等低阶梯社区参与，又要有决策性的高阶梯社区参与，这是社区参与的本质和最终目标。

表 5-3　旅游开发社区参与可选择的方法

方法	教育性参与	咨询性参与	告知性参与	合作性参与	代表性参与	决策性参与
宣传（单）册	++		++			
新闻媒体宣传	+++		+++			
信息热线	++		++			
电话调查		+++	++			
市民调查		+++	+++			
利益主体个体接见		+++	++	+		
规划与政策起草		+++	+++	++		
规划与政策审议		+++	+++	++		
讨论稿征求意见		+++	+++	++		
居民代表大会	++	++	++	+++	++	
利益主体会议	++	++	++	+++	+++	+++
焦点小组	++	++	++	+++	+++	+++

+ 表示方法适宜程度
资料来源：引自 Eagles et al.，2002

实践篇

周庄古镇旅游社会文化影响研究

第六章 周庄古镇旅游客体文化研究

旅游客体文化是关于旅游者的文化，包括旅游者的社会文化特征和旅游动机、旅游行为、旅游者社会文化特征，从旅游客体文化入手提供了研究旅游对旅游目的地社会文化影响的初始角度。

第一节 周庄古镇旅游者的社会文化特征

周庄古镇于1986年制定了“保护古镇，建设新区，发展经济，开辟旅游”的总体规划，1989年售出第一张旅游门票，此后游客数量呈现出快速增长态势，从1989年的4.54万人次增长到了2011年的484万人次。游客数量的快速增长，一方面促进了当地经济发展水平的提高，另一方面对当地社会文化的影响也日益显现。2011年周庄的旅游密度为238.1万人/km^2；游居比达到157.6万人次/人，当地居民与旅游者接触交往的机会与规模都大大增加。为了进一步分析周庄旅游者的社会文化特征及其旅游动机与行为，笔者在周庄进行了问卷调查。

在国外学者对旅游动机研究成果的基础上，对古村镇旅游目的地的核心吸引力及旅游市场的需求状况设计调查问卷，调查问卷包括四部分内容：第一部分是旅游者的人口统计特征及社会属性。第二部分是旅游者的旅游行为，包括旅游方式、逗留时间等。第三部分是旅游者的旅游动机，共16项关于古镇旅游动机的表述。第四部分是旅游者的利益追求和体验质量，要求旅游者对14项有关周庄旅游目的地自然景观、文化景观、旅游设施和旅游服务等的重要性和实际感受进行评价。第三部分和第四部分采用李克特量表要求旅游者用1~5的等级方法来表明自己对表述的回复。1表示完全不符合；2表示不符合；3表示既符合又不符合；4表示符合；5表示非常符合。对周庄的调查时间为2003年8~11月，调查表通过江苏水乡周庄旅游股份有限公司的有关人员在沈厅、张厅等景点随机发放，共发放调查问卷800份，通过回收、审核共获得有效问卷557份，有效回收率为69.6%。用SPSS软件对调查问卷进行统计分析。

一 人口结构

由表 6-1 可以看出，周庄旅游者中年龄在 45 岁以下的比重达到 80.1%，其中 24 岁以下的旅游者占到 30%。说明周庄旅游者以年轻型为主。性别结构上，以男性居多，占 59.8%。一方面说明青年人精力充沛，乐于探索求新，周庄浓郁的传统文化氛围与现代城市生活形成的巨大反差对于青年人具有很大的吸引力；另一方面，青年人充满朝气，思想开放，行为时尚，对周庄的社会文化系统也会产生较大的冲击。

表 6-1　周庄旅游者年龄、性别分布

年龄、性别	＜14 岁	15~24 岁	25~44 岁	45~64 岁	＞65 岁	男	女
人数 / 人	17	150	279	93	18	333	224
比重 /%	3.1	26.9	50.1	16.7	3.2	59.8	40.2

二 社会结构

（一）职业

由表 6-2 可见，周庄旅游者职业分布较为分散，其中，公务员、企事业管理人员、专业文教技术人员、学生所占比例较高，而农民、军人和离退休人员相对较少。这反映出周庄旅游者的职业具有较强的复合性，不同职业的旅游者的审美情趣、欣赏需求及生活方式各不相同，对周庄社会文化系统的影响具有多元化特点。

表 6-2　周庄旅游者职业分布

职业	公务员	企事业管理人员	专业文教技术人员	服务销售商贸人员	工人	农民	军人	离退休人员	学生	其他
人数 / 人	76	112	94	46	49	5	17	22	104	32
比重 /%	13.6	20.1	16.9	8.3	8.8	1	3.1	3.9	18.6	5.7

（二）文化程度

由表 6-3 可知，周庄旅游者的文化程度中等偏上，高中及大中专学历的旅游者占 25.8%，大学本科学历的旅游者比例达到 38.6%，研究生及以上学历的旅游者占 24.1%。周庄旅游者的文化程度状况反映出周庄旅游者具有大众化的特点。

表 6-3　西递、周庄旅游者文化程度分布

文化程度	小学及以下	初中	高中及大中专	大学本科	研究生及以上
人数/人	13	51	143	215	157
比重/%	2.3	9.2	25.8	38.6	24.1

（三）地域特征

如图 6-1 所示，周庄客源吸引范围广阔，几乎覆盖全国所有省份。周庄主要客源地为上海、江苏、山东、广东、浙江、北京、河南、湖北、江西、天津、安徽等省份，合计占周庄客源市场份额的 70.8%；湖南、广西、重庆、吉林、黑龙江、福建、河北、四川、陕西、辽宁、山西为二级目标市场，客源市场份额合计占 21.6%；而海南、云南、新疆、内蒙古、贵州、宁夏、青海等远距离省份仅占客源市场份额的 7.6%。周庄旅游者的地域结构以近中距离的省市为主要客源市场，客源市场较为分散，且吸引半径大。

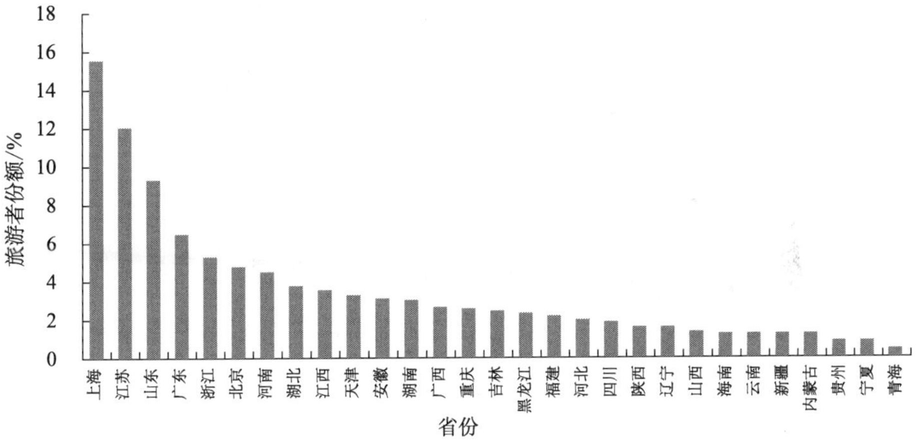

图 6-1　周庄旅游者地域结构

三 旅游行为

（一）逗留时间

从表 6-4 看出，周庄旅游者有 73.9% 逗留时间在 1 天以内，而逗留时间在 3 天及以上仅为 8.6%。说明周庄多为朝至夕归的大众型观光旅游者，追求观光、消遣和享受，由于逗留时间相对较短，他们一般与当地居民接触交往机会较少，

文化交流的广度和深度也较低，并且是大量“标准化”旅游接待设施建设的主要依据和客源市场，根据 V.Smith（1978）的研究，这类旅游者对旅游目的地社会文化的影响很大。

表 6-4 周庄旅游者在旅游目的地的逗留时间

逗留时间	半天	1天	2天	3天	3天以上
比重/%	18.1	55.8	17.5	5.2	3.4

（二）旅游方式和交通工具

从表 6-5 可知，周庄旅游者的出游方式多样。除了旅行社组织和单位组织外，家庭出游和亲朋好友出游也占相当大的比例，而独自出游的比例较小，说明周庄作为旅游目的地发展较为成熟，旅游产品供给较为丰富，探索型旅游者少。旅游者到周庄选用的交通工具表现出多样化特征，这一方面表明周庄旅游目的地交通条件良好；另一方面也说明了周庄旅游市场的多元化。

表 6-5 周庄旅游者的旅游方式

旅游方式	单位组织出游	旅行社组织出游	家庭出游	亲朋好友出游	独自出游
比重/%	26.3	25.5	22.9	18.9	6.4

四 讨论

通过以上分析可以看出：

（1）从人口学特征来看，周庄古镇的旅游者呈现年轻型、职业分布较为分散、文化程度中等偏上的特征；客源市场范围广阔，以中近距离省市为主。总体而言，周庄旅游者具有大众化的特点，这类旅游者对旅游目的地社会文化影响很大。

（2）从旅游者的旅游行为来看，周庄旅游者的出游方式多样化，单位、旅行社组织出游、家庭出游和亲朋好友出游都占相当大的比例，交通工具多样化，逗留时间大多在 1 天以内，反映出周庄旅游市场的多元化，也体现出对周庄旅游目的地社会文化系统的影响具有多元化特点。

第二节　周庄古镇旅游者旅游动机与行为

旅游动机是推动旅游活动的直接动力，决定着旅游者的旅游行为、旅游体验和对旅游目的地的选择，是旅游客体文化的重要组成部分。旅游动机不同，旅游者的行为方式不同，他们对旅游目的地居民的交往及社会文化的影响程度也会产生差异。本节在对周庄旅游者旅游动机分析的基础上，根据主导动机的不同对旅游者划分类型，并就不同类型旅游者的社会属性特征与旅游行为进行了比较分析。

一 周庄古镇旅游者的旅游动机

（一）旅游动机的描述性分析

表 6-6 是周庄旅游者 16 项旅游动机的平均值。一般而言，李克特量表 1~5 等级评分平均值为 1~2.4 表示反对，2.5~3.4 表示中立，3.5~5 表示赞同（Cevat，2002）。由表 6-6 可见，周庄旅游者对于 16 项旅游动机表述中的 13 项表示赞同，只是对“考察、学习、进行艺术创作”“发展个人爱好、追求个人理想”和“结交新朋友”3 项表示了中立意见，没有反对项，证明周庄旅游者旅游动机的多重性十分显著。比较而言，“喜欢古民居的宁静氛围和独特文化”“休闲和娱乐、放松精神”“游览古民居名胜”“了解当地历史文化”“了解当地风土人情”5 项旅游动机平均值都在 4 以上，且标准差较小，赞成率分别为 88.0 %、89.5 %、85.2 %、86.3 % 和 81.9 %，说明上述 5 项旅游动机是符合绝大多数旅游者的普遍动机。

表 6-6　周庄旅游者动机调查

旅游动机	平均值	标准差	赞成率 /%
休息和运动、增强体质	3.67	0.98	65.5
休闲和娱乐、放松精神	4.22	0.70	89.5
游览古民居名胜	4.18	0.78	85.2
喜欢古民居的宁静氛围和独特文化	4.27	0.74	88.0
变换生活环境、摆脱日常生活烦扰	3.73	0.98	63.9
躲避忙碌的工作、调节身心	3.69	1.01	59.8
增长知识、提高文化修养	3.97	0.76	79.9
了解当地历史文化	4.18	0.72	86.3
了解当地风土人情	4.06	0.78	81.9
与朋友一起旅游以增加交往	3.51	0.99	56.7
结交新朋友	3.15	0.96	36.5
体验当地居民的真实生活	3.85	0.84	71.5
增加阅历、获得他人尊敬	3.52	0.95	51.8
考察、学习、进行艺术创作	3.23	1.07	43.7
发展个人爱好、追求个人理想	3.29	1.01	44.5
丰富人生经历、增加成就感	3.73	1.06	64.7

从旅游动机产生的机制看，周庄古镇旅游的“拉力”作用显著，说明水乡古镇的景观及其文化内涵具有很强的市场吸引力；但旅游者对“变换生活环境、摆脱日常生活烦扰”“躲避忙碌的工作、调节身心”“与朋友一起旅游以增加交往”表示赞同，说明这些旅游者是出于调节和放松身心而来周庄旅游的，因此周庄古镇旅游者的心理“推力”作用也较为明显。

（二）旅游动机的因子分析

为进一步提高分析效率，采用因子分析的方法对16项旅游动机进行归纳，根据特征值和累计解释方差准则选取4个公因子并进行命名，4个公因子的累计贡献率为66.3%。从表6-7中可以看出，因子1在“休息和运动、增强体质”“休闲和娱乐、放松精神”“游览古民居名胜”“变换生活环境、摆脱日常生活烦扰”“躲避忙碌的工作、调节身心”等题项中均具有较大的载荷，命名为身心放松因子。因子2在“考察、学习、进行艺术创作”“发展个人爱好、追求个人理想”“丰富人生经历、增加成就感”三项中载荷最高，命名为发展因子。因子3在“增长知识、提高文化修养”“了解当地历史文化”“了解当地风土人情”等项中具有较大的载荷，命名为知识因子。因子4在“休闲和娱乐、放松精神”“与朋友一起旅游以增加交往”和“结交新朋友”等项中载荷较高，命名为社交因子。

表6-7 周庄旅游者旅游动机因子载荷

旅游动机表述	因子1 身心放松因子	因子2 发展因子	因子3 知识因子	因子4 社交因子
休息和运动、增强体质	0.558	0.258	0.248	−0.514
休闲和娱乐、放松精神	0.625	−0 .150	0.194	−0.568
游览古民居名胜	0.603	0.114	−0 .390	−0.312
喜欢古民居的宁静氛围和独特文化	0.702	0.142	−0 .213	−0.161
变换生活环境、摆脱日常生活烦扰	0.667	−0.443	0.357	-2.216×10^{-3}
躲避忙碌的工作、调节身心	0.612	−0 .466	0.239	−0.106
增长知识、提高文化修养	0.312	0.417	−0.420	0.200
了解当地历史文化	0.609	5.815×10^{-2}	−0 .512	0.267
了解当地风土人情	0.560	2.021×10^{-2}	−0 .591	0.147
与朋友一起旅游以增加交往	0.509	−0.476	1.760×10^{-2}	0.515
结交新朋友	0.643	−0 .206	0.162	0.326
体验当地居民的真实生活	0.760	0.165	1.832×10^{-2}	8.956×10^{-3}
增加阅历、获得他人尊敬	0.321	4.749×10^{-2}	0.639	0.404
考察、学习、进行艺术创作	−0.126	0.708	0.234	0.107
发展个人爱好、追求个人理想	0.399	0.682	0.257	0.121
丰富人生经历、增加成就感	0.373	0.659	0.294	0.132

二 周庄古镇旅游者的类型及行为

不同类型的旅游者具有不同的旅游动机与旅游行为、不同的消费模式与空间模式，对旅游目的地产生的社会文化影响也不尽相同。国外学者对旅游者的分类研究始于 20 世纪 70 年代，产生了不少研究成果。1978 年 V.Smith 根据旅游者的旅游行为将他们分为七种类型：探索者、社会名流、非常规游客、特殊游客、小团体游客、大批量游客和包机游客，并以游客数量及其对当地文化的适应情况为指标，说明旅游者与旅游影响之间的关系。Cohen（1979）基于旅游者与当地人交往的程度和方式把旅游者分为四种类型，即有组织的大众旅游者、个体大众旅游者、探险者及流浪者，他认为大众型游客给旅游目的地带来的影响要远远大于探索型游客和漂泊型游客。1982 年 Pearce 利用多层面分析尺度对旅游者群体的普遍性行为进行了归纳和分类，将旅游者分为五大类型：环境旅游群集、高密度接触旅游群集、追求精神满足的旅游群集、追求快乐的旅游群集、开发性旅游群集。1992 年 Yiannakis 运用主成分分析法归纳得出休闲旅游者的 14 种特殊角色形态。Loker-Murphy 于 1996 年对澳大利亚背包旅游者动机进行了细分研究，发现这些旅游者表现出四种旅游动机和行为群聚，分别是：摆脱工作压力并追求身心放松的群聚、追求社会交往和刺激的群聚、追求旅游实现个人发展的群聚及追求旅游成就感的群聚。总体看来，国外学者主要从旅游者的动机、行为和旅游体验的共同性和差异性两个方面研究旅游者类型特征。本书在借鉴国外文献的基础上，根据主导动机的不同进行了周庄古镇旅游者类型的划分。

（一）聚类方法

本书采用聚类方法对旅游者进行类型划分。传统的聚类方法主要分为两类，一类是层次聚类法（hierarchical clustering）；另一类是非层次聚类法（non-hierarchical clustering）。层次聚类法可以对变量或记录进行聚类，变量可以为连续或分类变量，提供的距离测量方法和结果表示方法也非常丰富，研究者可以利用一些相应的指标来确定聚为几类其结果是最为合适的。非层次聚类法的应用范围比较有限，需要研究者事先确定需要聚类的数量，且只能对连续性的观测量进行聚类，并对变量的多元正态性、方差齐性等条件要求较高，这种聚类法适用于大量样本进行聚类分析的情形。本书采用的是层次聚类法，运用沃德法，选择欧氏距离对周庄古镇旅游者进行聚类分析。

（二）结果分析

采用分层聚类，运用沃德法，选择欧氏距离进行聚类分析得到聚类树形图，从而将周庄旅游者分为四种类型。类型 1 旅游者为 288 人，占 51.7%；类型 2 旅游者为 98 人，占 17.6%；类型 3 旅游者为 92 人，占 16.5%；类型 4 旅游者为 79 人，占 14.2%。不同类型旅游者的旅游动机归纳成表 6-8。

表 6-8　周庄不同类型旅游者旅游动机的平均值

旅游动机表述	类型 1	类型 2	类型 3	类型 4
休息和运动、增强体质	3.46	3.18	4.24	4.34
休闲和娱乐、放松精神	4.05	3.93	4.56	4.85
游览古民居名胜	4.07	3.68	4.65	4.68
喜欢古民居的宁静氛围和独特文化	4.03	4.05	4.82	4.71
变换生活环境、摆脱日常生活烦扰	3.55	3.09	4.19	4.65
躲避忙碌的工作、调节身心	3.46	3.01	4.34	4.53
增长知识、提高文化修养	3.88	3.56	4.46	4.25
了解当地历史文化	4.04	4.03	4.70	4.22
了解当地风土人情	3.93	3.81	4.73	4.11
与朋友一起旅游以增加交往	3.38	2.88	4.12	4.02
结交新朋友	3.11	2.43	3.70	3.54
体验当地居民的真实生活	3.78	3.36	4.56	3.91
增加阅历、获得他人尊敬	3.58	2.63	4.43	3.31
考察、学习、进行艺术创作	3.36	2.02	4.44	2.85
发展个人爱好、追求个人理想	3.24	2.04	4.31	2.77
丰富人生经历、增加成就感	3.33	2.70	4.61	3.60

对表 6-8 的分析表明，类型 1 旅游者的动机主要是追求身心放松因子和知识因子，而对于旅游动机的发展因子和社交因子则多表示中立。交互分析表明，这类旅游者以中青年为主，15~44 岁的占 77.6%，男女性别差异不明显；文化程度中等，以高中及大中专、大学本科居多，分别占 32.6%、42.6%；职业分布较为分散，其中企事业单位管理人员，服务销售商贸人员、工人、离退休人员和学生所占的比例较高，共占 66.8%；旅游方式多样，70.6% 的人通过单位、旅行社组织或家庭出游；他们在周庄逗留时间短暂，74.4% 的旅游者在周庄逗留时间在 1 天以内，旅游交通工具多样，有一半以上的旅游者是乘坐火车、长途汽车前来周庄旅游的；受距离衰减规律的影响，中国城市出游市场 80% 集中在距城市 500km 的范围内（Chars，2002）。据此可将上海、江苏、山东、浙江和安徽 4 省 1 市划为周庄近域市场，而将全国其他省份划为远域市场。从类型 1 旅游者的地域结构看，覆盖了全国 32 个省（自治区、直辖市），其中来自近域市场的旅游者

占 47.8%。这类旅游者最为注重游览古民居名胜和休闲娱乐，可命名为追求游览与愉悦的旅游者。

类型 2 旅游者来周庄旅游的主要目的是增长知识和游览观光，不赞同旅游动机的社交因子和发展因子。这类旅游者多为青年人和老年人，其中，15~24 岁的占 29.5%，55 岁以上的占 18.1%，都是四类旅游者中比例最高的，男性为 72.7%，占绝大比例，表明男性更富于异向型心理特质；文化程度高中及大中专占 31.8%，大学本科占 45.5%；职业以文教卫生与专业技术人员、学生、离退休人员居多，分别占 25%、18.2%、13.6%；旅游方式主要是旅行社组织或单位组织，但有 22.7% 的旅游者选择独自出游，是四类旅游者中比例最高的；大多数旅游者在周庄逗留时间在 1 天以内，也有 30.5% 的旅游者在周庄逗留时间超过 2 天，旅游交通工具多为长途汽车或火车，乘坐飞机的旅游者所占比例较高，表明这类旅游者的出游距离较远。这类旅游者来自全国 20 个省（自治区、直辖市），其中近域市场占 42.7%。这类旅游者更注重了解水乡古镇的文化，命名为追求学习与知识的旅游者。

类型 3 旅游者对全部 16 项旅游动机都表示赞同，与其他三类旅游者的动机比较，这些旅游者在“与朋友一起旅游以增加交往”“结交新朋友”“体验当地居民的真实生活”“增加阅历、获得他人尊敬”“考察、学习、进行艺术创作”“发展个人爱好、追求个人理想”及“丰富人生经历、增加成就感”等方面平均值最高，最为注重旅游动机的社交因子和发展因子。这类旅游者以中年人为主，35~54 岁的人所占比例在四类旅游者中最高，达 41.4%，男性占 68.3%；文化程度最高，大学本科和研究生及以上的旅游者分别占 39% 和 31.7%；从职业看，企事业单位管理人员、公务员和文教卫生与专业技术人员较多，分别占 29.3%、12.2% 和 9.8%；在旅游方式上，选择家庭或亲朋好友出游的比例最高，达 56.1%；70.7% 的人在周庄逗留时间在 1 天以内，除了常用交通工具，乘私家车出游较多。这类旅游者有来自全国 18 个省（自治区、直辖市），其中近域市场占 39%。这类旅游者具有较高的社会地位和物质生活水平，通过旅游追求精神满足、增进社会交往和提高社会地位、实现个人发展的动机强烈，可命名为追求发展与成就的旅游者。

类型 4 旅游者重视旅游动机的身心放松因子、知识因子和社交因子，对旅游动机的发展因子持中立意见，与其他三类旅游者相比较，他们对于“变换生活环境、摆脱日常生活烦扰”和“躲避忙碌的工作、调节身心”最为赞同，表现出明显的休闲娱乐的目的性。这类旅游者以中青年居多，68.6% 的人年龄为

25~55 岁，没有 14 岁以下和 64 岁以上者，男性稍多，占 57.1%；文化程度较高，高中及大中专、大学本科的比重分别为 37.1%、40%；职业结构以企事业管理人员、文教卫生与专业技术人员、公务员及服务销售商贸人员居多，共计 74.2%；旅游方式以旅行社组织和亲朋好友出游最多，占 54.3%；80% 旅游者在周庄逗留时间为 1 天，旅游者乘坐私家车或出租车较多；这类旅游者来自全国 15 个省（自治区、直辖市），其中近域市场的比例占 57.1%，尤以上海的比例最高，占 25.7%。这类旅游者休闲娱乐的目的性强，意欲通过旅游摆脱工作压力、享受生活、放松身心和增长知识，可命名为追求休闲与放松的旅游者。

根据上述分析，身心放松因子是周庄旅游者的基本动机，但四种类型旅游者的主导动机存在一定差异。追求游览与愉悦的旅游者的主导动机是观光娱乐，追求学习与知识的旅游者的主导动机是增长知识和了解地方文化，追求发展与成就的旅游者的主导动机是增进交往、获得尊敬和成就感，而追求休闲与放松的旅游者的主导动机是摆脱工作压力和休闲放松。从四种类型旅游者的旅游动机产生机制看，追求游览与愉悦的旅游者和追求学习与知识旅游者主要是出于“拉”的因素，而追求发展与成就的旅游者和追求休闲与放松的旅游者主要是出于“推”的因素。

第三节　周庄古镇不同类型旅游者的体验质量与主客关系

不同类型旅游者的体验质量与主客关系也不同，旅游者体验质量的高低直接涉及旅游者的主观判断，可以用旅游者满意度进行衡量。旅游者满意度可用下列公式表示：

旅游者满意度＝旅游期望值-旅游实际体验

式中，旅游期望值是人们作出旅游决策并付诸实施时对旅游效果产生的一种心理预期，这种心理预期与人们的旅游动机和旅游目的地的属性密切相关（谢彦君，1999）。当旅游的实际体验超过了旅游期望值时，旅游者就会感到满意，反之就会不满。

表 6-9~表 6-12 分别反映的是周庄四种类型旅游者对于周庄旅游目的地自然和文化景观、主客关系、旅游设施和旅游服务、旅游产品价格等重要性和实际感受的平均值及二者之差。

一 不同类型旅游者的体验质量与主客关系

（一）追求游览与愉悦的旅游者体验质量与主客关系

表 6-9 的数据表明，追求游览与愉悦的旅游者对于周庄的自然景观和文化景观期望值最高，同时也较为看重旅游服务质量和旅游产品的价格；他们比较注重旅游目的地基础设施和交通条件。从主客关系角度看，这类旅游者对于“居民对待游客的态度”期望较低，也不太期望“与当地居民接触交往”，实际上对于上述两项的感受水平也较低。从旅游实际感受看，他们对于周庄旅游目的地的价格最为不满，其次是自然景观和文化景观，旅游设施与旅游服务水平与他们的期望也存在一定差距。这类旅游者的总体旅游体验质量不高。

表 6-9　追求游览与愉悦的旅游者体验质量与主客关系

项目类型	旅游目的地项目	重要性平均值	实际感受平均值	重要性与实际感受平均值之差
自然景观	山水等自然风光	4.58	3.73	0.85
文化景观	古建筑等人文景观	4.60	3.98	0.62
	传统生活方式等地方文化	4.54	4.10	0.44
主客关系	居民对待游客的态度	3.38	3.09	0.29
	与当地居民接触交往	3.24	3.06	0.18
旅游设施	来本地旅游的交通条件	4.15	3.88	0.27
	供电、供水、通信基础设施	4.05	3.77	0.28
	住宿接待设施	3.85	3.37	0.48
	餐饮接待设施	3.82	3.56	0.26
	康体娱乐设施	3.25	3.18	0.07
	购物商业设施	3.31	3.02	0.29
旅游服务	导游服务质量	4.25	3.90	0.35
	宾馆旅行社员工服务水平	4.14	3.89	0.25
旅游产品价格	旅游产品价格	4.12	3.07	1.05
旅游总体感受	—	—	3.78	—

（二）追求学习与知识的旅游者体验质量与主客关系

从表 6-10 可见，这类旅游者高度重视周庄文化景观、自然景观及导游服务质量。从主客关系角度看，这类旅游者认为“居民对待游客的态度”很重要，也期望“与当地居民接触交往”，但他们的实际感受与他们的期望差距很大。主要原因在于这类旅游者感兴趣于周庄地方文化，注重地方文化的本真性，而周庄古镇区面积仅为 0.47km^2，人口为 3000 余人，旅游容量过于饱和，游客过多导致商业气氛浓厚，2012 年周庄古镇区已有外来人口 5902 人，各类商店 569 余家，对周庄自然景观和文化景观影响很大。

这类旅游者对周庄旅游目的地的自然景观、文化景观和导游服务质量非常不满，他们对旅游设施的要求和实际感受的平均值都不高，尤其是对康体娱乐设施和购物商业设施的不满程度最高。他们对周庄旅游目的地的价格也很不满。总体来看，追求学习与知识的旅游者的满意度最低。

表 6-10 追求学习与知识的旅游者体验质量与主客关系

项目类型	旅游目的地项目	重要性平均值	实际感受平均值	重要性与实际感受平均值之差
自然景观	山水等自然风光	4.65	3.53	1.12
文化景观	古建筑等人文景观	4.88	4.10	0.78
	传统生活方式等地方文化	4.75	3.88	0.87
主客关系	居民对待游客的态度	4.38	3.63	0.75
	与当地居民接触交往	3.56	3.24	0.32
旅游设施	来本地旅游的交通条件	3.85	3.66	0.19
	供电、供水、通信基础设施	3.8	3.68	0.12
	住宿接待设施	3.51	3.34	0.17
	餐饮接待设施	3.56	3.22	0.34
	康体娱乐设施	3.13	2.56	0.57
	购物商业设施	3.05	2.37	0.68
旅游服务	导游服务质量	4.52	3.57	0.95
	宾馆旅行社员工服务水平	3.55	3.49	0.06
旅游产品价格	旅游产品价格	4.06	3.25	0.81
旅游总体感受	—	—	3.51	—

（三）追求发展与成就的旅游者体验质量与主客关系

追求发展与成就的旅游者对于旅游目的地的自然景观、文化景观、旅游设施、旅游服务、旅游产品价格都很重视，他们的实际感受水平也较高，二者之间的差距较小。从主客关系角度看，他们较为重视“居民对待游客的态度”及“与当地居民接触交往”，同时他们对于上述二项的实际感受水平也最高。从差值来看，他们对于周庄旅游目的地的文化景观、旅游设施和旅游产品价格最为满意，较为不满的是宾馆旅行社员工的服务水平。总体上看，追求发展与成就的旅游者的满意度为四类中最高（表 6-11）。

表 6-11　追求发展与成就的旅游者体验质量与主客关系

项目类型	旅游目的地项目	重要性平均值	实际感受平均值	重要性与实际感受平均值之差
自然景观	山水等自然风光	4.54	4.39	0.15
文化景观	古建筑等人文景观	4.77	4.70	0.07
	传统生活方式等地方文化	4.65	4.61	0.04
主客关系	居民对待游客的态度	4.25	4.16	0.09
	与当地居民接触交往	3.79	3.58	0.21
旅游设施	来本地旅游的交通条件	4.42	4.39	0.03
	供电、供水、通信基础设施	4.38	4.34	0.04
	住宿接待设施	4.20	4.17	0.03
	餐饮接待设施	4.24	4.03	0.21
	康体娱乐设施	3.68	3.49	0.19
	购物商业设施	3.55	3.45	0.10
旅游服务	导游服务质量	4.46	4.41	0.05
	宾馆旅行社员工服务水平	4.59	4.21	0.38
旅游产品价格	旅游产品价格	4.01	3.97	0.04
旅游总体感受	—	—	4.26	—

（四）追求休闲与放松的旅游者体验质量与主客关系

追求休闲与放松的旅游者对旅游目的地自然景观、文化景观、旅游服务及旅游产品价格期望较高，对于旅游设施的要求也较高。从主客关系角度看，他们对于“居民对待游客的态度”和“与当地居民接触交往”的重视程度一般，而对于主客关系的实际感受水平也一般。从实际感受看，这类旅游者对周庄旅游目的地的自然景观、文化景观及导游服务较为满意，他们是四类旅游者中对康体娱乐和商业设施不满程度最低的。总体来看，这类旅游者的满意度较高（表 6-12）。

表 6-12　追求休闲与放松的旅游者体验质量与主客关系

项目类型	旅游目的地项目	重要性平均值	实际感受平均值	重要性与实际感受平均值之差
自然景观	山水等自然风光	4.46	4.28	0.18
文化景观	古建筑等人文景观	4.70	4.62	0.08
	传统生活方式等地方文化	4.51	4.37	0.14
主客关系	居民对待游客的态度	3.53	3.34	0.19
	与当地居民接触交往	3.47	3.27	0.20

续表

项目类型	旅游目的地项目	重要性平均值	实际感受平均值	重要性与实际感受平均值之差
旅游设施	来本地旅游的交通条件	4.15	3.80	0.35
	供电、供水、通信基础设施	4.22	4.05	0.17
	住宿接待设施	4.14	3.97	0.17
	餐饮接待设施	4.18	4.0	0.18
	康体娱乐设施	3.73	3.71	0.02
	购物商业设施	3.28	3.14	0.14
旅游服务	导游服务质量	4.16	4.05	0.11
	宾馆旅行社员工服务水平	4.28	3.74	0.54
旅游产品价格	旅游产品价格	4.03	3.57	0.46
旅游总体感受	—	—	3.97	—

二 不同类型旅游者的体验质量与主客关系的比较

比较起来，四种类型旅游者的体验质量明显不同，自高而低依次是追求发展与成就的旅游者、追求休闲与放松的旅游者、追求游览与愉悦的旅游者和追求学习与知识的旅游者。从旅游动机的角度看，追求发展与成就的旅游者和追求休闲与放松的旅游者主要受内在推力驱使，比较强调旅游者的旅游体验过程和旅游活动本身，追求愉悦，他们比较容易获得满足。而追求游览与愉悦的旅游者和追求学习与知识的旅游者受旅游目的地属性吸引的因素更多，对旅游目的地自然、文化景观的期望值较高，比较注重旅游目的地环境刺激，追求心理感受，他们的满意度较低。从四种类型旅游者的人口与社会特征看，追求游览与愉悦的旅游者和追求学习与知识的旅游者的收入水平相对较低，他们对旅游服务质量和旅游产品价格较为敏感，旅游消费过程中求补偿的心理倾向强烈，影响了他们旅游体验质量的提高。而追求发展与成就的旅游者和追求休闲与放松的旅游者的职业结构和收入结构都表明他们社会地位和生活水平相对较高，更加注重旅游目的地景观、设施和服务的质量，在旅游消费过程中追求平衡与享受，这使他们的旅游体验质量较高。

从主客关系的角度看，追求学习与知识的旅游者和追求发展与成就的旅游者较为重视地方居民态度及与当地居民接触交往，而追求休闲与放松的旅游者和追求游览与愉悦的旅游者对地方居民态度及与当地居民接触交往期望较低。从主客关系的满意度看，追求发展与成就的旅游者相对最为满意，而追求学习与知识的旅游者最为不满，追求休闲与放松的旅游者和追求游览与愉悦的旅游者的不满程度中等。

需要注意的是，四种类型旅游者对周庄自然景观和文化景观的期望值一致很高，但他们的旅游实际体验均与其期望值存在差异，需要旅游管理部门的高度重视，保护好周庄江南水乡“小桥、流水、人家”的自然景观和以“水文化”“桥文化”为特色的文化内涵至关重要。四种类型旅游者对周庄康体娱乐设施和商业服务设施的期望值和感受都很低，这一方面说明，对于周庄古镇的旅游发展而言，康体娱乐设施和商业服务设施的重要性较小；另一方面说明，旅游者对现有的相关设施并不满意，其主要原因在于商业气氛过浓影响古镇风貌。因此，周庄要在保护好现有自然资源、历史人文资源和民俗文化资源的基础上，加强各种配套设施建设，通过规划和管理，逐步解决目前古镇区混杂、商业气氛过浓的问题，把旅游交通服务、接待信息服务、管理服务的职能迁出古镇区，古镇区仅作为核心游览区进行保护和规划。

概括起来，周庄旅游者总体上以大众旅游者居多。从四种类型旅游者的旅游动机及其行为特点分析，将追求学习与知识的旅游者划为帕洛格旅游心理类型中的多中心型，占 17.6%，而将其余三类旅游者划为混合中心型，占 82.4%。因此，周庄旅游者对当地社会文化变迁的推动作用很大。

第七章 周庄古镇旅游目的地主客交往研究

第一节　旅游主客交往的态度与感知

采用问卷调查和访谈的方法了解周庄古镇旅游主客交往的态度与感知。2006 年 10 月，先对周庄主客交往状况通过小样本作预调研检验，再对研究方案进行调整，然后进行实地调查。2006 年 11 月正式调查发放居民问卷 400 份，其中有效 296 份，有效率为 74.0%；旅游者问卷 400 份，其中有效 269 份，有效率为 67.25%。调查样本符合 95% 的置信度、7% 的抽样误差下的样本规模要求。另外，按照结合分析（conjoint analysis）的要求，专门设计调查卡片同时进行调研。对周庄几十户当地居民，进行一对一和一对多的访谈，记下了访谈和观察日记，所记录的访谈日记和对问卷的分析融入相关的章节。受访者东道主和旅游者的基本情况如表 7-1 和表 7-2 所示。

表 7-1　受访东道主基本情况

项目	指标1	指标2	指标2	指标3	指标4
年龄	≤14岁	15~24岁	25~44岁	45~64岁	≥65岁
	8.11%	34.46%	32.43%	18.24%	6.76%
性别	男	女			
	53.38%	46.62%			
职业	旅游从业人员		非旅游从业者		
	企业经营人员	管理人员	41.89%		
	42.88%	15.23%			
住址	镇外	镇内			
	33.10%	66.90%			

表 7-2　受访旅游者特征表

项目	指标 1	指标 2	指标 3	指标 4	指标 5	指标 6
性别	男	女				
比重 /%	52.0	48.0				
年龄	≤ 14 岁	15~24 岁	25~44 岁	45~64 岁	≥ 65 岁	

续表

项目	指标 1	指标 2	指标 3	指标 4	指标 5	指标 6
比重 /%	4.46	22.30	46.84	15.61	10.41	
平均收入 / 元	1000 以下	1000~2000	2000~3000	3000~5000	5000~8000	8000 以上
比重 /%	13.75	33.83	24.54	14.50	7.43	5.95
出游方式	团队			散客		其他
	单位组织出游	旅行社组织出游	家庭出游	亲朋好友出游	独自出游	
比重 /%	21.93	26.39	20.45	20.45	7.06	3.72
停留时间	参观当天离开	2 天	3 天及以上			
比重 /%	56.51	31.23	12.27			

一　旅游主客交往的驱动力

主客交往并不是单一动机驱动的，往往是旅游者以某一交往动机为主，其他类型的动机也是其交往驱动力的组成成分。如表 7-3 所示，以旅游者为例，对于本书划分的各种驱动力，游客都有比较强的认同感。

表 7-3　周庄主客交往驱动力

驱动力	平均值	标准差
商业交换	3.95	0.73
文化体验	4.24	0.67
放松愉悦	3.91	0.73
荣誉声望	3.80	0.71
生理安全	4.20	0.75
社会交往	3.85	0.69
探索求知	4.09	0.70

不同人口学特征下的旅游者分类，交往动机有明显的差异。从性别差异对主客交往的驱动力看，女性旅游者以商业交换、生理安全等为交往动机的平均值要明显高于男性；男性以文化体验、社会交往为驱动的多于女性，在其他方面差别不明显。从旅游组织形式差异对主客交往的驱动力看，散客旅游者对放松愉悦、生理安全、社会交往、探索求知等动机的认可程度要高于团队旅游者。从年龄差异对主客交往的驱动力看，老年人（65 岁及以上）对生理安全、文化体验有更强烈的动机诉求，中年人（25~64 岁）放松愉悦的动机更强，青少年（24 岁及以下）探索求知的动机明显高于其他年龄组（表 7-4）。

表 7-4　基于人口特征的驱动力差异表

项目	商业交换	文化体验	放松愉悦	荣誉声望	生理安全	社会交往	探索求知
男性	3.56	4.21	3.93	4.22	4.12	4.48	4.08
女性	3.94	3.85	3.89	4.20	4.28	3.73	4.10
团队	3.96	4.24	3.90	4.22	3.78	3.79	3.52
散客	3.96	4.22	4.00	4.18	4.22	4.22	4.18
青少年	3.42	3.95	4.02	3.42	3.51	3.74	4.20
中年人	3.52	4.10	4.22	4.21	4.01	3.62	3.76
老年人	3.26	4.32	4.05	3.52	4.50	3.82	3.84

二 东道主对旅游者的偏好

研究表明，国籍是影响东道主对旅游者态度的最主要的影响因素之一。Maree Thyne 对东道主接受或容忍旅游者国籍、年龄、类型的差异进行了研究。本书以国内旅游为主，结合国内情况，设计了新的技术路线，研究东道主对交往对象的偏好。

（一）东道主对旅游者属性的偏好

1. 方法路线

结合分析是一种有效的市场研究技术，广泛应用于消费品、工业产品和商业服务等相关领域的市场研究中。为了提高调查结果的真实性、准确性和回收率，通过结合分析方法的引用，使主客交往调查的结果更加科学而有说服力。结构访问的方法要求调查员与被调查者面对面接触，对调查人员要求较高，调查前对调查员进行了问卷领悟、访问技巧等方面的专门培训。调查中按照结合分析对样本的要求，在进行其他内容调查的同时，发放模拟旅游者（居民）卡片，分层进行交往偏好调研，发放居民问卷 500 份，有效问卷 427 份，有效率为 85.4%。

结合分析的方法被应用于新产品的市场调研，适用于测量消费者的心理判断，如理解（perceptions）和偏好（preferences），在结合分析中，产品 / 服务被描述为“轮廓”（profiles），每一个轮廓是由能描述产品 / 服务重要特征的属性（attributes）及赋予每一个属性的不同水平的组合构成的，结合分析的一个重要的基本假定是：消费者根据构成产品 / 服务的多个属性来进行理解和做偏好判断。在消费者对轮廓的评价结果的基础上，经过分解的方法估计其偏好结构，从而推算出消费者对该轮廓的多个属性及各属性水平的偏好得分（preference scores），在结合分析中用分值或效用来描述。

结合分析应用于旅游者（东道主）偏好测试，能够定量测量旅游者（东道主）对交往对象的某个属性和属性水平的偏好或效用，可以用来寻找旅游者（东道主）可接受的交往对象的最佳属性及属性水平组合，这种组合最初可能并没有被旅游者（东道主）所评价。为了达到这样的目的，首先要估计不同属性水平的效用或分值，进一步计算出属性的相对重要性（attributes relative importance）和轮廓效用 (profile utility)，以便定量化地测量旅游者（东道主）的偏好。

2. 东道主对旅游者特征的偏好

步骤一：确定旅游者的属性与属性水平。

结合分析首先要对旅游者的属性和属性水平进行识别，所确定交往对象的属性和属性水平必须是显著影响东道主交往感知的因素。一个典型的结合分析包含 6~7 个显著因素。确定了产品属性之后，还应该确定这些属性恰当的水平。属性与属性水平的个数将决定分析过程中要进行估计的参数的个数（表 7-5）。

表 7-5　旅游者属性与属性水平

属性	属性水平
国别	中国人
	外国人
年龄	年轻人
	中年人
	老年人
出游形式	团队
	散客
消费	消费多
	消费少
停留时间	时间长
	时间短

步骤二：旅游者模拟。

利用上述属性与属性水平可以组合起 24（$2\times3\times2\times2$）种游客组合。实际操作中，属性水平较多实施难度也较大，并不需要对所有旅游者属性组合进行评价。运用全轮廓法做正交设计，减少组合数，仅反映调查属性的主效应，交互作用忽略不考虑的。使用 SPSS14.0 软件包 Categories 模块，对旅游者特征进行模拟，得到 8 组旅游者组合（表 7-6）。

表 7-6　旅游者模拟组合表

旅游者类型	国别	年龄	出游形式	消费	停留时间
1	外国人	年轻人	散客	少	短
2	外国人	年轻人	散客	多	长
3	中国人	中年人	散客	少	长
4	中国人	老年人	散客	多	短
5	中国人	年轻人	个人	多	长
6	中国人	年轻人	个人	少	短
7	外国人	老年人	个人	少	长
8	外国人	中年人	个人	多	短

步骤三：数据收集。

东道主个体存在差异，他们对旅游者特征也有着明显的偏好差异，基于以下两个假设，选取是否从事旅游业和是否居住在镇内，将东道主社区划分为四组。

假设一，东道主是否从事旅游业是影响东道主对旅游影响、旅游者态度的重要影响因素。

假设二，住在景区之内的东道主，直接面临旅游者的冲击，相比较住在景区之外的当地人，受影响的程度更大（表 7-7）。

表 7-7　东道主居民分组表

调查组	是否旅游从业	是否住在镇内	样本量
1	旅游行业	是	102
2	旅游行业	否	100
3	非旅游行业	是	106
4	非旅游行业	否	119

对于旅游者模拟组合表 7-6，通过问卷收集数据。在调查之前，为了确定最适合的调查形式，以安徽师范大学国土资源与旅游学院人文地理专业 20 名研究生为调查对象，结合其他内容做了预调查。预调查结果显示，由于调查内容较为枯燥，被调查者最容易放弃旅游者模拟组合的内容。针对此情况，在实际调查中采取一对一、面对面访谈的调研方法。在调查之前专门对调查员进行培训，首先，增强其对问卷设计的领悟，对调查员的调查语言进行规范。其次，要避免调查员的主观偏好，减少调查员对受访者的干扰，影响最后的判断。然后，为了避免属性之

间的互相影响，调查中，表述语言将各个因子的顺序随机分布，如：①这些外国人都比较年轻，他们是自己或者几个朋友一起来周庄，匆匆而过，消费也比较少。②他们停留时间很长，消费也多，是独自或者结伴而来的外国年轻人。③他们一般是自己或者几个朋友一起来，停留的时间虽然不长，但是很舍得花钱，大多是中年中国人。④他们消费很多，停留时间却很短，多是中国的老年散客。最后，使用模拟游客卡片，要求受访者根据自己对各类游客的偏好进行打分，如下。

模拟卡片 1：

国别	年龄	出游形式	消费	停留时间
外国人	年轻人	散客	少	短

请问您喜欢这类游客吗？（请以 1~7 为评分标准：“非常喜欢”1 分；“非常讨厌”7 分）

模拟卡片 2：

国别	年龄	出游形式	消费	停留时间
外国人	年轻人	散客	多	长

请问您喜欢这类游客吗？（请以 1~7 为评分标准：“非常喜欢”1 分；“非常讨厌”7 分）

步骤四：结果与解释。

表 7-8~ 表 7-11 统计结果中，R 值均大于 0.7，Significance 均小于 0.05，表明模型的预测效度较好。

从表 7-8 可以发现，对于从事旅游业而住在镇内的当地人而言，消费多少、出游形式、国别是最受关注的三大指标，消费能力强的外国散客旅游者是最受欢迎的人群。表 7-9 中从事旅游行业而不住在镇内的当地人对属性重要性的认识同第一组差别较小，旅游者消费、国别、出游形式排在前三位。表 7-8 和表 7-9 两表中，游客停留时间的重要性程度都不高，相对而言，住在镇内的当地居民更加注重游客的停留时间。

从表 7-8 和表 7-9 可以看出，旅游从业者对旅游者能带来的收益最为关注，“消费多少”是其最关注的游客属性。旅游从业者均认同出游形式和国别重要性程度较高，更偏好散客旅游者、外国旅游者。调查中发现，旅游从业者关注程度高的属性内容同经济收益是正相关的，如受访者多认为散客、外国人的消费能力要大于团队、中国人的消费能力，这是他们选择散客、外国旅游者的原因。

表 7-8　住在镇内的旅游从业者属性偏好

属性		属性评价	平均重要性
国别	中国人	−0.5123	19.9042
	外国人	0.5123	
年龄	青少年	−0.2026	19.7864
	中年人	0.3342	
	老年人	−0.1315	
方式	团队	−0.5686	21.0989
	散客	0.5686	
消费	消费多	0.5784	24.3603
	消费少	−0.5784	
时间	时间长	0.2034	14.8502
	时间短	−0.2034	
（常量）		4.5776	
		数值	显著性
皮尔逊系数		0.9992	0.0001
肯德尔系数		1.0000	0.0003

表 7-9　住在镇外的旅游从业者属性偏好

属性		属性评价	平均重要性
国别	中国人	−0.5808	22.4929
	外国人	0.5808	
年龄	青少年	−0.2593	20.3892
	中年人	0.3493	
	老年人	−0.0901	
方式	团队	−0.5884	21.9524
	散客	0.5884	
消费	消费多	0.5379	24.6030
	消费少	−0.5379	
时间	时间长	0.0253	10.5625
	时间短	−0.0253	
（常量）		4.7719	
		数值	显著性
皮尔逊系数		0.9880	0.0000
肯德尔系数		0.9286	0.0006

不从事旅游业而住在镇内的当地人最关注游客的出游方式，然后是国别、停留时间、年龄和消费。以散客形式出游，停留时间较短，消费较多的老年外国人，更受到这类居民的青睐。非旅游业而不住在镇内的当地人，虽然在镇内

工作、活动，但是从事的并非旅游业，他们最关注的旅游者属性为出游形式，其次为停留时间、国别、年龄、消费。

从表 7-10 和表 7-11 可以看出，非旅游从业人员关注的内容基本相同。旅游者的出游方式、国别和停留时间是最受关注的旅游者属性，相对于旅游从业人员，旅游消费的受关注程度大幅下降，游客停留时间受到更多关注。

表 7-10　住在镇内的非旅游从业者属性偏好

属性		属性评价	平均重要性
国别	中国人	−0.5000	19.8616
	外国人	0.5000	
年龄	青少年	−0.1824	18.0605
	中年人	0.0770	
	老年人	0.1053	
方式	团队	−0.8962	31.2399
	散客	0.8962	
消费	消费多	0.3467	12.2505
	消费少	−0.3467	
时间	时间长	−0.4599	18.5875
	时间短	0.4599	
(常量)		3.8145	
		数值	显著性
皮尔逊系数		0.9626	0.0001
肯德尔系数		0.9286	0.0006

表 7-11　住在镇外的非旅游从业者属性偏好

属性		属性评价	平均重要性
国别	中国人	−0.5021	18.9214
	外国人	0.5021	
年龄	青少年	−0.2045	17.5966
	中年人	0.1001	
	老年人	0.1043	
方式	团队	−0.8319	29.5119
	散客	0.8319	
消费	消费多	0.3508	13.2922

续表

属性		属性评价	平均重要性
	消费少	−0.3508	
时间	时间长	−0.5420	20.6779
	时间短	0.5420	
（常量）		3.8915	
		数值	显著性
皮尔逊系数		0.9547	0.0001
肯德尔系数		0.7857	0.0032

总之，基于职业划分的旅游从业者和非旅游从业者内部都有相似的旅游者属性偏好，而相互之间的属性偏好差异十分明显。原因在于，旅游从业者是从经济的角度决定自己的交往偏好。不从事旅游业的居民独立于旅游之外，他们有自己的生活，习惯旅游者的存在，关注其对自己生活的改变；他们直接从旅游业获得的经济收益较少，却要承受旅游者、旅游业所带来的各种负面影响。

结合四个表的分析结果，对东道主对旅游者属性的偏好分析如下。

（1）对旅游者消费水平的偏好。在对旅游者消费水平的偏好上，旅游从业者和非旅游从业者的态度截然不同。旅游从业者对旅游者的偏好上都同经济收益直接相关，他们最关注旅游者属性（消费、国别、出游方式）对经济收益的影响。不从事旅游业的当地居民对游客消费关注很少，他们认为游客消费的多少同自己无关。调查中发现，当地人并未意识到发展旅游对税收、基础设施等带来的变化，当地人经常同临近的锦溪镇进行比较，一些人甚至认为，发展工业能比发展旅游给当地带来更大的好处，发展旅游使当地失去了发展工业的机会。

（2）对国别的偏好。旅游从业者和非旅游从业者对国籍关注的重点是有差别的。旅游从业者受经济导向的影响，更关注国外旅游者的消费能力；对于非旅游从业者而言，他们更看重外国旅游者的素质和他们所承载的异域文化。

整体看来，旅游者的国别在旅游者属性中受关注的程度较高（重要性排序在四组调查中相同，都是第二位），但是该属性受关注的程度仍远远低于国外相关研究的结果。Maree Thyne 等的研究都表明国别是东道主最关注的属性，东道主对不同国别的人有着明显的偏好差别。这种结果差异的原因主要有：从交流机会上看，受语言障碍和旅游线路走向的影响，周庄本地人同外国人接触的机会并不多，更谈不上深入的交流。刚开始发展旅游时的新鲜感已经逐渐消失，当地人对外国人已经习以为常，刚开始发展旅游时，关注、围观外国旅游者的现象不会再出现，外国人并未受到格外的关注。从经济收益上看，周庄是以国内旅游者为主的文化型旅游目的地，国外旅游者所占比重较小，对旅游业者的收益影响不大。虽然，国外旅游者因消费水平较高而受到偏爱，但是随着国内消费能力的提高，旅游从业者同样关注国内旅游者消费、出游形式等对经济收益产生直接影响的属性，弱化了对国别属性的注意。

（3）对年龄的偏好。青少年往往是不受欢迎的群体。原因在于年轻人的不服从管理、不注意礼貌、随意进入游览区之外的私人空间、破坏建筑设施等行为，缺乏交往的技巧和礼貌。虽然，青少年也有较强的交往意愿，但不受当地人重视和欢迎。调查结果中显示，青少年并不受当地人的欢迎，但是简单的数字掩盖了现实的年龄偏好的全貌，青少年依然受到一些特定群体的欢迎，如工艺品商店就比较偏好消费频繁的青少年群体。

经济实力较强的中年人受到旅游从业人员的欢迎，这种结果显然同中年旅游者更强的消费欲望和支付能力有关。

对于非旅游从业人员而言，老年人对当地的社会文化更感兴趣，愿意同当地人交往，因此老年人更受当地人欢迎。

（4）对出游形式的偏好。东道主居民，无论是旅游从业者还是非旅游从业者，都更倾向于散客旅游者。访谈中收集到的旅游从业者对旅游者出游形式的看法如下。

饭店老板：团队旅游者受导游的控制，只到少数几个定点的饭店、旅馆；导游拿回扣，我们没有跟他们合作，只有散客才会到我们家来吃饭。

商店：团队旅游者停留时间太短，匆匆而来，匆匆而去，导游还在后面催，没有时间买东西。

景点导游：团队旅游者，讲解的时候要大声喊，太累，散客人数较少，便于管理，很轻松。

景区管理者：团队旅游者不好管理，周庄滨水而建，要防止意外发生。

停留时间、出游形式是非旅游从业人员最为看重的旅游者属性，他们更偏好散客旅游者。旅游者对旅游目的地的影响会随着人数的增多而加大，规模较大的旅游团队人数达到 20 以上，而且是集体行动，他们对当地社会、文化、环境所带来的影响远远大于散客旅游者。

（5）对停留时间的偏好。旅游者的停留时间对旅游业从业人员和非旅游从业人员的意义是不同的。对旅游从业人员而言，旅游者停留时间长短意味着经济收益的增减。由于周庄夜游等项目的开发，居住在景区之内的旅游业者营业时间同收益直接相关，他们可以按照游客停留时间的长短自由地支配营业时间。住在镇外和距离工作地点较远的旅游从业者要在通勤上消费大量时间，加之部分旅游从业人员受雇于旅游业主，在加班奖金和个人时间冲突时，虽然依然希望旅游者能够多停留些时间，但是其期望程度要低于居住在景区之内的居民。

对非旅游业人员而言，游客停留时间的增多，意味着旅游者的活动范围扩大，能更深入地融入自己的日常生活，他们不得不与旅游者共同分享原本属于自己的空间。不住在景区之内的居民由于同旅游者接触时间较少，对其停留时间的容忍度度要高于景区内部居民（表 7-12）。

表 7-12　受访者住址—工作地距离

家庭住址距工作地距离	百分比/%
古镇外	33.1
100m以内	39.2
100~500m	10.1
500~1000m	6.1
1000m以上	11.5

（二）东道主对旅游者行为的偏好

研究发现，东道主不仅对旅游者属性有明显的偏好，他们对旅游者的行为也存在显著的好恶。通过文献综述，本书列出 14 项典型的旅游者行为。在问卷中用李克特量表进行测量，调查中询问东道主对旅游者行为的厌恶程度。研究中发现，当地居民对游客的行为偏好较为一致，这里不再按照人口学特征对东道主进行分类，仅研究东道主对旅游者行为的整体偏好。

表 7-13　东道主对旅游者行为偏好

旅游者行为		平均值	标准差
1.经济行为	很少消费	3.62	1.23
	讨价还价	3.03	1.22
	奢侈浪费	3.29	1.24
2.示范行为	衣着、举止另类	2.69	1.01
	寻求新鲜、刺激	2.70	1.21

续表

	旅游者行为	平均值	标准差
3. 主客交往行为	不与当地人交往	3.50	1.13
	不尊重当地人的行为	3.79	1.15
	不喜欢当地文化的行为	3.21	1.12
	同本地人冲突	3.94	2.82
	同当地人共用空间	3.38	1.11
4. 负面行为	吵闹、喧哗	3.23	1.29
	参与嫖娼、赌博等违法活动	3.74	1.32
	不注意卫生	4.05	1.13
	破坏自然、文化环境	4.25	1.02

由表 7-13 可以看出，对于游客的经济行为而言，东道主比较讨厌游客消费少，这个结果同上文中旅游从业者对旅游者属性的偏好一致。原因在于，问卷调查中有 57.4% 的受调查者是旅游从业人员，经济收益是他们好恶的标准，对该项的最终结果产生较大影响。东道主居民对于游客的讨价还价行为，大多能从自己的角度考虑，认为是十分正常的行为，换了他们也会讨价还价。至于奢侈浪费，当地人认为这是旅游者自己的行为，谈不上喜欢或者讨厌，选择中立的居多。

游客的示范行为一般会对新开发旅游的居民产生较大影响，周庄自 20 世纪 90 年代开始大力发展旅游，至今已经有 20 余年的历史，旅游目的地发展也逐渐进入了巩固的时期，当地人对旅游者的态度以“习以为常”为主。周庄地处经济发达的昆山市，信息流、物流都十分发达，不同于闭塞落后的旅游目的地，旅游者示范行为已经很难给当地人产生大的触动。

旅游者在主客交往中的一些行为，当地人反映较为强烈。例如，当地居民对旅游者同本地人冲突、不尊重当地人、不与当地人交往较为反感，认为这些行为使他们受到情感上的伤害，破坏了良好的交往氛围，影响了当地的民风、民俗。

研究表明，当地居民并未对旅游者不喜欢当地文化的行为表示反感，他们表现出一种少见的大度。他们多持有“别人怎么可能都喜欢我们的东西呢”“我们觉得好，别人不一定觉得”等观点。这种结果同吴文化多元价值观、讲究实效、包容性强的特征有关，文化的优越感使他们不会因少数贬低意见而降低对自己的评价。

调研过程中，还发现了一个有趣的现象，按照周庄现有的接待条件，日接待人数应该以 3000~4000 人为宜，但是目前周庄高峰时客流达到 10 000~12 000

人，人满为患。不同于国外相同发展阶段的旅游目的地，旅游者侵占当地人生活空间的问题在周庄并不突出。东道主虽然能感觉到旅游者占据了自己的空间，但是并未产生强烈的负面反应。可能同周庄传统的高密度的居住环境、16 世纪以来就存在的商业氛围，以及旅游者活动区域相对有限等原因有关。

东道主对旅游者破坏当地生态、文化环境的行为最为反感。这说明通过旅游的发展，环保、珍视历史文化遗产的意识已经深入人心。调查中也发现很多东道主已经有主动维护生态、环境的意识，纠正旅游者的破坏行为。

不注意卫生、随意扔垃圾、吐痰的旅游者在周庄仍比较常见，尤其受到景区管理者的反感。受调查者对嫖娼、赌博等社会丑恶现象表示了反感，认为是不能被当地所接受的，但是同时他们也认为这些现象在周庄很少见到，当地的社会文化氛围较好。

（三）东道主对旅游者文化差异的偏好

东道主对旅游者文化偏好的研究同国外相关研究结果基本相似。东道主更愿意与自己文化相同或相似、文化不同但差异较为细微的旅游者交往，而对于文化和自己有重大差异的旅游者往往缺乏交流的意愿。问卷分析发现，有 43.9% 的当地居民愿意与同自己文化相同或者相似的旅游者进行交往，46.1% 的当地居民愿意与自己文化不同，但差异较为细微的旅游者交往，只有 10.0% 的东道主愿意同与自己文化差异重大的旅游者交往。

三 旅游者对东道主的偏好

旅游者对东道主属性的整体偏好如表 7-14 所示，R 值大于 0.7，Significance 小于 0.05，表明模型预测效果较好。东道主的身份是旅游者最为看重的属性，不从事旅游业的当地居民是旅游者最愿意交往的群体，工作人员次之，商店、服务人员不易激发起旅游者与之交往的动机。商业上的“服务者–顾客”、管理上的“管理–被管理者”很难演变为交往满意度较高的“朋友–朋友”关系。

旅游者更愿意同当地老年人交往，同青少年交往的兴趣不高。在游客心中，老年人是历史的见证人，老人同古建筑、古昆曲和几百年一直湍湍流动的河水共同构成了旅游者对周庄最完整的画面和意境。调查中也发现，虽然旅游者更加偏好老年居民，但是真正同老年人交往的并不多，可能同与当地老年人的语言沟通有障碍、交往动机不强有关。（表 7-15 和表 7-16）

表 7-14　旅游者对东道主的整体偏好

属性		属性评价	平均重要性
年龄	青少年	— 0.1415	35.8871
	中年人	0.0446	
	老年人	0.0968	
性别	同性	0.0549	16.5323
	异性	— 0.0549	
身份	商家、服务人员	— 0.1816	47.5806
	当地居民（非旅游业）	0.0473	
	工作人员	0.1343	
（常量）		3.9357	
		数值	显著性
皮尔逊系数		0.8963	0.0005
肯德尔系数		0.7606	0.0023

表 7-15　东道主居民属性与属性水平

属性	属性水平
年龄	青少年
	中年人
	老年人
性别	同性
	异性
身份	商家、服务人员
	当地居民（非旅游业）
	管理人员

表 7-16　东道主模拟组合

	年龄	性别	身份
1	老年人	同性	商家、服务人员
2	青少年	异性	工作人员
3	老年人	同性	工作人员
4	青少年	同性	本地居民
5	中年人	同性	工作人员

续表

	年龄	性别	身份
6	老年人	异性	本地居民
7	中年人	异性	商家、服务人员
8	中年人	同性	本地居民
9	青少年	同性	商家、服务人员

性别因素在旅游者偏好中虽然排名不高，但是受关注程度不低。不同于以往调查，旅游者对同性的偏好要大于对异性的关注。这一结果可能同此次调查对象中以“放松愉悦”为主要动机的旅游者比重偏小有关。

第二节 旅游主客交往的行为与过程

一 旅游主客交往情境分析

东道主的交往情境往往受到其职业和生活环境的影响，代表性较差，从旅游者的视角引入主客交往程度的概念，对主客交往行为进行分析。主客交往的程度是内部因素和外部环境共同作用的结果，可以用以下函数表达出来：

主客交往程度＝f（意愿，交往场景，性质，强度）

以 G 代表综合评价的主客交往程度值的概念模型，可以表示为

$$G=\sum_{i=1}^{4}(\sum_{j=1}^{3}F_{ij}\times\beta_{ij})\alpha_i\ ,\quad (i=1,2,3,4;\ j=1,2,3)$$

式中，G为主客交往程度值；F_{ij}为第i项第j个因子的因子得分值；β_{ij}为第i项第j个因子的因子权重；a_i为第i项因子的因子权重（表7-17和图7-1）。

表 7-17 旅游主客交往的程度影响因素评价指标体系及权重分配

主客交往的效果指数 G										
交往场景 X_1（权重 a_1=0.15）			交往性质 X_2（权重 a_2=0.25）			交往强度 X_3（权重 a_3=0.3）			交往意愿 X_4（权重 a_4=0.3）	
旅游目的地类型 F_{11}（权重 β_{11}=0.33）	组织形式 F_{12}（权重 β_{12}= 0.33）	交往地点 F_{13}（权重 β_{13}=0.33）	偶然邂逅 F_{21}（权重 β_{21}=0.25）	提供商品和服务 F_{22}（权重 β_{22}=0.25）	信息交换 F_{21}（权重 β_{23}=0.5）	交往时间 F_{31}（权重 β_{31}=0.20）	交往行为 F_{32}（权重 β_{32}=0.45）	交往频率 F_{33}（权重 β_{33}=0.35）	愿意交往 F_{41}（权重 β_{41}=1）	不愿意交往 F_{42}（权重 β_{42}=1 或 0）

注：F_{42} 的权重取值在正向引导时取 1，负向引导或者不引导时取 0

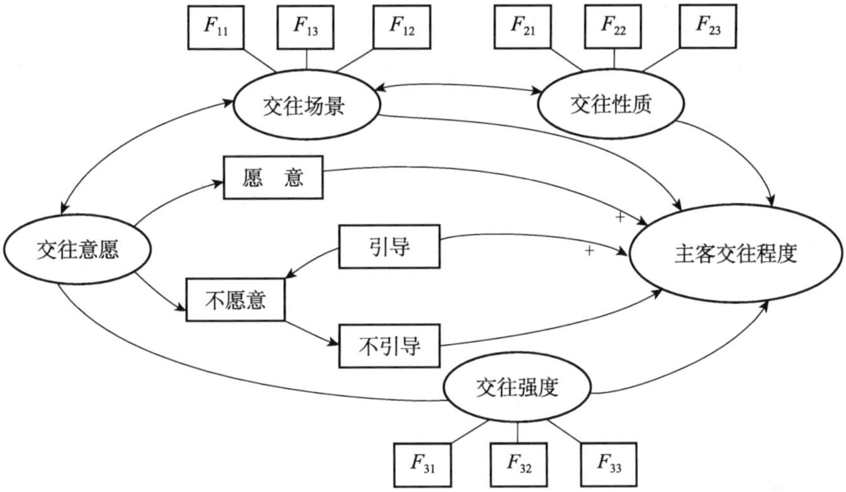

图 7-1　主客交往效应系统反馈图

1. 交往意愿

周庄的主客交往处于“蜜月期”，高达 87.4% 的旅游者愿意同东道主深入交往。不同交往动机的旅游者对主客交往的意愿有着明显区别。应当看到，一般情况下，当主客双方都具有交往意愿时，交往能达成良好效果的概率较大。当交往一方缺乏交往的意愿时，交往的效应要分两种情况来看：第一种情况是，主客双方都缺乏交往意愿，这时候主客交往往往早早收场，不能进一步深入；第二种情况是，交往双方一方有交往意愿，而另一方不愿交往。以旅游者为例，针对第二种情况，东道主如果能够通过自身的努力引导旅游者的兴趣，那么这种交往的效果依然可能是良好的。

2. 交往场景

（1）旅游目的地类型。周庄属于典型的文化型旅游目的地，东道主是当地文化景观的重要组成部分，大量居民居住在景区之内，为主客创造了交往条件。长期的主客交往过程，提高了东道主居民的主客交往能力。

（2）组织形式。最近几年，周庄团队旅游者的比重一直在旅游总人数中占据较大比重，仅周庄旅行社一家，每年组团 19 万人次，接团 180 万人次[①]。本次受访旅游者中，团队旅游者占到了 48.32%。团队旅游者的大量存在，影响了主客交往程度。

（3）交往地点。旅游者在餐馆、旅馆、茶馆、集散中心等地点的进餐、住宿、饮茶、问询等活动相对于沿途参观邂逅、商店购物等行为，需要更多时间，主

① 资料来源：江苏水乡周庄旅游股份有限公司。

客双方更容易走向深层次的交往。

参观沿途、商店、餐厅或旅馆是主客接触机会最多的场合，分别占到31.6%、25.3%、16.0%。周庄旅游者以观光团队型旅游者为主，旅游者在周庄停留时间较短，一般而言，旅游者在周庄的停留平均时间只有3小时，团队旅游者更少。除去停车、吃饭等时间，旅游者时间大多消耗在游览途中，因此，在参观途中同当地居民交往的游客最多。除了参观途中同东道主的交往，在商店、餐厅或旅馆的交往都是由旅游者经济行为引发的。周庄游客中心建成以来，集散中心、信息中心的职能并未充分显示出来，旅游者在集散中心同当地人接触的机会较少，未能发挥其应有的沟通功能。

3. 交往性质

主客之间绝大多数接触的情景是在饭店、景点的偶然邂逅（42.4%）或者东道主为旅游者提供商品和服务（44.2%）。直接以交换信息、增进了解为目的的面对面信息交换情景仅仅占到13.4%的比重。相比较前两者，以信息交换为目的的主客交往程度更深。

4. 交往强度

主客交往的强度可以从交往的时间、行为和频率三个指标的组合来衡量，本书假设交往时间越长、频率越高、行为越亲密，主客交往的强度越大。通过模拟调查中的主客交往情况，对周庄的主客交往强度进行研究（表7-18）。

表7-18　交往强度分析表

项目	1	2	3	4	5
时间	几分钟以内	半小时以内	1小时以内	2小时以内	3小时以上
百分比/%	42.75	39.41	10.41	4.09	3.35
行为	打招呼/寒暄	闲聊	深入交谈	参与居民的活动	旅游结束后保持联系
百分比/%	29.74	43.49	6.69	18.59	1.49
交往频率	较少	极少	偶尔	经常	频繁
百分比/%	2.23	21.19	45.35	25.28	5.95

利用SPSS14.0软件对调查数据做交叉分析，将问卷中数据的时间、行为、频率的具体情况用Simple Area图全样本展现出来，观测此次调查中旅游者主客交往的全貌。

由图7-2可以看出主客交往中，出现较多的情境类型如下：

偶然同当地人交往的旅游者，交往持续时间几分钟，以闲聊为内容；

偶然同当地人交往的旅游者，交往持续时间几分钟以内，以打招呼/寒暄为主要内容；

经常和当地人交往的旅游者，同当地人持续在半小时以内的闲聊；
较少同当地人交往的旅游者，时间在几分钟以内，内容为打招呼 / 寒暄行为；
较少同当地人接触的旅游者，时间在几分钟以内，内容为闲聊；
经常和当地人接触的旅游者，同当地人几分钟之内的闲聊。

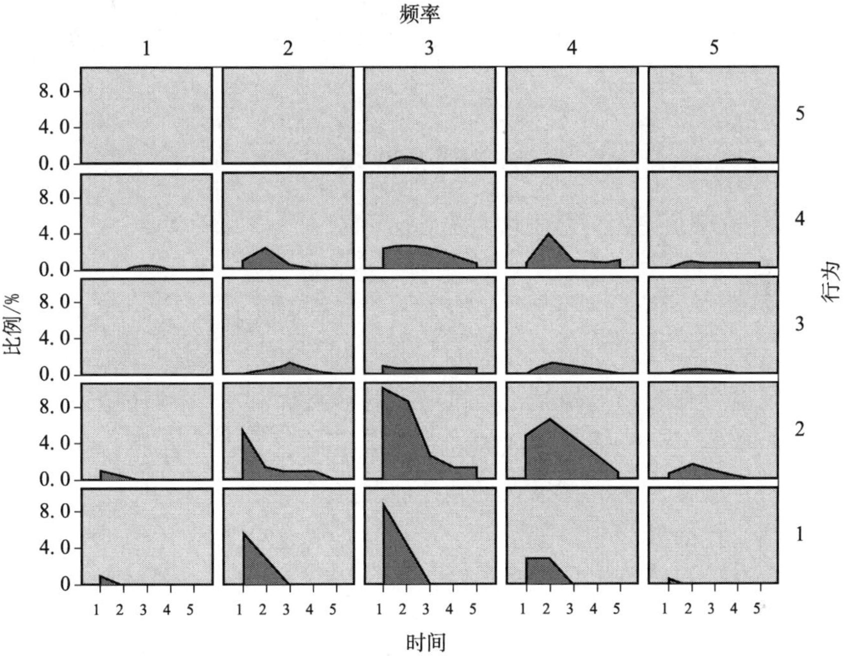

图 7-2　主客交往强度交互图

通过表 7-18 和图 7-2 可以看出，各交叉组合中峰值较高的组合多数成左高右低的组合，表明时间、行为和频率得分都比较高的游客比例非常低，主客交往的强度较低。交往时间看，几分钟到半小时以内的主客交往较为常见，打招呼 / 寒暄、闲聊是主客交往的主要内容，偶然会同当地居民交往的游客是主体，交往频繁或极少的游客比例较少。

二 周庄旅游主客交往行为特征

通过对周庄主客交往程度和作者在周庄的实际体验，发现周庄主客交往基本符合“旅游对于社会文化价值的影响”一文中总结的特征：主客交往是短暂而肤浅的；主客交往的时间和空间上有限制，空间上主要集中在沿街沿河的线形公共场所，包括参观沿途、商店、餐厅或旅馆等；缺乏自发性，根据调查，周庄主客交往中有 54.5% 是由东道主发起的，由游客发起的主客交往仅仅占到 22.3%。同“旅游对于社会文化价值的影响”的研究结论不同，调查中没有发现周庄居民因为游客的阔绰和富裕而产生“愤愤不平”的情绪，这种差别可能同周庄地处经济发达地区和周庄主要客源为国内游客两个因素有关。周庄主客交往的商业性特点十分突出。周庄的旅游从业者在主客交往中居于主动地位，游客感觉置身于“人民商战”的海洋，受到周庄旅游从业人员的“围攻”和“剥削”；从交往类型上看，周庄主客交往大多直接或间接同商业行为相关。

三 周庄旅游主客交往现状

综上所述，周庄旅游者虽然具有较高的交往意愿，但是交往的过程往往是由旅游从业者主导的，商业交换动机明显，旅游者同非旅游从业者的交往相对较少；参观途中和购物场所是主客交往最常发生的地点，周庄缺乏能够使主客双方长时间共处、沟通、深入交流的场所；交往的强度很低，交往过程的时间、行为、频率都维持在极低的水平；缺乏有目的、信息交换性质的主客交往类型，交往内容较为单调。总之，周庄的旅游主客交往程度较低，以肤浅、表面的交往为主，交往商业化倾向十分突出，交往双方很难达到深层次的交往。

第三节　旅游主客交往的影响与趋势

主客交往对主客双方都会产生深远的影响。比较而言，主客交往对东道主影响是深入而持久的，东道主是旅游影响的最终承受者。主客交往对旅游者的影响研究需要较长时间的跟踪调查，本书仅对主客交往对东道主的影响进行初步研究。

一 旅游主客交往对东道主的影响

通过考察东道主对主客交往影响的感知，研究主客交往对东道主和旅游目的地经济社会文化各方面的影响，调查东道主对旅游者造成影响的感知（图 7-3）。

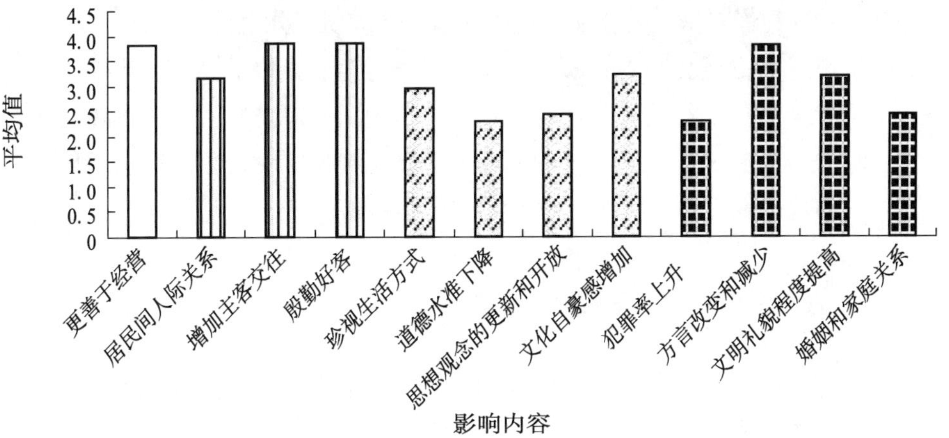

图 7-3　主客交往对东道主的影响

主客在突破交往屏障之后，旅游者对东道主的影响过程分为“接触—刺激”“刺激—文化”“文化—协调”“协调—融合”四个主要阶段，可以认为，各个阶段沿着“行为模式—生活习惯—价值观念”的脉络产生影响，其主要内容包括：

周庄旅游从业者为了满足旅游者的需要，获得经济收益，应对市场竞争，增强了从事旅游业的能力。妇女获得了更多的工作机会，经济收入得到增加。但是，这种收入的提高往往是微薄的，当地人从事的也是最基础、社会地位低下的工作。

从主客交往对周庄人际交往的影响来看，旅游者的增多增加了主客交往的机会，当地人更加殷勤好客。随着主客交往的增多，旅游从业者之间因为争夺客源、旅游从业者与非旅游从业者之间因为利益的再分配，从前和谐的邻里关系受到了冲击。对周庄而言，这种冲击的程度不高，周庄居民之间依然保持着良好的人际关系。

相对于主客交往对经济行为和人际关系的影响，主客交往对周庄人价值观念的影响并不高。从图 7-3 中可以看出，东道主并不认为主客交往对其婚姻、思想观念产生很大影响，也不认为主客交往会使本地的道德水准下降。周庄人的价值观念在文化屏障作用下，并未因旅游者的大量涌入而巨变。

主客交往通过对东道主的影响，突破融合障碍后，最终可能会导致社会变迁。调查中发现，周庄居民并不认为主客交往使犯罪率上升。相反，调查中大部分受访者认为当地治安较发展旅游之前得到了很大的改善。文明礼貌程度提升不明显。由于英语、普通话等语言的使用，当地人使用方言的机会减少，使本地方言发生了不同程度的改变。居民对周庄方言发生改变有着较高的认可度，年龄较大的受访者对这一变化体会更加深刻，给该项打分最高。

综上所述，主客交往更容易对东道主经济行为和人际关系产生影响，对价值观念、社会变迁的影响程度相对较低。可以说，交际屏障、刺激屏障在主客交往中比较容易突破，但是使这种交往能够真正突破文化屏障和融合屏障，影响东道主的价值观念，乃至社会变迁是比较困难的。

二 旅游主客关系发展的趋势

通过问卷调查了解主客双方的满意度，以及他们眼中的主客关系的发展阶段，对二者的比较和分析，探讨周庄主客关系的走向。

从表 7-19 可以看出，旅游者对主客交往的满意度要高于东道主居民。高达 72.48% 的旅游者对主客交往表示满意，而只有 50.00% 的东道主对主客交往的效果满意。尤其值得关注的是，高达 15.54% 以上的东道主对主客交往不满意，甚至更有 2.7% 的东道主对主客交往强烈不满。这一结果可以看出东道主对旅游者态度的变化，"游客就是上帝"的阶段已经不存在，旅游的负面影响受到东道主更多的关注。

表 7-19　满意度与主客关系

满意度	非常满意	满意	一般	不满意	非常不满意
旅游者 /%	17.47	55.01	25.28	2.23	0
东道主 /%	2.03	47.97	34.46	12.84	2.7
阶段	融洽的	习以为常	冷漠的	恼怒	公开对抗
旅游者 /%	65.80	31.97	1.49	0.74	0
东道主 /%	54.05	38.51	4.05	3.38	0

从主客双方对主客关系发展阶段的认识，也可以看出主客双方交往态度的差别。按照 Doxey 的阶段理论，旅游者中 65.80% 的受访者认为主客交往停留在融洽阶段，有 2.23% 的旅游者认为主客关系是冷漠或者恼怒的阶段，没有旅游者认为主客关系处在公开对抗的阶段。东道主受访者中也没有人认为周庄的主客关系处在公开对抗的阶段，但是可以看出，认可主客关系处于融洽阶段的东道主相对旅游者下降了 11.75%，而认可处于冷漠或恼怒阶段的比例上升了 5.20%。

根据预调查的结果，将"习以为常"作为旅游主客交往阶段的划分标准之一，"习以为常"处于"融洽"和"冷漠"两阶段之间。"融洽"和"习以为常"是周庄主客交往的常态，是绝大多数居民对主客关系的看法。"习以为常"的走势，可能是前向的（融洽），也可能是后向的（冷漠），后向的效果将导致旅游者体验质量的下降，影响周庄旅游的核心竞争力。这种转变的不确定性，也要求周庄旅游决策者将更多的注意力放在主客关系及其调控上。

从以上调查可以看出，东道主对主客关系的态度比旅游者更加消极，更容易成为主客矛盾恶化的推力。

第八章 旅游对周庄古镇文化系统影响的研究

第一节 旅游对物质文化层面的影响

一 产业结构的变化

周庄以“小桥流水人家”的水乡风貌和众多的明清建筑而受人瞩目。著名画家陈逸飞所绘《故乡的回忆》“双桥”油画曾被选为联合国首日封图案，由美国西方石油公司董事长阿曼德·哈默购买后于1984年11月访华时将它赠送给邓小平，带来了广泛深远的影响。沈万三后裔所建的沈厅和“轿从前门进，船自家中过”的张厅及柳亚子等南社文人的活动场所迷楼保存完好，至今古镇区内仍保存着历代人文景观38处。周庄民风民俗丰富多彩，阿婆茶、丝弦宣卷、划灯船、摇快船、跳马灯、打田财、挑花篮等活动传承至今。包头巾、束腰带、绣花鞋的水乡服饰在江南独树一帜。周庄自20世纪80年代开始发展旅游业，1989年4月，周庄售出第一张旅游门票，此后旅游产业发展迅速，随着旅游人次与旅游收入的不断增长，旅游产业日渐成为支柱产业，使周庄传统的以工业为主的产业结构发生明显改变。

周庄在旅游业发展以前以集体所有的乡镇工业为主，到1992年周庄镇有乡镇企业70余家，中外合资企业11家，外方独资企业1家，初步形成了以皮革制品、印刷、家具、服装、电子、玩具等行业为主的工业体系。1986年周庄镇政府制定了“保护古镇、建设新区、发展经济、开辟旅游”的总体规划，特别是1994年提出了“以旅游经济推动整个经济和社会事业全面发展”的思路，确立了旅游业在全镇的战略地位，旅游业的日益发展促进了周庄经济的腾飞和产业结构的调整。周庄镇地区生产总值从1989年的5456万元增加到2015年的43072亿元。第三产业稳定上升，全镇旅游收入从1989年的20万元猛增到2015年的21.34亿元。产业结构从1989年的24.9：55.4：19.7发展到2015年的1.8：11.7：86.5，呈现出旅游经济的新格局（表8-1）。2015年，全镇旅游收入21.34亿元，占地区生产总值的43.72%，成为周庄镇的主导产业（表8-2）。

表 8-1　周庄镇产业结构变化

年份	地区生产总值 / 亿元	第一产业 /%	第二产业 /%	第三产业 /%
1989	0.55	24.9	55.4	19.7
1990	0.66	25.2	57.2	17.6
1991	0.84	21.7	62.8	15.5
1992	1.01	21.4	59.8	18.8
1993	1.71	20.9	60.2	18.9
1994	3.36	16	51.8	32.2
1995	3.84	12.3	48.5	39.2
1996	2.86	16.3	38.9	44.8
1997	3.60	11.5	30.5	58
1998	4.42	12.9	30.1	57
1999	5.38	10.7	32.5	56.8
2000	6.40	9.3	34.6	56.1
2001	7.89	8.1	33.5	58.4
2002	8.82	4.9	33.1	62
2003	10.21	3.56	34.23	62.21
2004	11.99	3.61	28.19	68.2
2005	12.56	3.52	30.52	65.96
2006	14.45	2.77	29.84	67.39
2007	15.51	2.49	25.2	72.31
2008	19.67	2.07	19.14	78.79
2009	22.00	2.41	17.14	80.45
2010	26.50	2.29	16.91	80.8
2011	30.64	2.02	14.78	83.2
2012	35.77	2.0	14.1	83.9
2013	39.45	1.8	12.0	86.2
2014	41.95	1.8	11.9	86.3
2015	43.72	1.8	11.7	86.5

资料来源：《昆山统计年鉴》(1989~2015 年)、周庄镇经济服务中心

表 8-2　周庄镇旅游产业发展

年份	旅游收入 / 亿元	全镇 GDP/ 亿元	旅游收入占 GDP 的比重 /%
1996	1.7	2.86	59.44
1997	1.9	3.60	52.78
1998	2.5	4.42	56.56
1999	3.2	5.38	59.48
2000	4.0	6.40	62.50
2001	6.0	7.89	76.05
2002	7.0	8.82	79.37
2003	7.5	10.21	73.46
2004	7.8	11.99	65.05
2005	8.3	12.56	66.08
2006	9.2	14.45	63.67
2007	10.5	15.50	67.74
2008	11.5	19.67	58.46
2009	15	22.00	68.18
2010	16.82	26.50	63.47
2011	18.56	30.65	60.55
2012	18.72	35.77	52.33
2013	19.14	39.45	48.52
2014	19.76	41.95	47.10
2015	21.34	43.72	48.81

二 就业结构的变化

随着旅游业在经济结构中日益占据主导地位，传统的就业结构迅速改变，大批劳动力转向以旅游业为龙头的第三产业，农业劳动力的绝对数量和相对数

量持续下降，非农化的就业特征日趋明显。

1991~2015 年，周庄镇第一产业和第二产业的就业比重不断下降，分别由 37.6% 和 47.5% 下降为 5.6% 和 41%，而第三产业由 14.9% 增长到 53.4%。尤其是 20 世纪 90 年代中期确定旅游业在全镇社会经济发展中的战略地位以来，通过实行古镇景区的封闭管理、开发古镇特色旅游产品、丰富古镇特色旅游活动及加大宣传促销力度，周庄旅游业迅猛发展，带动了一系列围绕旅游服务的如食品、餐饮、住宿、工艺品、游船、娱乐、旅游交通等第三产业的发展。据周庄镇政府 2007 年年底的系统调查，全镇第三产业总经营户数为 2411 户，就业人数为 6681 人，第三产业就业人数占社会总就业人数的比例达到 63%。具体分布为：批发零售商贸业 806 户，就业劳动力 2661 人；餐饮业 185 户，就业劳动力 909 人；人力三轮车 601 户，就业劳动力 883 人；游船 154 户，就业劳动力 308 人；旅社 48 户，就业劳动力 192 人；歌舞厅 28 户，就业劳动力 614 人；音乐茶座 12 户，就业劳动力 64 人；美容美发、洗浴 86 户，就业劳动力 350 人；修理 5 户，就业劳动力 20 人；文印打字 3 户，就业劳动力 16 人。此外，还有从事客货运输 317 户，就业劳动力 482 人；社区服务工 80 户，就业劳动力 80 人；农业服务 60 户，就业劳动力 60 人；其他经营户 26 户，就业劳动力 42 人。由此可见，周庄镇第三产业的发展主要是围绕旅游服务"行、游、住、食、购、娱"配置布局的，体现了旅游业对周庄第三产业的带动和关联作用巨大，也促进了周庄就业结构的迅速改变（表 8-3）。

表 8-3 周庄镇就业结构变化状况

年份	第一产业	第二产业	第三产业
1991	37.6	47.5	14.9
1994	36.4	50.5	18.1
1995	25.5	48.4	26.1
1996	24.2	43.6	32.2
1997	23.2	39.3	37.5
1998	21.5	39.7	38.7
1999	18.5	39.9	41.6
2000	14.4	39.2	46.4
2001	11.5	37.2	51.3
2002	11.1	36.3	52.6
2003	12.7	48.1	39.2
2004	11.8	47.4	40.8
2005	11.4	47.4	41.2
2006	10.9	46.3	42.8
2007	10.1	46.6	43.3
2008	9.9	43.5	46.6
2009	9.8	42.4	47.8
2010	6.1	41.6	52.3
2011	5.4	41.3	53.3
2012	6.2	40.9	52.9
2013	6.3	40.9	52.8
2014	6.1	40.8	53.1
2015	5.6	41.0	53.4

资料来源：《昆山统计年鉴》（1991~2015 年），2015 年昆山市国民经济和社会发展统计公报

三 居民家庭收入水平与结构变化

旅游发展在给产业与就业结构带来巨大变化的同时，也促使居民的收入水平迅速增长（表 8-4）。从居民收入结构看，非农收入占据了主导地位，居民人均纯收入的绝大部分来自旅游业，基本改变了依赖农业的传统收入结构。

2015 年周庄镇旅游人次达到 498 万人次，旅游收入达到 21.34 亿元，居民人均纯收入已经达到 30 148 元，人均收入水平的大幅提高促使生活水平全面实现小康。目前，周庄镇居民家庭耐用消费品已经基本普及，居民消费结构中食品消费比例下降，生活服务性支出稳步增加，消费结构趋于城市化。周庄居民基本的经济生活模式是"1 个月过节，2 个月种田，9 个月挣钱"，旅游业的发展正推动着周庄镇居民的生活方式发生变化。

表 8-4 周庄旅游目的地旅游业发展及居民收入增长

年份	周庄旅游人次 / 万人次	旅游收入 / 万元	居民人均纯收入 / 元
1989	5.5	330	1 190
1990	11	875	1 247
1991	12.8	1 600	1 299
1992	17	2 000	1 566
1993	20	3 000	1 898
1994	25	4 550	2 240
1995	40	6 400	3 858
1996	47	17 000	4 574
1997	70	19 000	4 652
1998	100	25 000	4 845
1999	125	32 250	5 067
2000	150	42 000	5 500
2001	208	60 000	5 846
2002	263	65 800	6 258
2003	181	75 300	7 033
2004	260	78 000	8 076
2005	265	82 800	9 397
2006	308	92 000	10 551
2007	335.5	105 000	11 981
2008	336	115 000	13 302
2009	337	153 600	14 875
2010	598	168 200	16 796
2011	484	185 600	19 114
2012	496	187 200	21 906
2013	453	191 400	24 882
2014	450	197 600	29 214
2015	498	213 400	30 148

资料来源：江苏水乡周庄旅游股份有限公司，《昆山统计年鉴》（1989~2015 年），2015 年昆山市国民经济和社会发展统计公报

第二节　旅游对制度文化层面的影响

一 家庭结构与家庭关系的变化

家庭是社会的细胞，家庭变迁是社会变迁的缩影。旅游业所推动的经济变革和社会发展促使当地家庭结构和家庭关系产生新的变化。

从家庭结构考虑可将家庭划分为不同的类型：①单身家庭，指家庭中只有一个人；②夫妻家庭，指家庭中只有夫妻二人；③核心家庭，指一对夫妇与未婚子女组成的家庭；④单亲家庭，指只有父亲或母亲与未婚子女组成的家庭；⑤主干家庭，指老一代与已婚子女及其孩子一起生活的家庭；⑥联合家庭，指一代中有两对及两对以上夫妻在一起生活的家庭；⑦隔代家庭，指只有祖辈与孙辈组成的家庭。由于传统观念及我国农村小农经济体系的制约，我国农村传统的家庭类型是主干家庭，但随着我国农村社会经济体制与生存环境的变化，中华人民共和国成立以来，农村传统的家庭制度一直处于不断衰微的状态。周庄与中国其他地区基本相同，即主干家庭、联合家庭比例逐渐下降，而核心家庭占据越来越重要的地位。20 世纪 80 年代的旅游发展则进一步加剧了这种趋势。周庄镇 1995 年全镇拥有 6585 户 19 801 人，家庭平均规模为 3.01 人，到 2010 年全镇拥有 8681 户 22 119 人，家庭平均规模下降为 2.54 人。家庭结构变迁的基本特点是家庭规模逐渐减小，这一方面固然有我国社会经济发展及计划生育基本国策的影响，但旅游业的发展使当地居民收入水平提高和家庭观念更新也是一个重要因素。旅游业发展带来的就业机会增多，使家庭的经济独立性增强，而旅游业发展使集体福利大幅提高，目前当地自来水、有线电视、生活用燃气普及率、污水处理率和垃圾无害化处理率均达到 100%，九年义务制教育全普及；2009 年周庄参加农村社会养老保险的人数为 19 500 人，覆盖率达 88.1%，参加农村新型合作医疗的人数为 22 119 人，覆盖率达 100%；到 2015 年，周庄农村社会养老保险和农村新型合作医疗覆盖率全部达到 100%。生活水平和社会保障水平的提高促使了家庭生产功能、消费功能的增强和生育功能的减弱，同时也促使了农民生育观念的改变。访谈调查中，在被问道“如果没有计划生育政策限制，你愿意生育几个孩子”时，周庄被调查者选择生育一个的有 45.8%，选择生育两个的有 45.5%，选择生育三个孩子的有 6.3%，选择三个以上的只有 2.4%。

家庭关系主要包括夫妻关系和代际关系，旅游业的发展也促使当地家庭关系发生一定变化。在旅游业发展之前，周庄是以乡镇企业和农业为主的乡镇，家庭关系一般是丈夫在企业上班，农忙时帮做农活，而妻子负责农活和家务，或者是丈夫务农，妻子负责家务兼做部分农活。发展旅游业后，由于旅游业带来的就业机会和收入较多，许多妇女放弃了传统农活而从事旅游服务。据调查，周庄现在不但妇女不做农活，许多男性也放弃了种田，而将土地转包给外人，男性多从事旅游商业、旅游运输，而妇女多从事旅游服务，周庄仅摇橹木船的“万船娘”就有190余人。旅游发展不仅提高了妇女的经济收入，开阔了眼界，还提高了妇女在家庭中的地位。表8-5是居民对调查问卷相关调查项的回答，表明旅游发展对婚姻观念和家庭关系造成了一定冲击，而妇女在家庭中的地位不仅表现在经济收入的提高上，也体现在思想观念的进步上。

表8-5　居民与家庭关系有关的态度测量　（单位：%）

项目	非常反对	反对	不知道	同意	非常同意
在家庭中应当以男人为主，女人应当料理家务和照顾孩子	5.1	24.3	45.5	20.6	4.5
旅游发展使本地居民婚姻观念和家庭关系受到冲击	7.8	32.1	23.3	30.6	6.2

从代际关系看，随着我国社会经济的发展及社会经济体制的转型，年轻一代的收入水平与老一代的差距大大缩小，而教育水平的提高又使年轻一代的受教育程度大大超过了老一代，表现在家庭两代人之间文化差距的扩大和年轻一代对老一代依赖性的减弱。周庄家庭代际关系总体上也表现出这种特征，但令人关注的是旅游目的地不同年龄和文化程度的人群对旅游社会文化影响的认识及适应与调整能力存在明显差异。问卷调查的交互分析表明：51岁以上的老年居民对旅游发展“使本地居民的人际关系受到影响”“使本地传统的生活方式和民风民俗发生改变”“使少数人受益导致社区分化”等旅游负面社会文化影响的感知明显强于其他年龄组的居民。相反，30岁以下的年轻居民对旅游发展“丰富了本地居民的文化生活”“促进了本地居民与旅游者之间文化交流”等旅游正面社会文化影响强烈支持。文化程度较高（大专及以上）的人群对旅游发展“促进本地居民思想观念的更新和开放”“促进本地居民与旅游者之间文化交流”“使居民对本地历史文化的了解认识加深”“使地方传统文化得到保护与复兴”等旅游社会文化影响积极方面的感知更强，但同时也赞同旅游发展“干扰了本地居民的日常生活”“使本地卖淫嫖娼、赌博等不良现象增加”“使本地道德水准下降”，表明文化程度较高的人群对旅游发展社会文化影响有较为理性的认识。因

此，在旅游发展所引发的社会变迁过程中对家庭关系尤其是代际关系加以调适具有重要意义。

二 人口结构的变化

旅游业的发展促进了当地就业机会增加和商品经济活跃，在经济利益的驱动下，当地成为外来人口的聚集地，促使当地人口结构发生变化。20 世纪 90 年代中期以来，随着旅游业的迅猛发展，外来人口大量涌入周庄镇从事工商业和服务业，并呈逐年增长趋势，到 2006 年达到顶峰，为 12 411 人，外来人口占全镇人口比重高达 56.24%，之后开始下降，2010 年上海世界博览会后又形成一个小高峰，外来人口达到 9138 人，使古镇区内部的人口数量和结构发生了巨大变化（表 8-6）。

表 8-6 周庄镇历年暂住人口

年份	总人口 / 人	全镇外来人口 / 人	全镇外来人口占比 /%	古镇区外来人口 / 人
1999	22 014	—	—	480
2000	21 872	—	—	350
2001	21 680	—	—	615
2002	21 592	6 965	32.26	1 701
2003	21 571	8 271	38.34	1 081
2004	21 691	10 311	47.54	1 372
2005	21 813	10 071	46.17	1 445
2006	22 059	12 411	56.26	1 512
2007	22 069	7 456	33.78	1 550
2008	22 062	6 832	30.96	1 639
2009	22 119	6 496	29.37	1 751
2010	22 144	7 470	33.73	1 764
2011	22 207	9 138	41.15	1 950
2012	22 280	7 812	35.06	1 928
2013	22 345	5 902	26.41	2 086

周庄古镇外来人口的流动过程大体可以分为三个阶段：早期的起步发展阶段 (2001 年以前)、中期的快速发展阶段 (2002~2011 年)、近期的平稳发展阶段 (2012 年至今)。20 世纪 80 年代末周庄发展旅游业，1989 年 4 月 1 日，周庄沈厅正式对外开放，售出第一张门票，当年游客只有 5.5 万人次，营业额为 20 余万元。进入 90 年代，随着周庄第一届国际旅游节的开展及政府的大力宣传，游客有所增多，而周庄整体的经济落后，工业不发达，外来务工人员和开店做生

意的投资者仍然很少。到 2001 年，周庄古镇区外来人口仅有 615 人。2001 年，周庄旅游发展迎来了转机，2001 年 6 月 6 日，亚太经济合作组织（Asia-Pacific Economic Cooperation，APEC）贸易部长非正式会议在周庄舫举行，有 21 个国家和地区的贸易部长及代表出席会议；2001 年 6 月 8 日，时任中共中央总书记、国家主席江泽民视察周庄；2001 年 9 月 5 日，美国前总统卡特到周庄观摩全旺村村民委员会换届选举。在短短 4 个月内，周庄发生了三件大事，其中 APEC 会议的召开和江泽民的到来，让周庄声名鹊起。周庄大力发展旅游，成为 5A 级景区，大量游客涌入周庄，外来务工人员和做生意的投资者也迅速增多。2006 年，周庄全镇外来人口最高峰达到 12411 人，占全镇本地人口的 56.26%。2010 年世界博览会之后，周庄古镇的外来人口数量逐步回落，外来人口数量基本保持稳定，占周庄全镇本地人口的 30% 左右。外来人口的增多在一定程度上侵占了古镇本地居民的生活空间，本地居民已经感到了部分不适应，通过访谈了解到，本地居民认为外来人口大量涌入后，会造成交通的拥堵、不便，菜价的上涨，房价的提高等，部分当地居民已经选择在古镇外居住，而将古镇内的房子租给外来务工人员或投资者，这使得原汁原味的古镇氛围不断丧失。为了促进古镇的和谐发展，2013 年江苏省人民政府批复了《昆山市周庄历史文化名镇保护规划（2013~2030）》，提出了人口调整的目标：完善古镇内人口结构，将古镇内的外来人口适度引到古镇外居住，鼓励古镇的本地居民适量回迁，改善古镇人口老龄化和异地化的现状，提升古镇原汁原味的氛围。对于从古镇迁出的商户实行降低门面租金等优惠政策，鼓励本地居民适度回归古镇，外来人口适量迁出古镇。

从人口性别结构看，外来人口的男女性别比例是 1.12∶1，男性外来人口数量要大于女性，这主要是因为外来人口大部分为了打工、做生意投资赚钱，而女性会受到家庭、自身等因素的制约，外出比例相对较低。从人口年龄结构看，周庄古镇 24 岁及以下的人数占了总人数的 17.79%，25~44 岁占了 26.85%，45~64 岁占了 35.61%，而 65 岁及以上老人占了 19.75%。而周庄古镇外来人口中，24 岁及以下的人数占了总人数的 14.33%，25~44 岁占了 51.15%，45~64 岁占了 28.43%，而 65 岁及以上老人占了 6.09%，外来人口以 25~44 岁这个年龄段的人数占了绝对的优势，达到了一半以上，其次为 45~64 岁，而 65 岁及以上的人群所占比重很小，使得周庄镇人口结构趋于年轻化。从人口地域结构看，外来人口来源多元化，但表现出明显的距离衰减规律，即以江苏省及邻近距离的周边省市地区为主，其中江苏省 425 人、上海市 503 人、安徽省 238 人、浙江省 101 人，河南省 154 人，五省市外来人口占外来人口总数的 68%。人口地域结构的多样化促进了周庄古镇不同地域人群的相互交流（表 8-7 和表 8-8）。

表 8-7　周庄古镇区本地人口和外来人口性别结构

项目	本地		外地	
人数	男	女	男	女
	2311	2348	1104	982
性别比例	0.98:1		1.12:1	

表 8-8　周庄古镇本地人口年龄结构

本地人口	14岁及以下	15~24岁	25~44岁	45~64岁	65岁及以上
人数	401	428	1251	1659	920
比重/%	8.61	9.18	26.85	35.61	19.75
外来人口	14岁及以下	15~24岁	25~44岁	45~64岁	65岁及以上
人数	1	298	1067	593	127
比重/%	14.33		51.14	28.43	6.1

三 社区组织结构的变化

社区作为地缘性的社会系统，总是由一些组织单元组成的，通常可以将这些组织归入政治组织、经济组织和社会组织三类。我国传统的乡村组织结构是政治组织和经济组织合二为一的模式，是单一的集体经济组织。但发展旅游业以来，当地的经济组织不断壮大、成分不断复杂，并逐渐与政治组织趋于分离，进而对社会组织也产生了一定的影响。

周庄镇旅游业的发展使周庄镇社区组织结构发生一系列变化。周庄旅游一开始就建立在产业发展的基础上，旅游发展具有较高的起点和浓厚的经济色彩，也促进了周庄镇社区经济组织的迅速发展。1986 年，周庄总体规划明确提出“保护古镇、建设新区、开辟旅游、发展经济”的指导方针。1988 年即成立了周庄旅游服务公司，这是江苏省首家乡镇旅游服务企业。1989 年经过修复的沈厅景点正式开放、周庄大桥建成通车及一系列宣传，周庄旅游迅速壮大。1994 年组建成立了周庄镇旅游发展总公司，进一步提出“以旅游经济推动整个经济和社会事业全面发展”的思路，确立了旅游业在全镇社会经济发展中的战略地位，并对古镇景区实行封闭管理，所有景点统一经营与管理，到 1998 年总公司资产超过3000万元。为实施规模化和多元化发展，1998年在周庄镇旅游发展总公司的基础上成立了周庄古镇旅游集团公司，经营范围由单一旅游服务扩展到旅游服务、餐饮、住宿、旅游交通、旅游商品、食品生产等。2001年，集团公司实施体制改革，组建江苏水乡周庄旅游股份有限公司，发展成为现代化的大型旅游企业（图8-1）。

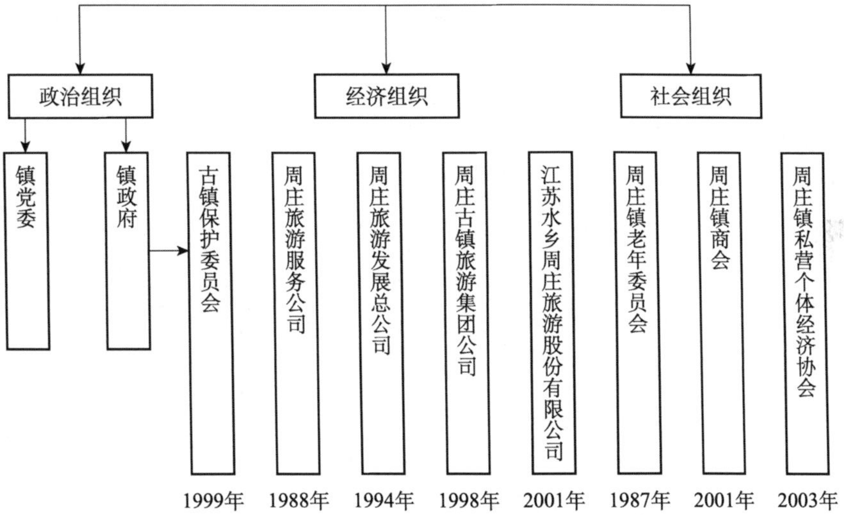

图8-1　周庄镇社区组织结构图

周庄旅游业的迅猛发展带来了巨大的商业机会和就业机会，吸引了大量外来人口。旅游发展带来的商业机会和就业机会主要分布在围绕旅游服务的“行、游、住、食、购、娱”等方面，导致私营企业主、个体劳动者与个体工商户的大量增加。1994年，周庄镇第三产业就业人数为1643人，到2001年全镇第三产业就业人数猛增到6681人，到2010年，第三产业就业人数超过7500人。第三产业的发展，社会层次的多元化使得周庄镇社会管理的难度加大，也为周庄商会和周庄个体劳动者协会的成立提供了需要。此外，周庄是以家庭为基本单位、宗族势力薄弱的古镇，农民更多地受到地缘关系的影响，以旅游业为支柱的集体经济的发达为基层政治组织发挥作用提供了基础，也为周庄老年委员会参与社区管理提供了可能。

由于周庄旅游资源以水乡古镇为代表的人文景观为主，而古镇区旅游面积狭小，旅游容量有限，随着旅游规模的不断扩大，周庄生活垃圾和水质污染等环境问题也日渐显现，周庄垃圾年排放量已由1998年的3066t增加到2001年的

4234t。此外，商业过度开发对古镇风貌的影响及游人过多对古建筑的损坏也日趋严重。为此，周庄1999年成立了古镇保护委员会，直属政府部门，以加强对古镇的保护与管理。自2001年以来，周庄广泛筹集资金，大力整治环境污染，对古镇的电力、电信和电视实行“三线地埋”，对古镇38处人文景观进行修葺修复，新建标准公厕，加强河道综合整治，创建了古镇污水集流和处理系统，开展村庄环境整治工作。2013年，周庄在全球人居环境论坛上获得“全球绿色城镇”荣誉。

从社会分层的角度看，周庄以集体所有为主的乡镇企业和中外合资企业较为发达，旅游业的发展又促进了第三产业的迅速发展，经济结构的多元化促使社会分化加速。从总体上看，周庄农业劳动者阶层大量减少，而农民工阶层、雇工阶层、个体劳动者与个体工商户阶层大幅增加，2013年周庄镇外来人口达5902人，占本镇总人口的26.41%，他们大多属于农民工或雇工阶层。20世纪90年代后期，周庄提出要率先基本实现现代化，把“强大旅游经济、壮大高新产业、扩大民营经济、放大环境效应”作为工作重点，采取措施促进乡镇企业、合资企业、民营企业快速增长，使乡镇企业管理者阶层、私营企业主阶层不断增加。目前，周庄社会结构的总体状况是：少数权力和经济精英、个体劳动者与个体工商户及私营企业主阶层组成富裕群体，而绝大多数农民就业于不同所有制的单位，并相对平均地参与收入和福利分配，他们个人之间的收入水平差距不太大，构成小康大众的社会主体。因此，周庄两极分化现象并不严重，社会结构相对稳定，但仍具有过渡期的动态特征。

四 人际关系的变化

我国传统农村社会人口流动率很小，社区间来往稀疏。费孝通先生认为：乡土社会的生活是富于地方性的。地方性是指他们活动范围有地域上的限制，在区域间接触少，生活隔离，各自保持着相对孤立的社会圈子。传统农村社会人际交往的主要基础和纽带是血缘和地缘关系，人际交往的主要社会圈层是邻里和宗族。由于地理环境和文化基质的不同，周庄属于以地缘性为主要结合原理的古镇。

旅游业的发展极大地拓展了当地居民社会交往的空间和交往的方式，从空间范围看，旅游者来自国内所有的省（自治区、直辖市），海外游客除港、澳、台外，还有来自东南亚及欧美的游客。从2007年开始，周庄的国内游客接待量一直保持在 300 万人次以上，境外游客接待量保持在 40 万人次以上，当地居民足不出户便可直接面对来自国内外各种类型的旅游者。

当地旅游业的发展还吸引了大量外来人口涌入，也促进了居民交往范围的扩大。从交往的方式看，旅游业的发展促使当地经济结构和就业结构趋于多元化，使当地居民交往方式发生了很大变化，在原先的血缘和地缘关系之外，业缘关系大量生成并越来越复杂，使当地居民接触的人的种类大大增多。这些都推动人际关系发生了变化。

表 8-9 是当地居民对调查问卷人际关系相关调查项的回答，说明旅游业的发展对当地传统的人际关系产生了一定的冲击。这种冲击表现在，乡土社会生活的地方性使得人情礼俗成为人际交往的规范，注重亲情伦理，而旅游业的发展扩大了人们的社交圈层，增长了人们的社会见识，使当地人际交往过程中的人情礼俗受到挑战，建立在传统“乡情邻里”基础上的相互信任受到影响，出现明显契约化倾向。当地居民都表现出对旅游者的欢迎态度，说明当地居民的交往观念已经跳出了传统的孤立和封闭倾向，而有了更多的开放性和现代性。

表 8-9　居民与人际关系有关的态度测量　（单位：%）

项目	非常反对	反对	不知道	同意	非常同意
旅游发展使本地居民的人际关系（相互信任等）受到影响	2.6	32.8	21.4	37.5	5.7
您对来本地旅游的旅游者是否欢迎	1.6	3.1	18.7	51.8	24.9

第三节　旅游对精神文化层面的影响

表 8-10 是当地居民对调查问卷精神文化相关调查项的平均值和赞成率。概括起来，在共 16 项表述中，当地居民普遍赞同的有 10 项，普遍持中立意见的有 3 项，没有一致的反对项。其中，当地居民对旅游发展“促进了本地居民思想观念的更新和开放”“促进了本地居民与旅游者之间文化交流”“使居民对本地历史文化的了解认识加深”“使地方传统文化（工艺、艺术等）得到保护与复兴”“促进本地居民对外来文化的学习和了解”等高度赞同，平均值都在 3.75 以上，赞成率大多超过 75%，表明旅游发展已经对当地居民思想观念的更新、文化自豪感的增强及开阔眼界起到了积极的促进作用。

表 8-10　旅游发展对精神文化层面的影响

影响表述：旅游发展……	周庄平均值	周庄赞成率/%
提高了本地社区居民的凝聚力	3.58	65.1
使本地居民文明礼貌程度提高	3.59	66.9
使本地居民更加殷勤好客	3.43	59.7
使本地道德水准下降	2.72	28
促进本地居民对外来文化的学习和了解	3.90	79.2
促进了本地居民思想观念的更新和开放	3.92	83.3
使本地居民更加珍视和保护自己的生活方式	3.66	68.6
使本地传统的生活方式和民风民俗发生改变	3.23	50.8
使地方传统文化(工艺、艺术等)得到保护与复兴	3.94	80.8
改变和损害了本地优良传统文化	2.74	25.3
丰富了本地居民的文化生活	3.80	78.3
使本地方言改变和减少	3.08	40.7
使本地居民的文化自豪感增加	3.75	73.5
促进了本地居民与旅游者之间文化交流	3.99	84.5
使本地传统文化资源的开发商业化和庸俗化	3.30	49.8
使居民对本地历史文化的了解认识加深	4.03	82.4

值得注意的是，周庄 50.8% 的居民认为旅游发展“使本地传统的生活方式和民风民俗发生改变”，40.7% 的居民赞同“使本地方言改变和减少”，说明旅游作为现代社会最大规模的人群交往，正在推动或加速当地社会文化环境的变迁。因为民风民俗是生活在同一地域的人们在长期的文化进化过程中所形成的群体性格和习惯行为，具有较强的整体性和稳定性，见于日常起居动作之中，具有鲜明的民族、地域特色的行为模式，也是旅游区社会文化环境的鲜活体现。民风民俗首先是社会的、集体的，反映了区域内居民的群体性格和习惯行为。其次，它们在时间上是传承的，在空间上是播布的（钟敬文，1984）。而“语言本身既是一种文化现象，又是承载文化的符号系统。它不能脱离文化而存在，不能脱离社会继承下来的传统和信念”（Sapir，1921）。因此，方言和民风民俗的改变是地方文化变迁的重要标志。目前，当地许多居民在与游客交流时使用普通话，有些居民还学会了一些简单的外语。

从思想观念上看，当地居民安土重迁和重本轻末的传统乡土观念已大为减弱，商品意识、市场意识和法制意识明显增强。访谈调查中，在被问道“你是否同意土地是农民的命根子”时，赞成率有 47.3%，说不清的占 20.6%，不赞成的为 32.1%。对于“如果给你机会，你将选择什么职业”，选择“经商”的比例为 38.7%，“去企业工作”的为 30.2%，“外出打工”的占 2.9%，其他占 18.7%，选择“种田”的只有9.5%。据在当地的实地观察，目前当地商店中讨价还价现象已十分普遍，周庄围绕旅游开发的商品更是丰富，如地方特色的水乡服饰、万三蹄、万三糕、万三酒、阿婆茶、阿婆菜等，还推出了体现江南水乡文化的“豆腐坊”“米行”“酒作坊”“周庄古戏台”“周庄舫”等旅游产品。目前，当地都成立了工商所和执法大队，地方居民与游客之间产生争执一般都会通过有关人员仲裁解决。

当地居民的生活观念和消费观念也发生了一定的变化，表现出相当的现代性，居民们在满足生存需要的前提下开始追求享受与发展的需要，注重精神生活，重视教育，重视对外面世界的了解。目前，当地已基本普及了电话、电视和自来水，并且都已开设了网吧，当地居民还经常组织集体旅游。周庄居民的生活水平和生活方式已基本与城市趋同。

总之，从思想观念及行为方式看，当地居民与我国传统意义的农民有了很大区别。从社会学的角度看，他们已成为不同文化接壤处由传统向现代转型的“边际人”（周晓虹，1997）。这种边际性，从间接角度而言，是由我国改革开放后社会转型与经济转轨所赋予的；而从直接角度看，则是当地居民在旅游发展过程中与游客跨文化交流、冲突、整合与融合所带来的。

第九章 周庄古镇文化景观变迁研究

第一节 文化景观基础理论

一 文化景观的概念

早在1885年，温默在《历史景观学》一书中指出，应把注意力集中于景观的全貌。拉采尔在《人类地理学》《民族学》等著作中第一次系统地说明了文化景观的概念（汤茂林和金其铭，1998）。德国地理学家施吕特尔于1906年在慕尼黑大学任职演说中提出文化景观论。美国地理学家索尔继承了施吕特尔的思想，创立了文化景观学派。他在1925年发表的《景观的形态》一文中指出，文化景观是任何特定时期内形成的构成某一地域特征的自然与人文因素的综合体，它随人类活动的作用而不断变化，认为人文地理学的核心是解释文化景观。之后，他又在1927年发表的“文化地理的新近发展”一文中提出了文化景观的经典定义，即文化景观是附加在自然景观上的各种人类活动形态。1986年，德伯里在《人文地理学：文化、社会与空间》里说，文化景观包括人类对自然景观的所有可辨认出的改变，包括对地球表面及生物圈的种种改变（周尚意等，2004）。1992年世界遗产委员会第16届大会正式提出“文化景观”的概念，即“自然与人类的共同作品，它表现出人化的自然所显示出来的一种文化性，也指人类为某种实践的需要有意识地用自然所创造的景象”。其后，美国国家公园管理局（National Park Service）指出文化景观是代表“一个联系着历史事件、人物、活动或显示了传统的美学和文化价值，包含着文化和自然资源的地段或区域”。

国内学者对文化景观的概念也进行了细致研究，不断总结前人研究成果，提出新观点。我国地理学家李旭旦认为，文化景观是地球表面文化现象的复合体，它反映了一个地区的地理特征。周尚意认为，“文化景观是人地关系相互作用的结果，是一个地区文化特征的直观反映，见证着人类在不同时代的活动过程。自从人类来到这个世界，就没有停止过与自然环境的相互作用。我们莅临每一块有人类活动的土地，都能追寻到人与自然相互作用的痕迹，它们就是随处可见的文化景观”。王恩涌提出：文化景观是人类活动与地理环境相互作用的结果。地理环境分为自然环境和人文环境。自然环境包括地形、地貌、气候、生物、水等，人文环境包括方针政策、经济活动、价值观念、科技发展等。文化景观并不完全是自然环境影响的结果，具有主观能动性的人类活动才是文化景观形成的最重要因素。自然环境对人和社会的影响在不同文化发展阶段是不同的，其对社会发展的制约作用随着文化的发展而逐渐减小，人文环境是短时间尺度内文化景观变迁的主要因素。赵世瑜等认为，文化景观是完全不脱离地表的、由自然界提供材料塑造的物质文化复合体，是人类文化在自然界的投射。文化景观是人类活动的成果，是人与自然相互作用的地表痕迹，是文化赋予一个地区的特性，它能直观地反映出一个地区的文化特征（周尚意等，2004）。朱竑和司徒尚纪（1999）也给出了文化景观的概念，即文化景观是指居住在其土地上人的集团，为了满足某种实际需要，利用自然界所提供的材料，有意识地在自然景观上叠加了自己的劳动所创造的景观。汤茂林（2000）认为，文化景观是指人类为了满足某种需要，利用自然界提供的材料，在自然景观之上叠加人类活动的结果而形成的景观。总结可以发现，以上概念有一个共同之处，即都指出文化景观是人地关系相互作用的结果。国内外主要的文化景观定义如表9-1所示。

表 9-1　国内外主要的文化景观定义

国别	作者	时间	文化景观定义
国外	索尔	1925	文化景观是任何特定时期内形成的构成某一地域特征的自然与人文因素的综合体，它随人类活动的作用而不断变化
	索尔	1927	文化景观是附加在自然景观上的各种人类活动形态
	德伯里	1986	文化景观包括人类对自然景观的所有可辨认出的改变，包括对地球表面及生物圈的种种改变
	世界遗产委员会	1992	自然与人类的共同作品，它表现出人化的自然所显示出来的一种文化性，也指人类为某种实践的需要有意识地用自然所创造的景象
	美国国家公园管理局	1996	一个联系着历史事件、人物、活动或显示了传统的美学和文化价值，包含着文化和自然资源的地段或区域
国内	李旭旦	1984	文化景观是地球表面文化现象的复合体，它反映了一个地区的地理特征
	王恩涌	—	文化景观是人类活动与地理环境相互作用的结果
	赵世瑜等	1991	文化景观是完全不脱离地表的、由自然界提供材料塑造的物质文化复合体，是人类文化在自然界的投射
	朱竑	1999	文化景观是指居住在其土地上人的集团，为了满足某种实际需要，利用自然界所提供的材料，有意识地在自然景观上叠加了自己的劳动所创造的景观
	汤茂林	2000	文化景观是指人类为了满足某种需要，利用自然界提供的材料，在自然景观之上叠加人类活动的结果而形成的景观
	周尚意	2004	文化景观是人类活动的成果，是人与自然相互作用的地表痕迹，是文化赋予一个地区的特性，它能直观地反映出一个地区的文化特征

资料来源：根据部分参考文献整理

二 文化景观的分类

德伯里认为文化景观既包括建筑、道路、耕地，也包括一些无形的事物，如“气氛常常是易感受到的，但难以描述”。因此，德伯里建立了物质文化景观与非物质文化景观的概念。物质文化景观是指文化的各种可见的、有形的和自然的特征，并能表现于地图上的文化景观，如各种各样的建筑等。非物质文化景观是指文化的各种无形的但可感受到的文化景观，如市场集市气氛、宗教气氛等（李和平和肖竞，2009）。物质文化景观，是指具有物质形态的人类创造物，如建筑形式、农田形式、聚落形式等，是可视的。非物质文化景观是指不一定具有物质形态的人类创造物，如音乐、戏剧、法律制度等，是不可视的，但可通过其他感官感觉之。根据文化要素的分类将文化景观分为认知类文化景观、规范类文化景观、艺术类文化景观、器用类文化景观及社会类文化景观（周尚意等，2004）。根据人口密集程度、就业构成、建筑物密集程度等文化景观可分为乡村景观和城市景观；依地域和经济形态差异文化景观分为农业景观、交通景观、聚落景观、城市景观等；还可以将文化景观分为农村聚落景观、人口景观、政治景观、语言景观、宗教景观、建筑景观、流行文化景观、大都市景观等具体的类型（汤茂林，2000）。

第二节　周庄古镇文化景观变迁

一 旅游节点与符号变迁

旅游节点是旅游空间研究的基本单位，也是旅游规划编制的基本单位，指的是一定区域内旅游活动最密集、最活跃的地方，是旅游活动内聚力级化而成的中心。它是由吸引物聚集体和旅游服务设施组成的。吸引物聚集体是构成目的地吸引力的基本要素，表现为景区和景点。旅游服务设施是辅助旅游者进行旅游活动的配套设施，包括住宿设施、餐饮设施、文化娱乐设施、商业服务设施、接待中心等，主要是为了满足旅游者的基本生活需要。旅游节点是旅游者可以进入旅游目的地并选择下一个旅游点的关键点，具有集中与分散的功能，同时，节点也是构成旅游符号景观的重要因素。

（一）旅游景点变迁

旅游景点是旅游目的地景观要素的重要组成部分，是构成旅游目的地吸引力的核心要素和主体依托，旅游景点的变化导致文化景观的变化，文化景观的变化体现在旅游景点的变化上，旅游景点的变化必然导致旅游目的地的变化。旅游发展以来，周庄的旅游景点变化很大，尤其体现在旅游景点类型和分布的变化上。

1. 旅游景点类型变化

周庄的自然环境和历史文化塑造了其“小桥流水人家”的水乡风貌，小桥、水巷、民居构成了古镇主要的景观要素。古镇利用这些资源，发展观光旅游。景点类型主要包括古桥水巷、明清建筑、水镇名胜和民间馆藏，大多是明清古建筑。以人文旅游资源为主，自然旅游资源为辅。自 1996 年后，周庄新增了一些度假休闲类旅游产品，丰富了旅游产品类型，改变了旅游景点的分布格局，延伸了旅游服务产业链，从以门票收入为主的“观光型收入”转向以商务、会务、自驾、休憩、康体等多种收入并重的“休闲型收入”，利用资源优势开发了一系列新的旅游景点，满足不同类型游客的需求。例如，1996 年利用水乡资源开发了综合性旅游度假区——云海度假村，集美食、娱乐、休闲于一体；2000 年利用生态资源开发了光明高尔夫球场，集健身、休闲、娱乐于一体；2001 年 APEC 贸易部长会议举办地——周庄舫，不仅是会议举办地，还是度假休闲地；2008 年利用文化创意的无形资源开发了昆山文化创意产业园，目前文化创意产业园的主要项目有富贵园、周庄·江南人家、古镇两街一区、爱渡风情小镇、太史淀、前庙浜孵化基地等。规模较大且有代表性的文化创意产业项目有画家村和《四季周庄》原生态实景演出，其中，画家村位于富贵园内，落成于 2007 年，是集学术交流、艺术创作、作品展示、交易于一体的国内外知名的新的大型艺术家工作室群落。《四季周庄》原生态实景演出位于周庄·江南人家主题公园内，于 2007 年推出，是中国第一部呈现江南原生态文化的水乡实景演出；周庄重点发展项目包括文化旅游项目、工艺创意项目、艺术品交易市场、节庆会展项目、文化演艺项目、工业设计项目。这些旅游景点类型丰富，增加了周庄文化景观的类型，提高了周庄文化景观的丰度；新增旅游景点功能齐全，集度假、休闲、会议、体验、娱乐、观光等功能于一体，提升了传统旅游景点的功能。这些新建的景点不论是建筑风格、建筑用材，还是建筑结构都与传统民居有所差别，这为周庄传统文化景观特征的保持增加了难度。周庄主要旅游景点如表 9-2 所示。

表 9-2 周庄主要旅游景点

<table>
<tr><th colspan="3">景点类型</th><th colspan="2">景点名称</th><th>建筑年代</th><th>地理位置</th></tr>
<tr><td rowspan="4">传统景点</td><td rowspan="4">观光游览</td><td>古桥水巷</td><td colspan="2">双桥、富安桥、贞丰桥、福洪桥、太平桥</td><td rowspan="4">元、明、清</td><td rowspan="4">周庄古镇核心区</td></tr>
<tr><td>明清建筑</td><td colspan="2">张厅、沈厅</td></tr>
<tr><td>水镇名胜</td><td colspan="2">文化街、周庄古八景、牌楼塔影、南湖、迷楼、澄虚道院、全福讲寺</td></tr>
<tr><td>民间馆藏</td><td colspan="2">一稀堂博物馆、天富博物馆、周庄博物馆</td></tr>
<tr><td colspan="2"></td><td>开发时间</td><td colspan="2">景点名称</td><td>地理位置</td><td>主要功能</td></tr>
<tr><td rowspan="7">新增景点</td><td rowspan="7">度假休闲</td><td rowspan="4">2008 年</td><td rowspan="4">昆山文化创意产业园</td><td>周庄·江南人家</td><td>全功路的古镇入口处</td><td>实景演出</td></tr>
<tr><td>爱渡风情小镇</td><td>紧邻周庄大桥</td><td>宗教、休闲、美食</td></tr>
<tr><td>富贵园</td><td>富贵路</td><td>度假、娱乐</td></tr>
<tr><td>画家村</td><td>富贵园内</td><td>文化创意</td></tr>
<tr><td>2001 年</td><td colspan="2">周庄舫</td><td>白蚬湖上</td><td>会议、休闲</td></tr>
<tr><td>2000 年</td><td colspan="2">光明高尔夫球场</td><td>新镇区的环镇西路</td><td>健身、休闲、度假</td></tr>
<tr><td>1996 年</td><td colspan="2">云海度假村</td><td>云海路</td><td>美食、娱乐、休闲</td></tr>
</table>

2. 旅游景点分布变化

周庄的观光型旅游景点主要集中在古镇核心区，沿着“井”字形河道错落有致分布。随着旅游业不断发展壮大，周庄镇镇政府积极响应国家支持旅游产业发展的政策号召，对接大上海一体化战略，全面推动周庄旅游的转型升级，以国际休闲度假旅游业、文化创意产业作为转型的突破口，新增了许多休闲度假类旅游景点。这些景点的分布由古镇核心区附近逐渐向周庄大桥以北地区扩展，大多分布在古镇核心区外围，并结合地域特色，沿着主干道不断向外拓展，即全功路、全福路、富贵路、云海路和周庄大桥附近。例如，周庄·江南人家位于全功路的古镇入口处，富贵园、画家村位于富贵园路，云海度假村位于云海路，周庄舫在白蚬湖上，爱渡风情小镇紧邻周庄大桥，光明高尔夫球场则位于新镇区的环镇西路，与白蚬湖相近。这不仅响应了同济大学阮仪三教授提出的“保护古镇，建设新区，发展旅游，振兴经济”的十六字方针，还打破了周庄传统的景观格局，改变了土地利用性质，重塑了周庄古镇的景观形态格局。

周庄旅游景点类型和分布的变化导致游览方式、旅游设施、商品也发生了新变化。以前单一的古镇观光游发展到了现在的环镇单车游、江南采珠游、欢乐世界拓展运动、水域观音文化馆、环古镇水上游、农家乐等。长期以来，万三蹄、丝绸巾、老茶馆是周庄商业的主角，如今映入眼帘的添了许多新鲜场所：道格拉斯名品全球连锁店、星巴克咖啡、台湾老街等。

（二）古（石）桥景观变迁

“小桥、流水、人家”是江南古镇的真实写照，也是其魅力所在。作为江南六大古镇之一的周庄，是以保存众多的明清古建筑群落为特色的。这些古建筑群落，不论是人家，还是小桥，抑或是流水，无不令游人沉醉。闻名中外的双桥，成就了周庄的旅游。1984 年，上海旅美画家陈逸飞先生将双桥绘成油画，题为《故乡的回忆》，从此周庄驰名中外，开始了发展旅游之路。所以对于周庄来说，桥不仅是人们生活中不可或缺的交通设施之一，还是周庄旅游资源中的重要吸引物之一，更是周庄文化景观中的标志性建筑之一。周庄古镇河多水多，因而桥也多，而且历史久远，古镇区的河道上就横跨 14 座建成于元、明、清代的古（石）桥。这些桥，代表着中国传统理念和传统文化的完美结合，为塑造中国人理想的文明、富足、诗意、和谐的居住环境起了关键作用，在中国历史城镇和建筑艺术史上具有重要的地位和价值。随着时代变迁，桥的数量、建筑式样、使用目的、使用主体等已经发生了很大变化。

1. 桥的数量和建筑式样变化

周庄由于镇为泽国、四面环水，桥成为沟通河道两岸的必要载体。自元代开始至今，周庄境域内遗存有古（石）桥 57 座（含重建）。由于年代久远，经历了自然环境的演变和人为的破坏，很多古桥桥面破损，但管理与维护的不足使得这些破损的桥没有得到及时修缮，现存石桥只有 49 座。未保存下来的 8 座桥有的已改建，有的已废弃。其中 1 座与吴江市交界的聚宝桥由原来的木桥改建成水泥桥；其余 7 座桥已废，分别为白家浜兴隆桥、老全福讲寺东南角小桥、平安桥、西湾漾东南角小枫桥、俞家浜桥、四安桥和全旺浜永寿桥。周庄境遇内古（石）桥保存状况如表 9-3 所示。

表 9-3　周庄境域内古（石）桥保存状况

状况	桥　　名	合计
现存	富安桥、隆兴桥、太平桥、双桥、贞丰桥、全功桥、福洪桥、报恩桥、普庆桥、梯云桥、通秀桥、聚宝桥（水泥桥）、青龙桥、蚬园桥、仁寿桥、云海桥、泰安桥、永寿桥、小石桥4座、周庄·江南人家桥7座、富贵园桥13座、南湖园桥3座、枫丹度假村桥1座 、政府大院桥2座、南湖全福长桥	49
已废	白家浜兴隆桥、老全福讲寺东南角小桥、平安桥、西湾漾东南角小枫桥、俞家浜桥、四安桥、全旺浜永寿桥	7
改建	聚宝桥（木桥）	1

元、明、清代建造的桥，多以青石板为建筑材料，小巧玲珑、古朴典雅，平面布局因河道、地势、位置、功能而异，有曲折、弧形、直的、斜的，不拘

一格，方便实用。例如，双桥（即世德桥和永安桥），建于明万历年间，位于南北市河和银子浜的交叉处。河面较宽的南北市河上是拱桥，河面窄的银子浜上是平板石桥，两桥交叉相连，一圆一方，交相辉映。因样子很像古代的钥匙，所以当地人称钥匙桥。桥的建造方式注重细节，代表着“精、细、雅、洁”的价值取向：古朴逸秀的桥梁形式，传神精致的石刻桥梁，句式严格工整的桥对（张松，2002）。近现代建造的桥，从小巧别致走向宏伟壮观，尤其是2000年之后建造的桥，如南湖全福长桥、周庄大桥。如果说富安桥、双桥似小家碧玉，那么南湖全福长桥、周庄大桥就如大家闺秀。这些桥建筑材料现代化，采用水泥、花岗石甚至钢筋混凝土结构；建筑形式复杂，单孔、三孔、五孔石桥、平石桥、九曲桥、躺滩拱桥等，种类繁多，不一而足。建筑装饰多样化，仁寿桥四个桥耳上装有四只石狮；周庄·江南人家的全福桥桥面中心置一圆形雕龙石；南湖全福长桥桥边贴石皮假拱形，假鋆石桥面及栏杆，这些都取代了石刻桥梁。周庄古（石）桥景观的变化如表9-4所示。

表9-4 周庄古（石）桥景观的变化

	数量	建筑材料	建筑形式	建筑装饰	使用主体	使用目的
昔	57	石板	单孔石桥 平板石桥	石刻桥梁 桥对	当地居民	便于居民穿越河道； 在桥头空间聚会、聊天
今	49	水泥、花岗石、钢筋混凝土	单孔、三孔、五孔石桥、平石桥、九曲桥、躺滩拱桥等	石狮、圆形雕龙石、桥栏等	游客	主要作为游客旅游行为的载体； 商家开店之地

2. 桥的使用主体和使用目的变化

“小桥流水人家”的水乡风貌和建筑格局是人们顺应自然、因地制宜的结果，人们最初的建造用意是为了方便当地居民生产和生活。周庄的桥最初是作为沟通河道两岸的纽带，便于居民穿越河道，提高生产和生活效率。由于人们的生活与桥息息相关，过桥成为人们每天必经之事。桥上空间较窄，桥头空间开阔，加上人的亲水性，桥头成为水乡最活跃的场所，人们在此拉家常、休息聚会，联络感情，一些当地小贩在此吆喝叫卖，逐渐各种类型的商业店铺汇聚于此，如富安桥，桥的四角均建有桥楼，开有店铺、茶馆。随着经济发展，桥起到的作用不只是保持两岸畅通、方便生产和生活，还逐渐被赋予了新的文化内涵。河与桥的交错，意味着更为复杂的空间和文化场所的形成，不同地方、不同民族及不同文化的人们创造了各自关于桥的民俗和文化。周庄桥梁众多，形成了当地民间喜事花轿过桥取吉利的风俗，俗称过桥。寓意为人的一生充满艰难坎坷，也不乏走上通途的希望和机遇，桥正是人生戏剧种种转折中最富有特征的装置（张松，2002）。

如今，桥的使用主题和使用作用已经发生了很大变化。每天早上 8 点到下午 17 点，桥上行人如织，游客成为过桥的主体，占据了当地居民的日常活动空间，他们在桥上拍照留念、观赏风景。另外，还有许多外地人到周庄来开店，桥头成为商家必争之地，游客成了店铺的常客。当地居民已不再像以前一样，到桥头拉家常，到茶馆喝茶，当地民间喜事也不再有过桥的风俗。只有在早上才能看到他们的身影，通常他们会拿一些自家的鱼虾、阿婆茶、蔬菜等在桥头叫卖。然而这些居民与以前相比只占很少一部分，而且基本都是老年人，年轻人大部分都已到古镇区外工作或居住，古镇“空心化”现象严重。

二 民居景观的变迁

聚落是一种重要的文化景观，既反映了自然环境的特征，也表现了人类文化的差异。在聚落景观研究中；民居景观是最受关注的。民居一方面受当地可以选用的建筑材料的限制；另一方面又要设法适应当地极端气候，避免灾害的影响，从而达到舒适、适用、方便等实际效果。在外形上，民居又要反映当地文化的审美要求。民居是当地环境、经济、社会与文化的综合反映。

古镇周庄是中国江南水乡历史发展的产物，是水乡先民经济文化、审美意识、建筑技术的结晶。古镇的格局与建筑形式具有鲜明的地域风格和典范精神，既体现了水乡先民治理水害及利用水为“我”服务，又创造了以水为生存条件的前店后坊、前店后宅、上店下宅及“轿从前门进，船自家中过”的“小桥、流水、人家”的集生产、生活、交往为一体的居住景观。

周庄古镇民居中，明、清和民国时期的古建筑占 60% 以上。其中，有近百座古宅院第、临河水阁、过街倚楼、水墙门、河埠廊坊仍透着古往今来的沧桑，诠释着先人们创造历史的勤劳与智慧。虽然为了发展旅游，古镇民居的改造与修缮、建筑高度、颜色等都被严格地限制，但是经过自然环境的变化和社会经济的发展，古民居的功能和新民居的结构都发生了变化。

（一）古民居功能变化

受中国传统的“天人合一”思想和经济作用的影响，周庄古镇民居采用背水临街的布局模式，一般临街处为前，面水处为后，并形成“下店上宅”“前店后宅”和“前店后坊”的建筑模式。例如，陆家前沿街为药材店，后进为药仓和住宅。古镇由于人多地少，民居往往集生活和生产功能为一体。

古民居除了用于生产和生活，还具有商业功能。周庄商业向来比较发达，有“商业周庄”之称。自元代中期开始，周庄就兴商业、通货殖，古镇商街连着商街，商街两侧商铺连着商铺，人来客往、热闹非凡，一派繁华景象。直到中华人民共和国成立后，由于实行计划经济，周庄的商业衰落。1949 年的商户有 509 户，到 1956 年仅剩下 109 户，1956 年对私改造，又合并了一些商店和行业，到 20 世纪 60 年代后仅剩 31 家。

发展旅游之后，古民居功能发生很大改变，由以前的以生产和居住功能为主，改变成以旅游和商业功能为主。当地政府把发展旅游作为发展经济的助推器，对古镇建筑实行严格的保护，以保留传统的水乡风貌和空间格局，并通过各种有力方式促进旅游发展，“小桥、流水、人家”的独特风情吸引了国内外大批旅游者。同时，商业成为居民参与旅游业的主要途径，居民有的利用自家房屋开设家庭旅馆、经营商店，有的将房屋出租给外地人开店。据 2007 年周庄镇政府调查统计，在古镇核心景区的主要街道上，紧密分布有 585 家门面，其中 15.8% 的门面是仅剩的居民居住用房，其余均已开发成为商业门面，只有 4% 的商业门面是面向居民为主的，7% 的商业门面是面向居民和游客的，73.2% 的商业门面都是面向旅游者的。说明周庄古镇为本地居民和为游客服务的经济失衡，缺少为居民服务的设施，商业化氛围过浓。浓厚的商业化气息造成很多本地人不愿住在古镇区而纷纷外迁。本地人人去楼空，古民居成了游客欣赏的“躯壳”、外地商人赚钱的工具、当地政府发展经济的手段。

周庄的古民居建于元、明、清朝代，既有深宅大院，又有普通人家，至今都保存完好。从使用角度来看，这些古民居既承担了供本地居民生活、生产的社会重任，又承担着传承民族技艺的文化重任。从旅游角度来看，这些古民居既承担着体现旅游吸引力的旅游重任，又承担着促进地区发展的经济重任。目前，周庄古民居的主要功能从生产、生活功能转向旅游、商业功能，这种转变的主要因素在于旅游需求的推动。

（二）新民居结构变化

建筑形态的选择与定型往往是自然环境与人文环境共同作用的结果，尤其是与人们生活息息相关的居住建筑。周庄古镇的传统民居建筑主要为明、清和民国年间的遗存。建筑以户主身份定型，可分为三种类型：一是富商豪居深宅大院。一般前后六七进，前厅后堂格局，沿河有水墙门，沿街有轿厅，中有茶厅、正厅，后有堂楼；厅堂画栋雕梁，石库门楼，砖雕石刻，封火山墙。厅、堂间隔于天井，天井中置假山，植梅、兰、竹、缸荷。二是殷实商贾民居。殷实商贾民居大都为前店后坊，前店后宅或下店上宅。1~2 间门面，建筑体量较小。装饰也有略逊于富豪的，大多则为一层铺面简陋店板。堂屋间也有天井、门楼。三是一般小户小店。平房或小楼，或枕河而建，或临水而立，或跨河而筑，或依桥而傍，风格各异。建筑单体以砖木结构的一、二层厅堂式居多，少量建筑达到三层；一层建筑檐高大多为 2.4~3m，二层檐高为 4.8~5.7m，基本维持水乡民居平缓、朴实的面貌。为适应江南水乡气候的特点，建筑布局多天井、院落。空斗填充墙，立帖举架，木椽木桁架构，观音兜山墙或马头墙，蝴蝶瓦屋顶，形成高低差落、粉墙黛瓦，极具江南水乡特色的建筑。

随着家庭人口结构、思想观念和生活水平的变化，大多数传统民居已无法满足现代人们的居住要求，加上现代建筑材料的更新和建造技术的进步，现代民居逐渐与传统民居形成差异，多为楼房式甚至别墅式，据统计，周庄镇 2009 年住户楼房比重达到 98%。新中国成立前后周庄建的房子多为素混凝土表面，体量大、尺度大；新中国成立后至 20 世纪 80 年代所建房屋多为砖混结构，一楼一底的平顶楼，下层用做厨房、休闲聊天和堆放农用具，楼上多为卧室，功能分区逐渐显著。许多房屋没有阳台，室内多用水泥铺地，窗户用材多为木质和铁质框架的玻璃窗。20 世纪 80~90 年代新建的房子不论是从外观用材，还是内部装修上，质量都大大提高了，更适宜居住。大面积的采光、宽敞的阳台、内部空间的功能分配等在修筑中都得到充分考虑。钢混结构，形成联排式或独立式民居，裸露的墙面已经鲜见，大多墙体内外和地面都装饰一新，窗户采用不锈钢，大门制作精美，建筑风格逐渐城市化和趋同化（表 9-5）。

表 9-5　周庄古镇民居发展趋势

建造时间	民居功能	建筑材料	民居结构
明、清、民国	居住、商业、旅游	砖木结构	一、二层厅堂式、下店上宅或前店后坊
20 世纪 50 年代	居住、农商业生产	素混凝土结构	平面式
50~80 年代	居住、农工商业生产	砖混结构	两层楼、上下功能分离
80~90 年代	居住、商业	钢混结构	三层楼或别墅、上下功能分离

三　空间形态的变迁

借鉴凯文·林奇的城市物质形态五要素——区域、边界、节点、道路和标志物来分析周庄古镇空间形态的变化（表 9-6）。

表 9-6　周庄物质形态构成要素的具体表现

区域	边界	节点	道路	标志物
指古镇整体平面范围，以及古镇内具备共同特点的地段（如商业街）	古镇外围房屋与湖泊、农田的交界地带	街巷的交叉点为普通节点，广场、停车场等为重要节点	分为连接古镇外部的主干道、进入古镇的道路和古镇内部的次要道路	典型民居、桥梁等

资料来源：张松，2002

（一）古镇周边区域的拓展

周庄自古以来商业发达，有“商业周庄”之称，“井”字形河道两侧的街道、桥头等一般设有店铺，供当地居民日常生活、休闲娱乐之用。发展旅游以后，古镇商业化现象更严重，种类繁多的旅游商店与日俱增。由于古镇核心区内的热门景点位于主街道，客流量主要在主街道上移动，而次级街道狭窄、封闭，人流较少，位于次级街道的旅游经营者不能够全方位地与进入古镇的旅游者交流，行业竞争的结果表现为旅游商店主要积聚在主街道，核心区内的街巷、桥头、水埠等客流量大的空间都分布着店铺。然而，由于古镇核心区面积狭小，容量有限，商店的分布逐渐向核心区外围扩散。核心区内，南市街、北市街、中市街集中分布着以经营工艺美术品和土特产品为主的旅游用品商店；南北市河沿岸的蚬江街和城隍埭则有许多酒楼、饭店等餐饮设施；南北市河和后港河沿岸则是以客栈旅社等接待设施为主；中市街、蚬江街、南湖街兴建起茶馆茶楼及文化休闲设施。核心区外，全功路、全福路和富贵路、大桥路两侧等也都店铺林立，商品从原来的生活用品变成了现在的旅游用品，形成了古镇的特色商业街区。

（二）古镇边界的变化

古镇的外围原来是湖泊和农田。20 世纪八九十年代为了适应人口数量增加的变化，不断在核心区周边的空地建房。发展旅游后，为了保护古镇核心区，开辟了新区，古镇区范围不断向外拓展。在区域的拓展中，靠近古镇核心区的东、南、北方向都有发展，原来的农田、水域变成了现在的文化创意产业园、云海度假村、周庄舫、旅游商店等，它们扩大了景区游览范围。但是位于昆山和吴江交界处仍然保持乡村景观，与周边的城市景观形成了鲜明对比。

（三）古镇节点的变化

停车场是发展旅游的必然产物，1997 年周庄拥有停车场 2 个，占地 0.7hm^2。随着游客数量的不断增加，停车场用地在旅游高峰时明显不足，出于旅游发展的需要，周庄开展新建停车场，增加停车场面积。目前，周庄拥有生态停车场、东庄停车场、富贵园停车场等 4 个大型停车场，并配有多个临时停车场，共计 2000 多个停车位。周庄古镇原有的广场尺度适宜，但旅游发展使得广场的功能多元化，成为游客聚集的场所，旅游高峰期时广场游人如织，显得非常拥挤，给游客的进出带来很大不便，因此周庄开始拓展广场，形成规模更大的广场，如位于主出入口的古牌楼广场就是经过拓宽和改造而成的，导致古镇空间尺度发生了一定变化。

（四）古镇道路的变化

中华人民共和国前，周庄古镇仅有 3 条乡间小道与附近农村相连，1949 年后，不断拓宽乡间小道，60 年代都为土路；70 年代起，用石子和化工原料铺路；80 年代起，改用水泥铺路；90 年代后多为沥青铺路。周庄原为一孤岛，急水港将古镇与外界隔绝，进出古镇要靠摆渡。发展旅游后，随着客流量的增大，迫切需要周庄改善可进入性。1987 年，将原来的清平公路道路拓宽、等级提升，改建成商周公路；1989 年建成周庄大桥，为昆山境内跨度较大、等级最高的桥梁，打通了外界与周庄孤岛的联系通道；1996 年锦周公路建成通车；2005 年周同公路建成通车；至此形成了与外部联系通畅的交通网络。内部交通方面，古镇区主要通车道路全福路、全功路、富贵路、云海路、大桥路等都经过改造拓宽，这些道路全采用水泥或沥青结构。总体上看，古镇外部和内部道路数量增加、等级提升，以适应现代交通和旅游发展的需要。

（五）古镇标志物的变化

因旅游开发需要，古镇区内一些破损的公共古建筑得到修缮和保护，1991 年修复张厅；1994 年修复迷楼；1995 年修复叶楚仓故居；1998 年修缮全福寺，完成博物馆的布置；2001 年修复古戏台、开放文化街；2006 年建起逸飞之家、蚬江渔唱，并且不断完善文化街。这些古建筑修缮后陆续开放，有的成为了古镇的标志物，如张厅、沈厅。此外，为丰富旅游产品类型，吸引更多游客，古镇核心区周边出现了新的旅游景点，如画家村、富贵园、周庄舫、周庄・江南人家等，成为了新的标志物。

虽然，周庄行政区自正式确定以来，总面积和整体形态没有大变化，但是，在社会人文因素作用下，其内部物质形态已发生显著变化，如表 9-7 所示。

表 9-7　周庄物质形态构成要素的具体变化特征

	区域	边界	节点	道路	标志物
发展旅游前	指古镇整体平面范围，以及古镇内具备共同特点的地段（如商业街）	古镇外围房屋与湖泊、农田的交界地带	街巷的交叉点为普通节点，广场、停车场等为重要节点	分为连接古镇外部的主干道、进入古镇的道路和古镇内部的次要道路	典型民居、桥梁等
	店铺位于“井”字形河道两侧的街道、桥头	核心区周边是农田和水域	无停车场、广场尺度小	3 条乡间小道与附近农村相连，水泥板铺路，进出古镇靠摆渡	张厅、沈厅、双桥等
发展旅游后	古镇核心区内遍布店铺，核心区外全功路、全福路、富贵路、大桥路等两侧店铺林立	核心区周边是文化创意产业园、云海度假村、周庄舫、旅游商店等，但与吴江交界处仍保持田园景观	大型停车场 4 个，多个临时停车场，广场拓宽	核心区内道路无变化。核心区外，1987 年，原来的清平公路改建成商周公路；1989 年周庄大桥建成，为昆山境内跨度较大、等级最高的桥梁；1996 年锦周公路通车；2005 年周同公路建成通车；古镇区主要通车道路全福路、全功路、富贵路、云海路、大桥路等都经过改造拓宽，这些道路都采用沙石结构	富贵园、周庄舫、周庄·江南人家等

四 广场的变迁

发展旅游之前，广场尺度适宜；发展旅游之后，为满足游客的交流需求和旅游目的地分散客流的需要，广场拓宽，并新增了各种类型的休闲广场。此外，这些文化景观作为周庄古镇旅游吸引物的重要组成，其变迁过程也是相互作用、相互制约的。旅游发展，带来了大批游客，游客的到来使得古镇区内居民外迁，古镇“空心化”现象严重，古（石）桥和古民居的功能发生转变，古（石）桥成为了旅游吸引物，古民居有的成为了旅游吸引物，有的改造成了旅游商店、宾馆、饭店等；原有的商店、旅馆等无法满足游客在景区的消费行为，古镇区店铺数量增多；停车场出现。在休闲度假时代到来的大背景下，游客的需求在变，旅游产品也必须随之改变。为了持续吸引游客，提高经济效益，古镇开始产业转型，从传统的观光旅游转向观光游览与休闲度假相结合，不断开发了一系列休闲度假类旅游产品，这些新的旅游产品又吸引了更多的游客，游客类型多样化，从而带动了不同档次、不同类型的旅游商店、宾馆、饭店等出现，形成了特色商业街区。广场也因游客数量的增多和类型的多样化而增加、拓宽。这些基础设施的逐渐完善，又为吸引更多游客创造了有利条件，如此便形成了这些文化景观变迁的循环往复。同时，这些文化景观各自在发生变迁时，也使土地利用类型发生变迁。周庄古镇物质文化景观变迁作用关系如图 9-1 所示。

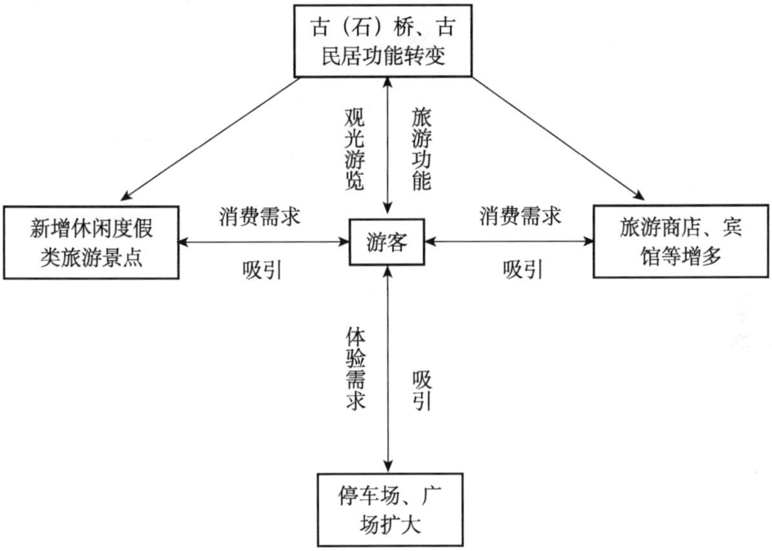

图 9-1　周庄古镇物质文化景观变迁作用关系图

五 土地利用的变迁

周庄地处府县边隅，四周群湖环抱，河港纵横。自古以来，土地利用以水域用地和耕地为主。随着经济发展和社会变迁，居住用地、道路用地、公共设施用地等面积逐渐增加，耕地面积不断减少。发展旅游后，古镇的交通方式必须由以过去的水上运输为主改变为以公路为主，因此道路拓宽，1986 年昆周公路建成通车，1987 年周商公路建成通车。旅游基础设施的布局不再是沿河、沿湖分布，而是靠近公路，以利交通之便。同时，根据“保护古镇，建设新区，发展旅游，振兴经济”的十六字方针在周庄大桥以北又开辟了新区，学校、政府、工厂、住宅等都从古镇区搬到了古镇新区，由此商服用地、工业用地、公共管理与公共服务用地、住宅用地等面积大量增加，古镇的土地利用发生了巨大变化。

选取 3 个时期的 Landsat TM 卫星影像作为数据源，成像时间分别为 1991 年、2001 年、2005 年，投影类型为 UTM 投影，椭球体和基准为 WGS 84，墨

卡托区域 (UTM Zone) 选择北纬 50 区，图像质量良好。利用遥感数字图像处理软件 Erdas Imagine 9.2 对图像进行处理。首先，合成原始遥感图像。由于 TM1、TM4、TM5 波段为提取居民点和水域的最佳波段组合，所以选取这 3 个波段进行波段合成，再对图像进行几何校正等预处理。其次，在《全国土地分类（试行）》基础之上，运用监督分类法对地物进行分类，如表 9-8 所示。

表 9-8　周庄镇土地利用分类

一级分类	二级分类
1. 农用地	11 耕地
2. 建设用地	21 商服用地；22 工矿仓储用地；23 公共设施用地；24 公共建筑用地；25 住宅用地；26 交通设施用地；27 水利设施用地；28 特殊用地
3. 未利用地	31 水域

由于 Landsat TM 卫星影像第 1、4、5 波段分辨率为 30m，但周庄镇的面积太小，在原始遥感图像上显示得不清晰，很难对建设用地进行详细划分，所以将周庄镇的土地利用类型主要划分为三类，分别为建设用地、水域和耕地。在波段 1、4、5 合成的遥感图像中，建设用地用品红色表示，水域用蓝色表示，耕地用绿色表示。最后，将分类后的土地利用类型图输出，如图 9-2~ 图 9-4 所示。

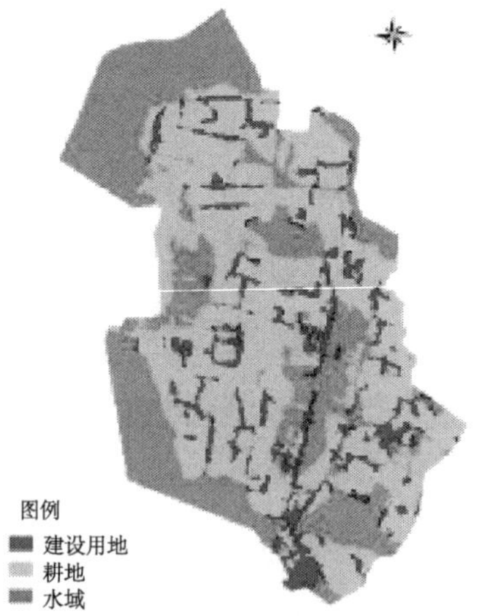

图 9-2　1991 年土地利用类型示意图

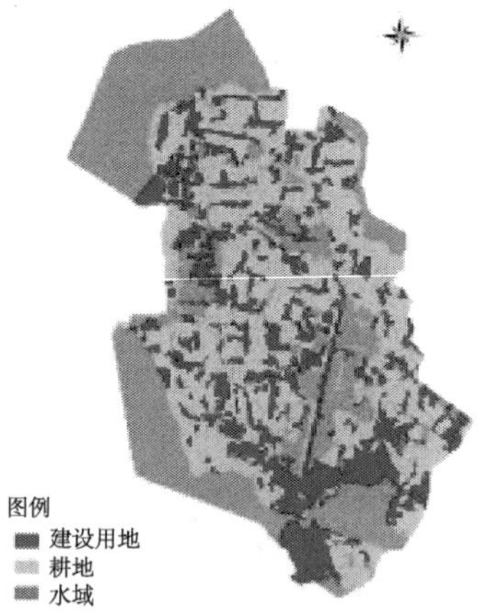

图 9-3　2001 年土地利用类型示意图

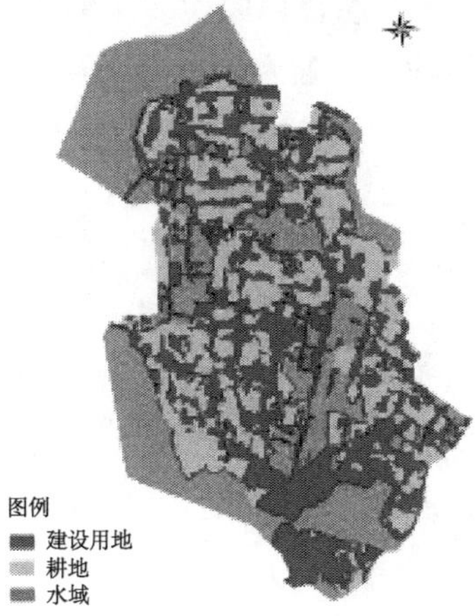

图 9-4　2005 年土地利用类型示意图

（一）土地利用变化的总体特征

在区域土地利用变化中，土地利用面积变化是一个重要方面，它首先反映在不同类型的土地利用的总面积变化上。对比图 9-2~ 图 9-4 可和，建设用地和耕地的面积变化明显。建设用地面积大幅增加，覆盖范围越来越广；耕地面积逐渐减少，尤其是古镇区和新镇区；水域用地面积变化不大，基本保持不变。通过分析，得出 3 个时期周庄镇的各土地利用面积及所占比例，如表 9-9 所示。

表 9-9　周庄镇 1991 年、2001 年、2005 年土地利用面积与比重

地类	1991 年		2001 年		2005 年		1991~2001 年变化量 /km²	2001~2005 年变化量 /km²	1991~2005 年变化量 /km²
	面积 /km²	比重 /%	面积 /km²	比重 /%	面积 /km²	比重 /%			
建设用地	4.42	11.35	9.12	23.41	15.48	39.73	4.7	6.36	11.06
耕地	19.09	49.0	14.88	38.19	8.02	20.59	-4.21	-6.86	-11.07
水域	15.45	39.65	14.96	38.4	15.46	39.68	-0.49	0.5	0.01

从表 9-9 可看出，15 年来，周庄镇土地利用类型以水域用地为主，约占总面积的 39%，比重变化由 1991 年的 39.65% 到 2001 年的 38.40% 再到 2005 年的 39.68%，说明其稳定性较强，这与周庄镇“镇为泽国，四面环水”的自然环境密切相关。建设用地面积大幅增加，1991~2001 年增加了 4.70km²，2001~2005 年增加了 6.36km²，1991~2005 年增加了 11.06km²；耕地面积逐年减少，1991~2001 年减少了 4.21 km²，2001~2005 年减少了 6.86km²，1991~2005 年减少了 11.07km²；

建设用地面积的大幅度增加主要是耕地面积的减少造成的。周庄镇自 1989 年发展旅游业以来，经济增长迅速，高速发展的经济使城市建设活动剧增，建设用地面积大幅度增加，大片耕地被占用，面积大量减少，改变了土地利用性质。

（二）土地利用类型变化的动态分析

1. 土地利用类型的数量变化分析

土地利用变化幅度可用于从宏观角度对区域土地利用动态变化进行综合分析，从而客观地反映出土地利用变化的总态势和土地利用的结构变化。其计算公式为（朱建英等，2010）

$$F=\frac{U_b-U_a}{U_a}\times100\% \tag{9-1}$$

式中，F为土地利用变化幅度；U_a、U_b分别为研究期初、研究期末某一土地利用类型的面积。

单一土地利用动态度可定量描述区域土地利用变化的速度，反映区域土地利用变化的程度，对比较土地利用变化的区域差异和预测未来土地利用变化趋势具有积极作用。其表达式为（朱建英，2010）

$$K=\frac{U_b-U_a}{U_a}\times\frac{1}{T}\times100\% \tag{9-2}$$

式中，K为研究期内某一土地利用类型动态度；U_a和U_b分别为研究期初和研究期末某一土地利用类型的面积；T为研究期时段长。

根据式 (9-1) 和式 (9-2) 计算出周庄镇 3 种土地利用类型 1991~2001 年、2001~2005 年的变化幅度、动态度和面积变化，如表 9-10 所示。

表 9-10　周庄镇 1991~2001 年、2001~2005 年土地利用类型变化幅度、动态度

项目	1991~2001年			2001~2005年		
	建设用地	耕地	水域	建设用地	耕地	水域
变化幅度/%	106.34	-22.05	-3.17	69.74	-46.1	3.34
动态度/%	9.67	-2.0	-0.29	13.95	-9.22	0.67

从表 9-10 可知，1991~2001 年和 2001~2005 年，周庄镇土地利用类型中建设用地的动态度都为最大，分别为 9.67% 和 13.95%；水域用地的动态度都为最小，分别为 −0.29% 和 0.67%；耕地的动态度都为负值，分别为 −2.0% 和 −9.22%。周庄镇产业结构的调整使建设用地面积增加，建设用地占用大量耕地，从而造成耕地的动态度出现负值，而建设用地的动态度出现正值。

2. 土地利用程度变化分析

土地利用程度主要反映土地利用的深度和广度，反映土地利用中土地本身的自然属性，也反映了人类因素和自然因素的综合效应。根据刘纪远等提出的土地利用程度的综合分析方法，将土地利用程度按照土地自然综合体在社会因素影响下的自然平衡状态分为 4 级，并分级赋予指数，从而给出土地利用程度的定量表达。其中，水域分级指数为 2（低度利用）；耕地分级指数为 3（中度利用）；城镇、居民点、工矿用地、交通用地分级指数为 4（高度利用）。研究区域土地利用程度综合指数表达式为（庄大方和刘纪远，1997）

$$L_{\mathrm{a}} = 100 \times \sum_{i=1}^{n} A_i \times C_i \qquad L_{\mathrm{a}} \in [100, 400] \tag{9-3}$$

式中，L_{a} 为某区域土地利用程度指数；A_i 为第 i 级土地利用分级指数；C_i 为第 i 级土地利用程度分级面积百分比；n 为土地利用程度的分级数。

土地利用变化量及其变化率可定量揭示该范围土地利用的综合水平和变化趋势。土地利用变化量和变化率的表达式为

$$\Delta L_{\mathrm{b-a}} = L_{\mathrm{b}} - L_{\mathrm{a}} \tag{9-4}$$

$$R = \frac{L_{\mathrm{b}} - L_{\mathrm{a}}}{L_{\mathrm{a}}} \tag{9-5}$$

式中，L_{b}为b时间的区域土地利用程度综合指数；L_{a}为a时间的区域土地利用综合指数。如果$\Delta L_{\mathrm{b-a}}>0$或$R>0$，则该地区土地利用处于发展期，否则处于调整期或衰退期。

根据式（9-3）计算出，周庄镇 1991 年、2001 年、2005 年土地利用综合指数，L_{a} 分别为 271.7、285.01、300.05，远远高于同期中国土地利用程度综合指数，并且该指数是逐步上升的。根据式（9-4）和式（9-5）得出，1991~2001 年周庄镇土地利用变化量 $\Delta L_{\mathrm{b-a}}$ 和土地利用变化率 R 分别为 13.31、0.049；2001~2005 年周庄镇土地利用变化量 $\Delta L_{\mathrm{b-a}}$ 和土地利用变化率 R 分别为 15.04、0.0528，均大于 0，说明周庄镇的土地利用正处于发展期。

旅游发展导致土地利用变化，影响着土地资源利用类型。首先，旅游者在旅游目的地的吃住行游购娱活动促使一系列的服务产业出现，产业链延伸到住宿业、饮食业、交通业、娱乐业、商业等，产业链的延伸表现为土地利用类型的变化。其次，政府为了发展旅游，在土地利用方面给予优惠政策，以低价、免税甚至免费的形式提供土地用于饭店、度假区或其他旅游设施的建设，政府

的这些措施引导了土地利用变化的方向。然后，在旅游业发展早期，政府通常会完善交通设施，提高可进入性。交通运输干线地域由于接近客源市场和交通的便利性而成为旅游设施布局的优势区位。最后，土地竞租的结果是土地利用效益高、竞租能力强的部门或企业占据优势地域，而土地利用效益低、竞租能力差的部门或企业要么被兼并、融合，要么向低价相对较低的地域转移。通过产业或企业之间的竞争、融合，土地利用实现空间优化组合。

第三节　周庄古镇文化景观变迁的驱动力

一 旅游发展

旅游发展是推动周庄文化景观变迁的重要原因。旅游业已经成为周庄的支柱产业，带动了当地的经济发展，也促进了当地文化景观的改变。文化景观是人对自然环境作用的结果，在文化景观变迁过程中起关键作用的也是人。在旅游领域中，这些人主要指的是旅游目的地各利益相关者，即当地政府、投资商、当地居民和旅游者。各利益相关者为了不同的利益参与到旅游活动中，他们在参与过程中，往往会有意或无意地通过自己的行为、思想、观念等对当地文化景观产生作用。当地政府通过颁布各种政策法规、提供优惠政策、招商引资等手段而改变旅游目的地文化景观；投资商到旅游目的地投资、参与旅游开发等行为会直接影响旅游目的地的文化景观变迁；当地居民的传统文化和生活方式等是文化景观的重要组成部分，为了迎合旅游者的需求，在当地政府主导下，增加了一些新的景点，同时围绕着食、住、行、游、购、娱六大要素加强了一系列基础设施建设，并且推出了“四季周庄”等演艺活动，这些传统文化和生活方式的舞台化和商品化，从而导致文化景观发生改变；旅游者带来的外来文化与本地文化在交流的过程中会逐渐产生涵化效应，从而影响目的地文化景观变迁。

二 人口变动

长期以来，人地关系地域系统一直处于动态变化中，其中一个或一组要素的变化就可能导致整个系统的变化，甚至导致系统运行方向和本质的改变（陆大道，2003）。人地关系系统中的人是改变文化景观的主体。中国历史上几次大规模的人口南迁，为南方地区的开发提供了积极的条件，周庄就是在这样的大背景下繁荣兴盛起来的。周庄长期安逸稳定的政治环境和得天独厚的自然条件吸引了无数文人墨客的群集、本土人士的崛起和名门望族的迁移繁衍，形成了周庄独特的人文景观。1958年后区域基本确定，1959年全公社人口为17 014人。1971~1988年，提倡计划生育，1988年总人口为22 533人。人口变动导致性别结构、年龄结构、劳动结构、文化结构等发生变化，进而文化景观发生变化。

近年来，周庄的游客量大增，外地商人不断迁入，本地人口不断迁出。从总体来看，周庄境内的人口数量呈现出上升的趋势，从1988年的22 533人增长到了2011年的33 898人，其中，本地常住人口为22 165人，外来人口为11 733人，总体上增长了1.5倍，年平均增长率达17.91‰。人口数量的增加使古镇区宁静的生活环境被破坏，噪声、污染、拥挤充斥着古镇的桥街巷弄。当地政府把发展旅游当做古镇保护的主要目的和动力，但是对居民的生活质量却没有积极改善，因而现存的建筑老化，基础设施不全，具有水灾隐患，已不符合现代人的居住要求。再加上当地政府倡导发展旅游经济，鼓励居民外迁以容纳更多的游客，许多原来居住在古镇的居民已经外出工作或居住，尤其是古镇区内的居民。古镇区内很多年轻人都迁往苏州、昆山或新区，小孩也随着父母的离开而减少，而老人“乡恋故土难离”大多留在古镇，人口结构呈现出明显的老龄化倾向。旅游开发导致的人口构成的变化对古镇的物质文化景观变迁产生了重要的影响。

三 文化扩散

文化扩散是指文化从一地扩散到另一地的空间过程，分为迁移扩散和扩展扩散。迁移扩散是指作为文化载体的人将文化从一地带到另一地的过程。扩展扩散是指文化事项在空间上发生了转移，而文化的初始承载者并没有迁移，可以进一步分为传染扩散、等级扩散和刺激扩散（周尚意等，2004）。

周庄古镇由于经济萎缩、人口外流、地理环境相对封闭，所以保留至今。改革开放以后，中国的城镇化进程加快。城镇化作为世界性现象，其过程有着一般规律性。美国地理学家诺瑟姆（Northam）在研究了世界各国城镇化所经历的轨迹后，把一个国家和地区城镇化的变化过程概括为一条稍平的S形曲线（图9-5），并将城镇化过程分成三个阶段。其中，在中期阶段（城镇化人口占总人口比重为30%~70%）发展迅速。从图9-6可以看出，周庄正处于城镇化迅速发展阶段。

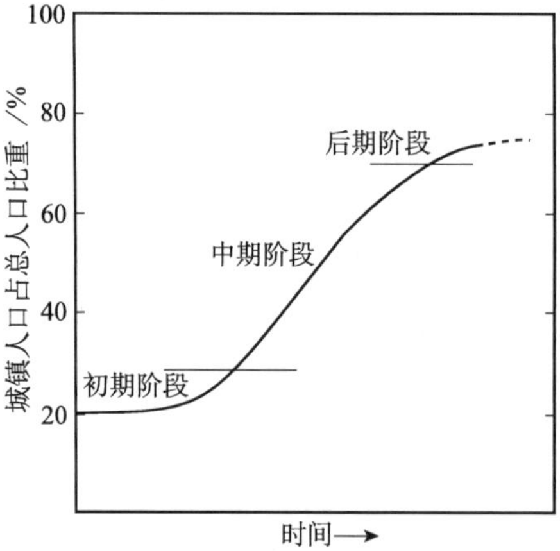

图 9-5　城市化进程的 S 形曲线

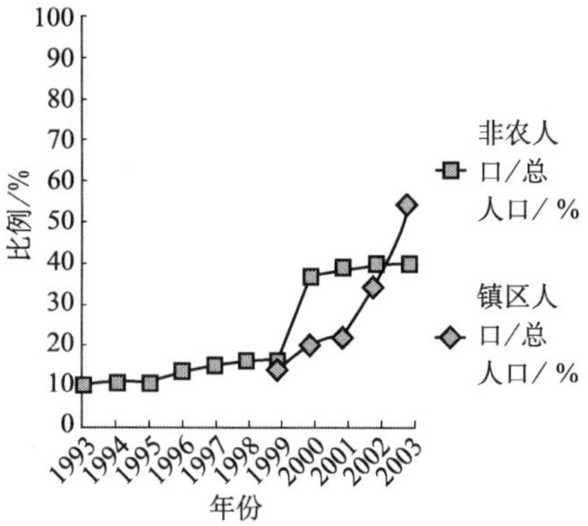

图 9-6　周庄镇历年城镇化水平一览表

资料来源：昆山市周庄镇总体规划（2005~2020 年）

处于城镇化迅速发展中的周庄，对外开放的大门打开，原本封闭的小镇与外界联系更加密切。随着大批旅游者和外地商人的涌入及城市化进程的加快，城市化、商业化、工业化、现代化和公园化等各种现代文化随之而来，这些现代文化对古镇原生态景观造成巨大冲击，形成了与古镇原生态景观差异巨大的后人工景观，如表 9-11 所示。

表 9-11　古镇景观演变特征及其影响因素

古镇景观构成	原生态景观特征	冲击古镇景观的因素	后人工景观特征
景观	宁静与自然 质朴与传统 生活田园化	城市化 公园化	躁动与后人工化 时尚与现代 现代公园化
文化	乡土文明 民俗生活化	商业化	城市文明 艺术加工化
行为 经济行为	个体自发 鱼米之乡	现代化	组织行为 加工生产基地
建设材料 空间特征	乡土材料 分散融合	工业化	舶来的制造品 集中板块式

资料来源：王云才等，2006

文化是内隐的，但可以通过人们的内在思想、外在行为、语言等表现出来。一方发生改变，另一方也会相应改变。当地居民在与旅游者和外地商人交流的过程中，会受到他们的思想、价值观念、行为方式等的影响，逐渐地吸收模仿，并表现与之相同的行为特征。政府部门作为城市发展的决策者，更容易接触到外部信息，因此他们的思想观念更容易受外部环境影响。他们往往鼓励自己的下层领导参与政府活动，从而促进下层领导间的相适应与理解，并把这种思想观念“下渗”到大众层面。作为改变文化景观的主体，当地居民和地方政府的思想观念、行为特征等的改变自然也会引起文化景观的改变。

由于周庄地处经济发达的长三角地区，经济发展活跃，在城市经济的带动下，工业化、商业化发展迅速。现代工业的快速发展改变了古镇赖以生存的乡村环境，推动古镇景观向现代城市化景观演变。同时，在强烈的城市经济冲击下，本地区的城市化进程加快，城市圈经济的互补功能促使古镇区外围土地的城市化利用加快，外围的居住、度假、休闲土地利用方式逐步使水乡土地利用发生巨大变化，在区域景观上形成城市景观和公园化景观逐步替代乡村景观的格局（王云才，2006）。

四 政府干预

在社会经济快速发展的今天，处于高速发展的城市圈中的传统古村镇是极容易被现代化的浪潮同化的，特别是一些具有独特的艺术价值、科学价值和文化价值的传统古村镇。传统古村镇是我国民间艺术的摇篮，具有丰富的物质文化和精神文化。失去它们，也就意味着失去了民族文化，一个没有历史记忆的民族是非常可悲的。

20 世纪 70 年代，苏州地区乡镇企业很发达，当地很多古村镇被损毁。周庄由于交通不便，没有受到城市化的冲击。在同济大学阮仪三教授的呼吁下，周庄镇政府及时地意识到保护传统文化的重要性，周庄才得以保留，并走上了发展旅游之路。旅游开发对传统古村镇的保护是一种破坏，在政府主导型旅游发展模式下，为了保护这些珍贵的古建遗存，政府领导先后制订了一系列古镇保护规划，还设置了专门的古镇保护机构——古镇保护管理办公室，制定了保护公约、实施条例和细则等古镇保护的政策法规，如表 9-12 所示。

表 9-12　周庄古镇保护规划和法规、条例

古镇保护措施	时间	名称
古镇保护规划	1986	《周庄镇总体规划及古镇保护规划》
	1992	《周庄镇总体规划》
	1994	《水乡古镇周庄总体规划》
	1996	《水乡古镇周庄镇区、镇域总体规划》
	1997	《周庄古镇区保护详细规划》《周庄古镇区重点地段整治规划》
	1999	《周庄镇总体规划》
	2000	《江苏周庄古镇重点地段整治规划》
	2002	《周庄镇古镇区重点地段整治规划》
	2004	《“系水之桥”——周庄镇概念规划》
	2005	《昆山市周庄镇总体规划》
	2007	《昆山市周庄镇总体规划》
古镇保护相关专业规划	1998	《消防规划》
	1999	《防洪工程规划》
	2000	《周庄古镇消防预案》
古镇保护的法规、条例	1992	《周庄镇市容整顿管理条例》
	1995	《古镇保护暂行规定》《房屋拆迁管理暂行办法》

资料来源：庄春地，2010

在保护规划方面，1986 年的第一个总体规划提出了“保护古镇，建设新区，开辟旅游，发展经济”的十六字方针，然后又制定了《周庄古镇区保护详细规划》(1997 年)、《江苏周庄古镇重点地段整治规划》(2000 年)、《昆山市周庄镇总体规划》(2007 年) 等。规划内容包括各级文物点的保护、古镇区各级保护范围划定、古镇风貌保护、空间格局保护、古镇区建筑高度保护、传统文化的继承和与传统经济的发展等。

在保护管理条例方面，出台了《古镇保护暂行规定》和《房屋拆迁管理暂行办法》等。根据古建修缮的“四原原则”，即原材料、原工艺、原结构、原环境，对古镇区房屋的重建、翻建、改建、扩建、修理、外部装修的承办审批程序进行了规定，并具体规定了古镇内修、建房屋的做法、层高、要求。

在保护资金筹措方面，成立了旅游公司，门票收入的 30%~50% 用于古建维

修和古镇保护；原住民住房租金收入的1/3用于维修自己的老房子，1/3用于改善生活（子女上学、成家等），另外1/3用于再经营；古镇区租房收入的50%用于古建房屋的维修，并成立古镇保护基金会。这些措施不仅保护了古镇区的原生态景观，还大大改善了原住民的生活环境和生活质量。

五 科技发展

马克思主义观点认为科学技术是生产力，邓小平根据科学技术发展对生产力的巨大推动作用，进一步提出了"科学技术是第一生产力"的观点，揭示了科学技术的发展是社会生产力发展的根本原因。现代科学技术已经成为当代社会经济发展的重要驱动力。科技因素对区域发展的影响体现在三方面：首先，由于科技发展，高新技术产业占国民经济中的比重逐步上升，产业结构水平和各类产业和服务业中技术含量增加；其次，科学技术在改造传统产业和提高整个社会经济生活水平中发挥着越来越显著的作用；最后，高新技术产业在一定区域集聚，能够带动整个地区经济发展（陆大道，2003）。

科技发展对周庄古镇物质文化景观变迁的影响体现在建筑风貌、产业结构、土地利用、交通网络、空间形态、生产（活）方式等各个方面。以民居景观变迁为例，原有古镇的民居都是木结构、小蝴蝶瓦、砖墙，经过几百年的变迁，已经破损，存在水火灾隐患，基础设施不完善，已不符合现代人的居住要求。由于科技发展，新的建筑材料和建造技术能够克服传统建筑材料和建造技术的弊端，并且新建民居在颜色、式样、风格、舒适上更符合现代人的审美观和居住要求，也更经济、实用。再者，随着时代的变迁，传统的建筑材料已逐渐消失，传统民居的建造工匠越来越少，传统建筑工艺也逐渐被淘汰。于是，古镇居民在建造新房和整修旧房时，自发地开始使用新的建筑材料与工艺，影响了原来传统风貌的延续。虽然，发展旅游之后，为了保护古镇核心区的古建筑，按照"修旧如旧"的原则，采用仿古建筑材料对传统民居进行修缮，使其保持原样，但是，在科技的推动下，政策的限制阻止不了古镇核心区边缘的民居景观的变迁。这些民居大多建于20世纪八九十年代，砖石结构，甚至钢筋混凝土结构，外部形态与传统民居类似，但内部装饰现代化、生活设施城市化。新区的民居与传统民居反差更是强烈，不论是外部形态，还是内部装饰都与城市民居趋同，现代生活设施普及率越来越高，已成为居民生活中不可缺少的重要组成部分。

第十章 周庄古镇旅游商业化研究

旅游开发本身就是一种高度市场化的商业活动，适度的商业开发有助于目的地完善旅游服务设施，提高旅游服务质量，促进旅游目的地综合效益的提高。但旅游开发不当极易引起过度商业化，对旅游目的地的景观环境和文化传统带来消极影响，影响旅游目的地的可持续发展。

第一节 周庄古镇旅游商业化规模

周庄古镇核心区的商业随着旅游业的快速发展而不断演化，商业网点数量不断增长，商业业态不断丰富，商业功能不断改变。

一 2000 年周庄古镇核心区旅游商业统计与分析

周庄旅游开发以来，接待游客人次不断上升，到 2001 年已达 208 万人次。大量游客的到来提供了充分的经商和就业机会，使得私营企业和个体经营户快速发展。据保继刚和苏晓波 2000 年对周庄古镇主要街道沿街一楼民居的门面调查，周庄古镇核心区主要街道的商铺总数为 467 家。其中，工艺美术店 166 家、酒楼饭店 94 家、土特产商店 40 家、客栈旅社 13 家、茶馆茶楼 5 家、休闲娱乐设施 2 家，居民日常生活服务设施，如美容美发店 13 家、服装缝纫店 17 家、日用杂货店 18 家（表 10-1）。从商业业态上看旅游购物和餐饮设施占较大比重，住宿设施及休闲娱乐设施较少。按商业功能将门面划分为主要面向旅游者的门面、面向旅游者和居民的门面及主要面向居民的门面，三类门面的比例为 67.02：17.99：7.28，与旅游相关的门面已占 85.01%，表明周庄古镇核心区商铺的主要服务对象是游客，周庄古镇核心区旅游商业化特征明显。

表 10-1　2000 年周庄古镇核心区主要街道商业门面统计表

功能分类		数量/家	百分比/%	
主要面向旅游者的门面	工艺美术	166	35.55	67.02
	土特产品	40	8.57	
	酒楼饭店	94	20.13	
	客栈旅舍	13	2.78	
面向旅游者和居民的门面	街头摊档	61	13.06	17.99
	日用杂货	18	3.85	
	茶馆茶楼	5	1.07	
与旅游有关的门面	总计	397	85.01	
主要面向居民的门面	服饰缝纫	17	3.64	7.28
	美容美发	13	2.78	
	文化休闲	2	0.43	
	医疗卫生	2	0.43	
其他	空铺	36	7.71	
总计		467	100	

二 2012 年周庄古镇核心区旅游商业统计与分析

2008 年年底，参加上海世界旅游博览会的东南亚 14 国和美国各大旅行社，专门来周庄踩点。2010 年周庄接待游客突破 550 万人次，旅游收入 25 亿元，创历史新高。在旅游经济大发展背景下，周庄私营企业和个体经营户不断增长，商业规模持续扩大，商业业态明显增多。2012 年对周庄古镇核心区的商业类型和结构再次进行了实地调查，调查结果如表 10-2 所示。

表 10-2　2012 年周庄古镇主要街道商业门面统计表

序号	大类	小类	合计/家	数量	百分比/%	
1	餐饮类	酒楼饭店	83	64	11.25	14.59
		特色小吃		18	3.16	
		面包店		1	0.18	
2	住宿类	民居客栈	35	34	5.97	6.15
		青年旅社		1	0.18	
3	休闲娱乐类	酒吧	22	3	0.53	3.86
		画廊		1	0.18	
		纸箱王		1	0.18	
		魔术表演		1	0.18	
		射击		1	0.18	
		休息小屋		6	1.05	
		茶馆茶楼		9	1.58	

续表

序号	大类	小类			合计/家	数量	百分比/%	
4	购物类	旅游纪念品	首饰		69	25	4.39	12.13
			淡水珍珠			21	3.69	
			米上刻字			2	0.35	
			姓名题诗			10	1.76	
			书信、明信片、笔记本			4	0.70	
			其他			7	1.23	
		旅游工艺品	扇子		123	9	1.58	21.62
			橄榄核雕			5	0.88	
			紫砂壶			7	1.23	
			梳子	牛角梳		10	1.76	
				木梳		1	0.18	
			刺绣			14	2.46	
			玉石玉器			4	0.70	
			瓷器			3	0.53	
			伞			1	0.18	
			编织工艺品			16	2.81	
			乐器			6	1.05	
			铁制品			2	0.35	
			水晶制品			2	0.35	
			字画作品			27	4.75	
			木制工艺品			7	1.23	
			其他			9	1.58	
		旅游食品	万三食品		31	12	2.11	5.45
			其他食品			19	3.34	
		旅游用品	蚕丝被		83	13	2.28	14.59
			丝巾、丝绸、披肩			33	5.80	
			各类服饰			23	4.04	
			皮革制品			1	0.18	
			帽子			4	0.70	
			印花布			2	0.35	
			布鞋			3	0.53	
			手工彩绘鞋			4	0.70	
		其他商品	玩具		4	4	0.70	
	合计				310	54.48		
5	旅游服务类		拍照		15	8	1.40	2.63
			游客中心			1	0.18	
			公共厕所			6	1.05	
6	日用杂货				12	12	2.11	
7	美容美发				2	2	0.35	
8	街头摊档				30	30	5.27	
9	居民用房				41	41	7.20	
10	空铺				19	19	3.34	
11	合计				569	569	100	
12	总面积/m^2				12 187			

从表 10-2 可以看出，2012 年周庄古镇主要街道的商业门面上升到 569 家。其中，酒楼饭店 64 家，居民用房 41 家，旅社客栈 35 家、街头摊档 30 家、休闲娱乐商店 22 家、购物商店 310 家，旅游服务设施 15 家，居民日常生活服务设施如美容美发店 2 家、日用杂货店 12 家。在 310 家购物商店中，旅游工艺品店 123 家，旅游用品店 83 家，旅游纪念品店 69 家，旅游食品店 31 家。国家质

量监督检验检疫总局发布的《旅游服务基础术语》将旅游购物设施划分为旅游纪念品设施、旅游工艺品设施、旅游用品设施、旅游食品设施和其他旅游商品设施五大类。2012 年周庄古镇核心区旅游购物设施中，旅游工艺品设施所占比例最高，其次为旅游用品设施、旅游纪念品设施、旅游食品设施和其他旅游商品设施。按功能划分，2012 年周庄古镇有 83.49% 的门面主要目标顾客是旅游者，12.47% 的门面面向旅游者和居民，仅有 0.38% 的门面是以居民为主要服务对象的。由此可见，2012 年周庄古镇有 95.97% 的商业门面直接与旅游相关，对旅游的依赖性极大，周庄古镇已经处于过度商业化状态（表 10-3）。

表 10-3　2012 年周庄古镇主要街道按功能划分商业门面统计表

<table>
<tr><th colspan="3">功能分类</th><th colspan="2">数量</th><th colspan="3">百分比/%</th></tr>
<tr><td rowspan="9">主要面向旅游者的门面</td><td colspan="2">酒楼饭店</td><td colspan="2">64</td><td colspan="2">12.28</td><td rowspan="9">83.49</td></tr>
<tr><td colspan="2">特色小吃</td><td colspan="2">18</td><td colspan="2">3.45</td></tr>
<tr><td rowspan="5">旅游商品</td><td>旅游纪念品</td><td>69</td><td rowspan="5">310</td><td>13.24</td><td rowspan="5">59.50</td></tr>
<tr><td>旅游工艺品</td><td>123</td><td>23.61</td></tr>
<tr><td>旅游食品</td><td>31</td><td>5.95</td></tr>
<tr><td>旅游用品</td><td>83</td><td>15.93</td></tr>
<tr><td>其他</td><td>4</td><td>0.77</td></tr>
<tr><td colspan="2">客栈旅社</td><td colspan="2">35</td><td colspan="2">6.72</td></tr>
<tr><td colspan="2">拍照</td><td colspan="2">8</td><td colspan="2">1.54</td></tr>
<tr><td rowspan="4">面向旅游者和居民的门面</td><td colspan="2">街头摊档</td><td colspan="2">30</td><td colspan="2">5.76</td><td rowspan="4">12.47</td></tr>
<tr><td colspan="2">面包店</td><td colspan="2">1</td><td colspan="2">0.19</td></tr>
<tr><td colspan="2">休闲娱乐</td><td colspan="2">22</td><td colspan="2">4.22</td></tr>
<tr><td colspan="2">日用杂货</td><td colspan="2">12</td><td colspan="2">2.30</td></tr>
<tr><td>与旅游有关的门面</td><td colspan="2">总计</td><td colspan="2">500</td><td colspan="3">95.97</td></tr>
<tr><td>主要面向居民的门面</td><td colspan="2">美容美发</td><td colspan="2">2</td><td colspan="3">0.38</td></tr>
<tr><td>其他</td><td colspan="2">空铺</td><td colspan="2">19</td><td colspan="3">3.65</td></tr>
<tr><td colspan="3">合计</td><td colspan="2">521</td><td colspan="3">100</td></tr>
</table>

三　周庄古镇核心区旅游商业化演化特征

2000~2012 年，从商店总数看：周庄古镇核心区商店总数从 467 家增长到 569 家，数量不断增长。从商业功能来看：主要面向旅游者的商铺数量增加，比例从 67.02% 增长至 83.49%，说明周庄古镇商业功能发生很大转变，旅游商业化的程度一直在加重；主要面向居民的商铺数量持续减少，从2000年的7.28%下降到2012年的0.38%，表明周庄古镇原有的生活性功能发生了大幅度的置换。总体上看与旅游相关的门面从2000年的85.01%增长到2012年的95.97%，说明周庄古镇对旅游的依赖越来越大，旅游商业化越来越严重（表10-4）。

表10-4 2000~2012年周庄古镇主要街道按功能划分商业门面统计表（单位：%）

项目	2000年	2012年
主要面向旅游者的商铺	67.02	83.49
面向旅游者和居民的商铺	17.99	12.48
主要面向居民的商铺	7.28	0.38
其他	7.70	3.65
总计	100	100

从商业业态看：餐饮类商铺数量总体上变化不大，从2000年的94家下降到2012年的83家，但其占总商铺数的比例却一直在下降；住宿类商铺绝对量和相对量持续增加，从2000年的13家增长到2012年的35家，占总商铺的比例从2000年的2.78%增长至2012年的6.72%；购物类商铺增长最快，从206家上升到310家，其占总商铺数的比例接近60%；休闲娱乐类商铺也在增长，比例在不断上升，且种类越来越丰富，从最初的茶馆茶楼发展到许多新的业态，如咖啡店、魔术表演、酒吧、书吧、鬼屋等多种类型等（表10-5）。需要注意的是，主要为面向居民的商铺不断减少，到2012年周庄古镇核心区只剩下2家美容美发店，2000年尚存的服饰缝纫、文化休闲、医疗卫生商店均已不见踪影。

表10-5 2000~2012年旅游商业业态类型变化情况一览表

项目	2000年		2012年	
餐饮类	94家	20.13%	83家	15.93%
住宿类	13家	2.78%	35家	6.72%
购物类	206家	44.11%	310家	59.50%
休闲娱乐类	5家	1.07%	22家	4.22%

注：这里的百分比是以总商铺数为基数计算而成的

如果与20世纪50年代业态作对比，周庄古镇主要街巷的业态已经发生了翻天覆地的变化，以往的以满足地方居民需要的日用店、百货店、生活服务店、茶馆、餐馆等几乎被以满足游客需要的旅游工艺品、旅游用品、旅游纪念品、旅游食品及餐饮、住宿取代（表10-6）。

表 10-6　周庄主要街巷商业业态的历史对比

项目	20世纪50年代业态	2013年主要业态
北市街	日用百货、日常服务	工艺品
南市街	日常消费、日用百货、生活服务、茶馆	工艺品、餐饮、未营业
蚬江路	—	工艺品、餐饮
城隍埭	—	工艺品、服饰
南湖街	—	餐饮、未营业
中市街	日常消费、服饰化妆、日用百货、餐饮酒家	工艺品、服饰
西湾街	—	餐饮
后港街	—	工艺品、服饰

资料来源：《昆山市周庄历史文化名镇保护规划（2013~2030 年）》

第二节　周庄古镇旅游商业化布局

一　周庄古镇核心区旅游商业布局

对周庄古镇核心区 11 条主要街道（南市街、南湖街、中市街、后港街、西湾街、福洪街、蚬江街、北市街、全福路古镇入口段、城隍埭街、蚬园弄）的沿街门面进行调查，结果如表 10-7 所示。

表 10-7　2012 年周庄古镇核心区主要街道门面调查表　　（单位：家）

大类	小类	合计	南北市河						中市河			古牌楼—蚬园桥	
			北市街	南市街	蚬江街	城隍埭	南湖街	中市街	西湾街	福洪街	后港街	入口段	蚬园弄
餐饮	酒楼饭店	64	4	12	8	4	5	9	15	3	1	2	1
	特色小吃	18	1	1	0	1	0	2	1	0	1	9	2
	面包店	1	0	0	0	0	0	1	0	0	0	0	0
	合计	83	5	13	8	5	5	12	16	3	2	11	3
客栈旅社		35	6	4	0	2	1	4	4	8	3	0	3
休闲娱乐		22	2	0	1	0	8	5	1	1	0	1	3
旅游购物	旅游工艺品	123	16	14	6	11	2	44	5	0	12	7	6
	旅游纪念品	69	17	8	3	10	0	13	5	0	4	7	2
	旅游食品	31	5	11	0	1	4	5	0	0	1	3	1
	旅游用品	83	12	13	7	8	2	20	1	0	11	5	4
	其他	4	1	1	0	0	1	0	1	0	0	0	0
	合计	310	51	47	16	30	9	82	12	0	28	22	13
日用杂货		12	0	1	1	1	0	4	4	0	0	0	1
旅游服务	拍照	8	4	0	2	0	0	0	0	0	2	0	0
	游客中心	1	0	0	0	0	0	0	0	0	0	1	0
	公共厕所	6	0	0	1	0	1	0	1	0	1	1	1
	合计	15	4	0	3	0	1	0	1	0	3	2	1

续表

大类　小类	合计	南北市河						中市河			古牌楼—蚬园桥	
		北市街	南市街	蚬江街	城隍埭	南湖街	中市街	西湾街	福洪街	后港街	入口段	蚬园弄
街头摊档	30	20	5	0	0	5	0	0	0	0	0	0
居民用房	41	4	2	2	2	6	16	3	0	5	0	1
空铺	19	0	0	0	0	3	5	4	0	5	1	1
美容美发	2	0	0	0	0	0	1	0	0	0	0	1
总计	569	92	72	31	40	38	129	45	12	46	37	27

酒楼、餐馆等餐饮商铺集中分布在西湾街、南市街、中市街和蚬江街；特色小吃集中于全福路入口段；客栈旅社等住宿类商铺主要分布在福洪街、北市街；休闲娱乐商铺集中分布在南湖街和中市街；旅游纪念品、旅游工艺品等购物类商铺集中分布在中市街、北市街和南市街，其中旅游工艺品在中市街最集中、旅游纪念品在北市街最集中、旅游食品和旅游用品则主要分布在南市街；日用杂货主要分布在中市街和西湾街；照相等旅游服务类商铺集中分布在北市街；街头摊档主要集中分布于北市街和南市街；为居民提供服务的美容美发店则分散分布在中市街和蚬园弄（图 10-1~ 图 10-4）。

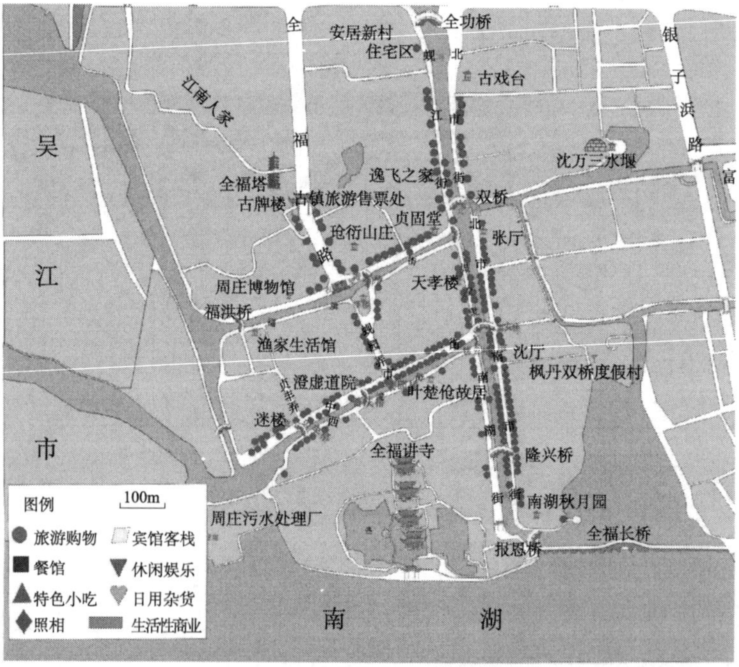

图 10-1　周庄古镇核心区旅游购物设施空间布局示意图

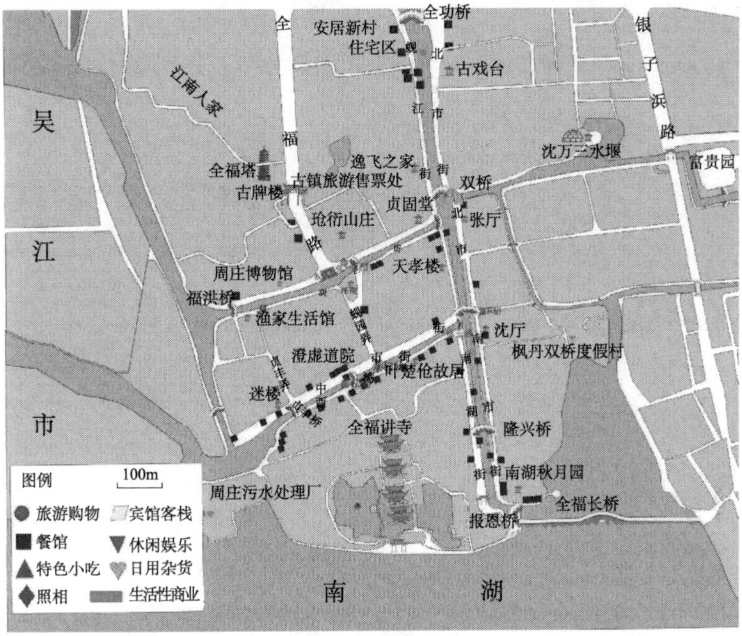

图 10-2　周庄古镇核心区旅游餐饮设施空间布局示意图

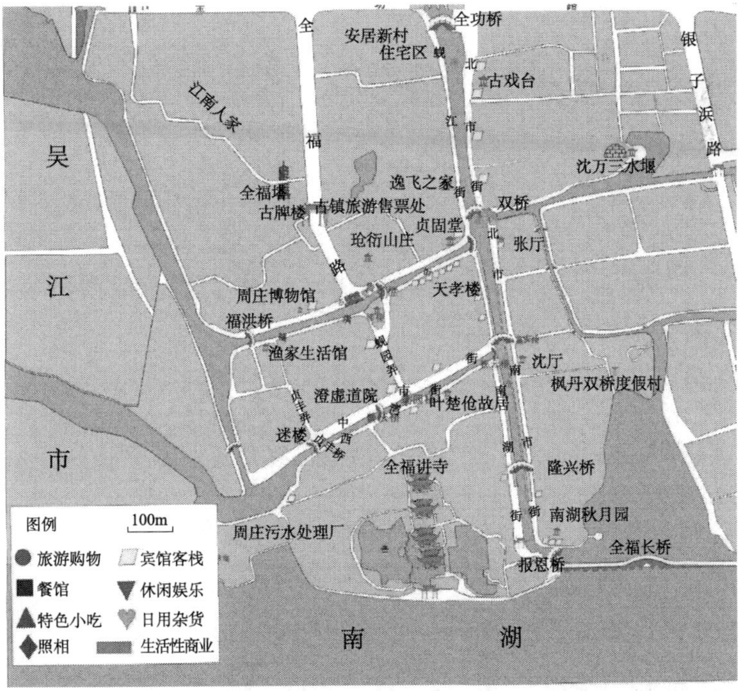

图 10-3　周庄古镇核心区旅游住宿设施空间布局示意图

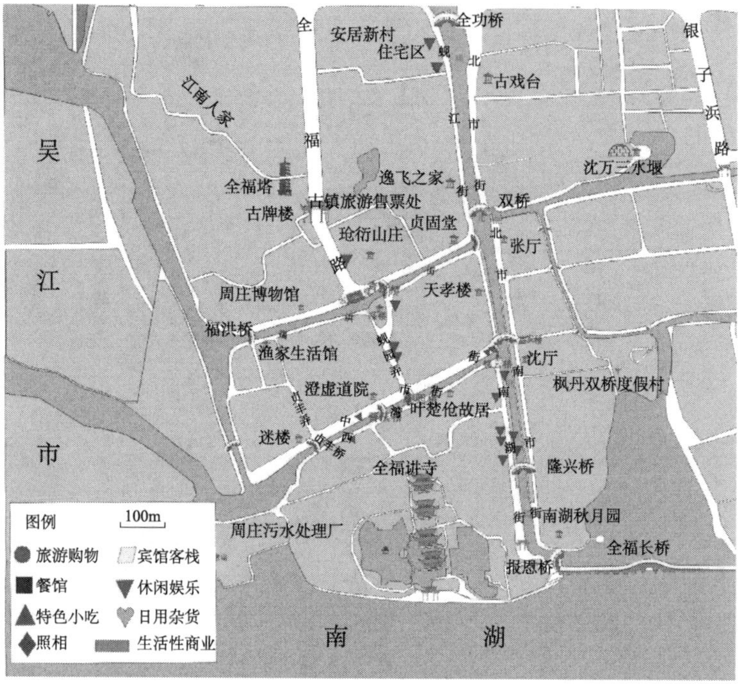

图 10-4 周庄古镇核心区旅游休闲娱乐设施空间布局示意图

二 周庄古镇旅游商业布局

（一）周庄古镇游客集散中心及沿途旅游商业布局

周庄汽车站到新牌楼一线是出入周庄古镇的必经路段，以急水港大桥为界，周庄汽车站—大桥段即大桥路是游客集散中心，与大桥—新牌楼段即云海路相比，其商业布局特征各有异同（表 10-8）。

共同之处：两路段以居民为服务对象的门面所占的比例最大。主要与附近分布大量居民区有关，因此社区商业占重要地位。但是，作为游客进入周庄古镇的必经路段，又使其商业发展带有浓厚的旅游色彩，因此为游客服务的商业也占有一定的比例。

表 10-8 按功能划分大桥路与云海路商铺对比表

商铺功能	大桥路（周庄汽车站—大桥段）	占比/%	云海路（大桥—新牌楼段）	占比/%
主要面向旅游者的门面	46	34.07	9	27.27
面向旅游者和居民的门面	21	15.56	6	18.18

续表

商铺功能	大桥路（周庄汽车站—大桥段）	占比/%	云海路（大桥—新牌楼段）	占比/%
主要面向居民的门面	68	50.37	17	51.52
空铺	0	0	1	3.03
合计/家	135	100	33	100
面积/m^2	6710		415	
总面积/m^2	7125			

不同之处：从商业业态来看，在主要面向旅游者的门面中，周庄汽车站附近的大桥路作为游客集散中心，主要为游客提供餐饮和住宿服务；而云海路较接近古镇景区，除了餐饮和住宿商店以外，商业业态更为丰富，出现了购物类、休闲类设施和旅行社（表 10-9）。

表 10-9　周庄古镇游客集散中心与沿途商铺统计归纳表

大类	小类	大桥路（周庄汽车站—大桥段）	云海路（大桥—新牌楼段）	合计	占比 /%
主要面向旅游者的门面	饭店餐馆	34	2	36	21.43
	旅馆酒店	12	2	14	8.33
	旅游食品（万三蹄等）	0	3	3	1.79
	旅游用品（蚕丝被）	0	1	1	0.60
	旅行社	0	1	1	0.60
	合计	46	9	55	32.74
面向居民和旅游者的门面	休闲娱乐（酒吧、KTV 等）	3	4	7	4.17
	移动、联通、电信	3	0	3	1.79
	杂货店	13	2	15	8.92
	超市	2	0	2	1.19
	合计	21	6	27	16.07
主要面向居民的门面	零售业	46	13	59	35.12
	餐饮业	6	2	8	4.76
	商业服务业	16	2	18	10.71
	合计	68	17	85	50.60
空铺		0	1	1	0.60
总计		135	33	168	100

（二）周庄古镇核心区外围区域旅游商业对比分析

周庄古镇核心区外围区域共有三条主要道路，分别是全功路、全福路和银子浜路。东西走向的全功路从周庄新牌楼入口处开始，一直延伸到南湖旅游度假区结束；从周庄古镇景区出口到三牛花园酒店是南北向全福路全段；南北走向的银子浜路北边与全功路相连，南到富贵园。

全功路、全福路和银子浜路的商业功能相差较大（表 10-10）。全功路商业的服务对象主要是当地居民，主要面向居民的门面占 71.81%；而全福路主要面向旅游者的门面占到 75.33%；银子浜路则比例相当。道路的区位决定了这种差异：全功路与全福路交叉段附近、全功路与银子浜路交叉段附近有大量的住宅区，因此全功路和银子浜路商业为居民提供服务的比例都较大；而全福路因为最接近古镇景区，是大量游客进出的必经道路，因此其商业呈现出明显的旅游性质。

从旅游商业类型看，全功路、全福路和银子浜路也存在明显差异（表 10-11）。全功路和银子浜路提供的旅游商业主要是餐馆、住宿和旅游食品，满足游客的基本需要；而全福路除了提供餐馆、住宿和旅游食品外，还为游客提供了旅游日用品、旅游工艺品等购物类设施、旅行社、特色小吃等。在面向居民和旅游者的门面中，全福路一个突出的特点是设置了 4 个不同银行的网点。

表 10-10　按功能划分全功路、全福路和银子浜路商业类型对比表

项目	全功路	占比/%	全福路	占比/%	银子浜路	占比/%
主要面向旅游者的门面	31	16.49	58	75.33	7	43.75
面向旅游者和居民的门面	22	11.70	14	18.18	3	18.75
主要面向居民的门面	135	71.81	5	6.49	6	37.5
合计	188	100	77	100	16	100
面积/m^2	7175		10 091		615	
总面积/m^2	17 881					

表 10-11　周庄古镇外围区域门面统计表

大类	小类	全功路	全福路	银子浜路	合计	占比/%
主要面向旅游者的门面	饭店餐馆	8	15	5	28	9.76
	旅馆酒店	12	3	0	15	5.23
	旅游食品（万三蹄等）	11	12	2	25	8.71
	旅游纪念品	0	1	0	1	0.35
	旅游日用品	0	10	0	10	3.48
	旅游工艺品	0	10	0	10	3.48
	特色小吃	0	5	0	5	1.74
	旅行社	0	1	0	1	0.35
	拍照	0	1	0	1	0.35
	合计	31	58	7	96	33.45
面向居民和旅游者的门面	休闲娱乐	3	3	0	6	2.09
	中国移动	1	1	0	2	0.70
	银行	0	4	0	4	1.39
	超市	4	3	0	7	2.44
	饰品店	4	0	0	4	1.39
	杂货店	10	3	3	16	5.57
	合计	22	14	3	39	13.59

续表

大类	小类	全功路	全福路	银子浜路	合计	占比/%
主要面向居民的门面	零售业	89	4	5	98	34.15
	餐饮业	21	0	0	21	7.32
	商业服务业	24	1	1	26	9.06
	批发业	1	0	0	1	0.35
	合计	135	5	6	146	50.87
空铺		2	2	1	5	1.74
公共厕所		1	0	0	1	0.35
总计		191	79	17	287	100

（三）周庄古镇游客集散中心及沿途、外围区与核心区旅游商业对比分析

从商铺功能看，游客集散中心及沿途、核心区外围区域商业的服务对象主要是居民，以居民为目标顾客的门面都在 50% 以上；而核心区已经严重旅游商业化，对旅游业的依赖过大，以旅游者为主要服务对象的门面占到 83.49%（表 10-12）。

表 10-12　2012 年周庄古镇游客集散中心、景区外围和核心区商业对比表

商业功能	游客集散中心及沿途		核心区外围区域		核心区	
	数量 / 家	占比 %	数量 / 家	占比 %	数量 / 家	占比 %
主要面向旅游者的门面	55	32.73	96	33.57	435	83.49
面向旅游者和居民的门面	27	16.07	39	13.64	65	12.48
主要面向居民的门面	85	50.60	146	51.05	2	0.38
空铺	1	0.60	5	1.75	30	5.64
合计	168	100	286	100	532	100

从商业类型看，游客集散中心及沿途、核心区外围及核心区存在较大差异。

首先，在主要面向旅游者的门面中，表 10-13 反映出在游客集散中心及沿途的商业为游客提供的主要是餐饮（65.46%）和住宿设施（25.45%），提供这两类服务的设施总比例超过了 90%，购物设施的绝对量和相对量都非常少，只有少数几家旅游食品和日用品商铺；核心区外围为游客提供的服务类型明显比游客集散中心及沿途要丰富，不仅为游客提供餐饮、住宿服务，还提供了旅游工艺品、日用品等购物类商业类型。在这些商业中，购物设施占最大比例（47.92%），其次为餐饮设施（34.38%）、住宿设施（15.63%）、拍照服务和旅行社。在购物设施中，旅游食品所占比例最大（26.04%），旅游日用品和旅游工艺品数量相等，旅游纪念品最少。在核心区，购物设施的绝对量和相对量都最高，

占总旅游商铺数的71.27%；其次是餐饮设施（18.85%）、住宿设施（8.05%）、拍照（1.84%）。在购物设施中，旅游工艺品所占的比例最大（25.28%），其次为旅游日用品（19.08%）、旅游纪念品（15.86%），旅游食品（7.19%）和其他商品（0.92%）。因此，可总结出以下规律：①越接近周庄古镇景区，餐饮和住宿的比例越低，购物的比例越高；②越接近周庄古镇景区，旅游商业的类型越丰富；③在古镇核心区以外，旅游食品是最主要的购物商品；而在核心区内，旅游工艺品的比例最高。

表10-13 游客集散中心、核心区外围及核心区面向游客商业对比表

面向旅游者门面		游客集散中心及沿途		核心区外围		核心区	
		数量/家	占比%	数量/家	占比%	数量/家	占比%
餐饮服务	饭店餐馆	36	65.46	28	29.17	64	14.71
	特色小吃	0	0	5	5.21	18	4.14
酒店旅馆		14	25.45	15	15.63	35	8.05
购物	旅游食品	3	5.45	25	26.04	31	7.13
	旅游日用品	1	1.82	10	10.42	83	19.08
	旅游纪念品	0	0	1	1.04	69	15.86
	旅游工艺品	0	0	10	10.42	123	28.28
	其他商品	0	0	0	0	4	0.92
旅行社		1	1.82	1	1.04	0	0
拍照		0	0	1	1.04	8	1.84
合计		55	100	96	100	435	100

其次，在面向旅游者和居民的商铺中，游客集散中心及沿途、核心区外围区域、核心区也存在差异。表10-14反映出游客集散中心及沿途、核心区外围杂货店都是主要的商业类型，而在核心区街头摊档所占比例最大，其次是休闲娱乐，面包店所占比例最低。与游客集散中心及沿途、核心区相比，核心区外围区域饰品店和银行网点的设立使其商业类型更加丰富，是核心区商业服务功能的补充。游客集散中心及沿途、核心区外围区域都有超市，但核心区内由于地价高，主要为单位利润高的工艺品商店，薄利多销的超市难以在古镇核心区立足。

表10-14 游客集散中心、核心区外围及核心区面向游客和居民商业对比表

项目	游客集散中心及沿途	数量/家	占比/%	核心区外围	数量/家	占比/%	核心区	数量/家	占比/%
商业类型	休闲娱乐	7	25.93	休闲娱乐	6	15.38	休闲娱乐	22	33.85
	中国移动、联通、电信	3	11.11	中国移动	2	5.13	街头摊档	30	46.15
	杂货店	15	55.55	杂货店	16	41.03	杂货店	12	18.46
	超市	2	7.41	超市	7	17.95	面包店	1	1.54
	合计	27	100	饰品店	4	10.26	合计	65	100
				银行	4	10.26			
				合计	39	100			

三 周庄古镇旅游商业布局特征

周庄古镇旅游商业空间布局总体呈现出“核心区过度集中，外围区零散分布”的特征：古镇核心区几乎 96% 的商铺直接与旅游相关，旅游商业集中布局；而在核心区外围，旅游商业则与生活性商业相互渗透，零散分布（图 10-5）。

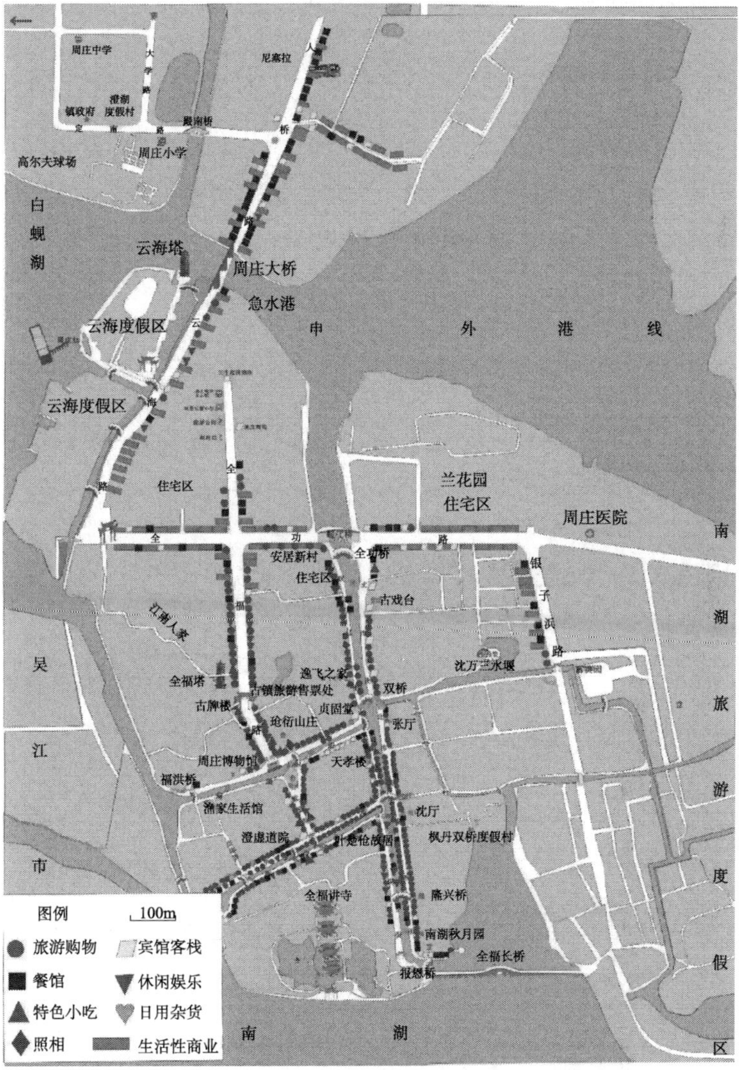

图 10-5　周庄古镇旅游商业空间布局示意图

从布局的形态结构来看，核心区和外围区的旅游商业都是“条带状”结构，沿着交通通达性较好、人流集中的道路聚合布局。在核心区，旅游商业沿着街道两侧及景点附近分布，绝大多数沿街民居的居住功能被置换为商业功能；在外围区，旅游商业沿着主要交通道路两侧分布，方便游客消费。

在核心区，旅游商业空间布局表现出以下几个方面的特征：第一，各业态分布集中与分散相结合。以餐饮为例，酒楼餐馆等餐饮设施局部集中布局在西湾街，但在其他街道如南市街、蚬江街等也有零散分布。第二，旅游景点越集中、游客量越大的街道，旅游商业密度越高，旅游商业分布越密集。南北市街集中了双桥、沈厅、张厅等著名景点，游客量大，旅游商业分布十分密集；后港街西段以民居为主，景点和游客量都较少，因此商业分布也较少。第三，部分街道已初具“专业化”特色，呈现“专业化与综合化”相结合的特征。许多客栈集中布局于福洪街，福洪街被称为“民宿一条街”，同时围绕客栈也零星分布了一些餐馆和茶吧等。第四，在游客出入古镇的必经街道布局的旅游商业以购物和特色小吃为主（图 10-6）。

图 10-6 周庄古镇核心区旅游商业空间布局示意图

游客集散中心及沿途旅游商业的空间布局呈现出“局部集中，总体分散”的特征。在大桥路周庄汽车站附近，餐饮和住宿集中分布较明显，但大桥路往南到周庄大桥一段餐饮和住宿与生活性商业交叉分布，零散特征凸显；云海路旅游商业则明显呈现出零散分布的特征，旅游购物、餐饮和住宿与生活性商业相互混杂分布（图 10-7）。

古镇核心区外围区域旅游商业布局明显呈现出“从南向北、从内部向外部扩散”的特征。全福路是古镇景区的主要出入口，旅游商业布局呈现出“由南向北逐渐扩散”的特征，南段旅游商业密度明显大于北段。全功路则呈现出“中间段向两边逐渐扩散”“与生活性商业相互渗透”的特征，越远离景区，旅游商业越少，最后全部为生活性商业。银子浜路到富贵园一段，旅游商业与生活性商业交叉分布，分布的旅游商业类型是餐馆和万三食品（图 10-7）。

图 10-7 周庄古镇游客集散中心及沿途和核心区外围旅游商业空间布局示意图

第三节　周庄古镇旅游商业化游客感知

一　周庄古镇旅游商业化游客感知

（一）研究方法与过程

在参考相关研究文献的基础上，借鉴已有研究成果，结合周庄具体情况，设计调查问卷，调查问卷主体包括商业拥挤感知和游客心理商业容量两个部分。问卷第一部分包括游客对周庄商业拥挤感的直观感受、个人特性和古镇商业环境感知。古镇商业环境因素主要包括游客对周庄旅游商铺特色、旅游商业服务质量、旅游商铺数量、旅游商铺种类、旅游商铺空间布局的感知等指标。问卷第二部分是商业拥挤感知和游客心理商业容量评估。采用的是开放式和封闭式问题相结合的方式。测量指标的度量采用李克特五点量表。问卷调查于 2012 年 9~10 月在周庄古镇进行，共发放游客调查问卷 522 份，有效问卷共 497 份，问卷有效率达 95.21%，采用 SPSS17.0 软件对问卷数据进行分析处理，具体分析方法主要包括描述性统计分析、独立样本 T 检验、方差分析、因子分析等。

（二）分析结果

1. 商铺拥挤感知

如表 10-15 所示，54.3% 的游客感到周庄商铺拥挤，只有 34% 的游客感到不拥挤，这表明多数游客对周庄商铺具有拥挤感知。

表 10-15　商铺拥挤感知分析表

变量名称	次数	百分比 /%	累积百分比 /%	均值
1. 非常不拥挤	39	7.8	7.8	
2. 不拥挤	130	26.2	34	
3. 一般	58	11.7	45.7	3.26
4. 拥挤	202	40.6	86.3	
5. 非常拥挤	68	13.7	100.0	
合计	497	100.0	100.0	

对商业化的态度。游客对周庄商业化的态度呈现正态分布的特点（表 10-16），对周庄商业化非常不赞成和非常赞成的人数都较少，43.4%的游客对周庄商业化持一般态度，既不赞成也不反对，说明游客大多比较理性，对周庄商业化状况能够理解。

表 10-16 游客商业化态度分析表

变量名称	次数	百分比 /%	累积百分比 /%	均值
1. 非常不赞成	29	5.8	5.8	2.95
2. 不赞成	116	23.3	29.1	
3. 一般	215	43.3	72.4	
4. 赞成	127	25.6	98.0	
5. 非常赞成	10	2.0	100.0	
合计	497	100.0	100.0	

2. 古镇商业环境因素

旅游商铺特色感知。43.9% 的游客对商铺特色的感知为一般，37.0% 的游客认为有特色，均值为 3.29，从总体上看，周庄旅游商铺特色不够突出（表 10-17）。

表 10-17 周庄游客旅游商铺特色感知表

旅游商铺特色	频率	百分比 /%	累积百分比 /%	均值
非常没有特色	11	2.2	2.2	3.29
没有特色	62	12.5	14.7	
一般	218	43.9	58.6	
有特色	184	37.0	95.6	
非常有特色	22	4.4	100.0	
合计	497	100.0	100.0	

旅游商业服务质量感知。52.3% 的游客对旅游商业服务质量的感知为一般，39.2% 的游客感受为好，均值为 3.44，说明周庄旅游商业服务质量还有待提高（表 10-18）。

表 10-18 周庄游客旅游商业服务质量感知表

旅游商业服务质量	频率	百分比/%	累积百分比/%	均值
非常差	2	0.4	0.4	3.44
差	18	3.6	4.0	
一般	260	52.3	56.3	
好	195	39.2	95.6	
非常好	22	4.4	100.0	
合计	497	100.0	100.0	

旅游商铺数量感知。83.9% 的游客认为周庄旅游商铺的数量多和非常多，均值为 4.19，说明游客对周庄商铺数量的感知很多（表 10-19）。

表 10-19 周庄游客旅游商铺数量感知表

	频率	百分比 /%	累积百分比 /%	均值
少	3	0.6	0.6	
一般	77	15.5	16.1	
多	238	47.9	64.0	4.19
非常多	179	36.0	100.0	
合计	497	100.0	100.0	

游客对餐饮、住宿、购物、娱乐项目数量感知的结果如图 10-8 所示，游客认为购物类和餐饮类商铺数量较多，住宿类和娱乐项目为一般。

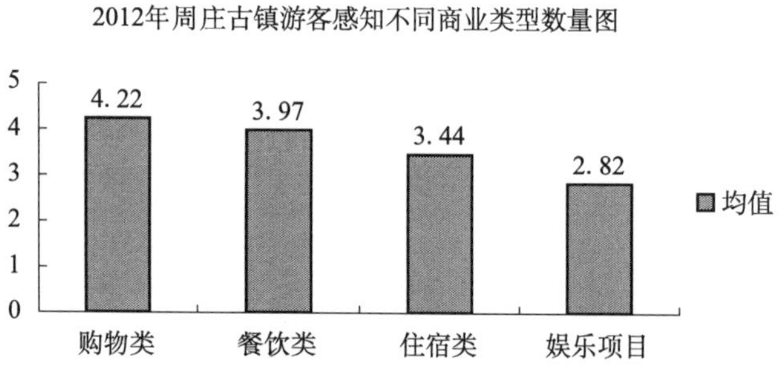

图 10-8 2012 年周庄古镇游客感知不同类型商业数量图

旅游商铺种类感知。游客对周庄旅游商铺种类的界定偏向一般（均值为 3.45），以齐全为主（表 10-20）。

表 10-20 周庄游客旅游商铺种类感知表

旅游商铺种类	频率	百分比/%	累积百分比/%	均值
非常不齐全	2	0.4	0.4	
不齐全	56	11.3	11.7	
一般	183	36.8	48.5	3.45
齐全	226	45.5	94.0	
非常齐全	30	6.0	100.0	

游客对餐饮、住宿、购物、娱乐项目种类感知的结果如图 10-9 所示，游客认为餐饮和购物类商铺的类型比较齐全，住宿类和娱乐项目的种类都一般。

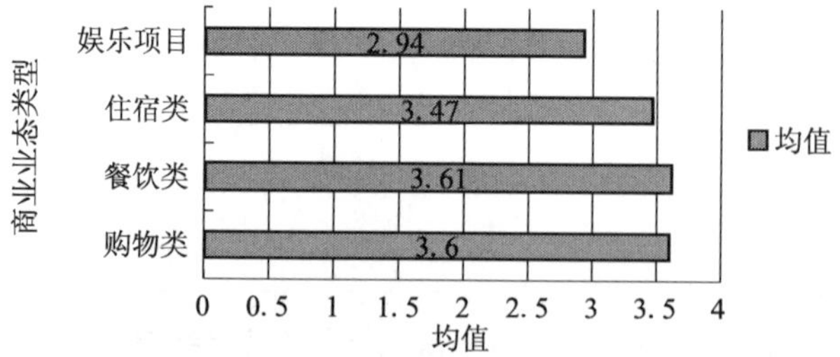

图 10-9 2012 年周庄古镇游客感知不同类型商业业态种类图

旅游商铺空间布局感知。游客对周庄旅游商铺空间布局的界定偏向一般（均值为 3.3），表明周庄商铺的空间布局基本合理（表 10-21）。

表 10-21　周庄游客旅游商铺空间布局感知表

旅游商铺空间布局	频率	百分比/%	累积百分比/%	均值
非常不合理	8	1.6	1.6	
不合理	67	13.5	15.1	
一般	200	40.2	55.3	3.3
合理	213	42.9	98.2	
非常合理	9	1.8	100.0	
合计	497	100.0	100.0	

二　影响古镇商业拥挤感知因素分析

影响拥挤感知因素的确定依据变量的特性分别采用 T 检验、单因素方差分析和 Pearson 相关分析进行检验。

1）T 检验分析结果

个人特性中的“性别”，以及旅游经验中的“是否去过其他江南水乡古镇”变量，由于其结果只有两种，因此选用 T 检验来判别其对旅游商铺拥挤感知是否具有明显的影响。检验结果如表 10-22 所示，“是否去过其他江南水乡古镇”对旅游商铺拥挤感知没有显著影响（$p>0.05$），而“性别”对旅游商业拥挤感知具有显著影响（$p<0.05$），从样本均值上可以看出，男性与女性相比，男性对周庄旅游商铺拥挤感知更加强烈。

表 10-22　T 检验分析结果表

变量		平均商业拥挤感知	t 值	显著性
性别	男	3.53	1.978	0.049
	女	3.37		
是否去过其他江南水乡古镇	是	3.43	−0.802	0.423
	否	3.50		

2）单因素方差分析结果

个人特性中的“年龄”“文化程度”“职业”“对商业化的态度”“旅游商业期望”“旅游动机”“到过周庄古镇的次数”，古镇商业环境中的“旅游商铺特色”“旅游商业服务质量”“旅游商铺数量”“旅游商铺种类”及“旅游商铺空间布局”的取值都大于 2 个，因此选用单因素分析法，检测其对旅游商铺拥挤感知是否具有显著的影响。如果发现差异性显著，则进一步对数据进行分析解释，具体操作如下：对数据进行方差齐次性检验，如果数据具有齐次性就选择 LSD 或 Scheffe 法进行事后多种比较；若不具有齐次性，则选择 Tamhane 或 Dunnett C 法进行事后多重比较。

检验结果如表 10-23 所示，“年龄”“文化程度”“职业”“到过周庄古镇的次数”“旅游商业服务质量”“旅游商铺种类”对旅游商铺拥挤感知没有显著影响（$p>0.05$），而“对商业化的态度”“旅游商业期望”“旅游商铺特色感知”“旅游商铺数量”“旅游商铺空间布局”对旅游商铺拥挤感知具有显著影响（$p<0.05$）。

表 10-23 单因素方差分析表

指标	变量	F值	显著性
个人特性	年龄	1.786	0.130
	文化程度	0.936	0.442
	职业	0.251	0.972
	对商业化的态度	5.395	0.000
	旅游商业期望	16.546	0.000
	到周庄旅游的次数	0.349	0.790
古镇商业环境因素	旅游商铺特色	3.530	0.007
	旅游商业服务质量	1.699	0.149
	旅游商铺数量	20.004	0.000
	旅游商铺种类	0.831	0.506
	旅游商铺空间布局	7.089	0.000

商业化态度对周庄古镇旅游商铺拥挤感知的影响。如表 10-24 所示，旅游商铺拥挤感知方差齐次性检验的显著性为 0.090，大于 0.05 的显著性水平，说明其具有方差齐次性，需要使用 LSD 法进行事后多重比较，如表 10-25 所示。

表 10-24 商业化态度对周庄古镇旅游商铺拥挤感知的方差齐次性检验表

项目	Levene 统计量	df1	df2	显著性
旅游商铺拥挤感	2.022	4	492	0.090

表 10-25 商业化态度对旅游商铺拥挤感知的事后多重比较

（I）商业化态度	（J）商业化态度	均值差（I-J）	标准误	显著性	95% 置信区间	
					下限	上限
非常不赞成	不赞成	0.569*	0.180	0.002	0.22	0.92
	一般	0.694*	0.171	0.000	0.36	1.03
	赞成	0.796*	0.178	0.000	0.45	1.15
	非常赞成	0.703*	0.318	0.027	0.08	1.33
不赞成	非常不赞成	−0.569*	0.180	0.002	−0.92	−0.22
	一般	0.125	0.100	0.210	−0.07	0.32
	赞成	0.227*	0.111	0.041	0.01	0.45
	非常赞成	0.134	0.285	0.638	−0.43	0.70

续表

(I)商业化态度	(J)商业化态度	均值差(I-J)	标准误	显著性	95% 置信区间	
					下限	上限
一般	非常不赞成	−0.694*	0.171	0.000	−1.03	−0.36
	不赞成	−0.125	0.100	0.210	−0.32	0.07
	赞成	0.102	0.097	0.292	−0.09	0.29
	非常赞成	0.009	0.280	0.974	−0.054	0.56
赞成	非常不赞成	−0.796*	0.178	0.000	−1.15	−0.45
	不赞成	−0.227*	0.111	0.041	−0.45	0.00
	一般	−0.102	0.097	0.292	−0.29	0.09
	非常赞成	−0.093	0.284	0.744	−0.65	0.47
非常赞成	非常不赞成	−0.703*	0.318	0.027	−1.33	−0.08
	不赞成	−0.134	0.285	0.638	−0.70	0.43
	一般	−0 .009	0.280	0.974	−0.56	0.54
	赞成	0.093	0.284	0.744	−0.47	0.65

根据表 10-25，对于旅游商铺拥挤感知，在 95% 的置信区间内，“非常不赞成”与“不赞成”的置信区间为 0.22~0.92，未包含 0，这说明非常不赞成与不赞成态度的旅游者在旅游商铺拥挤感知上存在差异，即非常不赞成态度的旅游者对旅游商铺拥挤的感知强于不赞成态度的旅游者。同理可知，非常不赞成态度的旅游者对旅游商铺拥挤的感知强于一般态度的旅游者；非常不赞成态度的旅游者对旅游商铺拥挤的感知强于赞成态度的旅游者；非常不赞成态度的旅游者对旅游商铺拥挤的感知强于非常赞成态度的旅游者。从均值差异上看，非常不赞成态度的均值差异均大于 0，说明非常不赞成态度的旅游者对旅游商铺拥挤感知最强烈；而赞成态度的均值差异均小于 0，说明赞成态度的旅游者对旅游商铺的拥挤感知最不强烈。

旅游商业期望对周庄古镇旅游商铺拥挤感知的影响。如表 10-26 所示，旅游商铺拥挤感知方差齐次性检验的显著性为 0.087，大于 0.05 的显著性水平，说明其具有方差齐次性，需要使用 LSD 法进行事后多重比较，如表 10-27 所示。

表 10-26 旅游商业期望对周庄古镇旅游商铺拥挤感知的方差齐次性检验

项目	Levene 统计量	df1	df2	显著性
旅游商铺拥挤感	2.042	4	492	0.087

表 10-27 旅游商业期望对旅游商铺拥挤感知的事后多重比较

(I)商铺期望	(J)商铺期望	均值差(I-J)	标准误	显著性	95% 置信区间	
					下限	上限
少了许多	少了一些	0.476	0.513	0.353	−1.48	0.53
	差不多	−0.467	0.484	0.335	−1.42	0.48
	多了一些	−0.830	0.484	0.087	−1.78	0.12
	多了许多	−1.212*	0.485	0.013	−2.17	−0.26

续表

(I)商铺期望	(J)商铺期望	均值差(I-J)	标准误	显著性	95% 置信区间	
					下限	上限
少了一些	少了许多	0.476	0.513	0.353	−0.53	1.48
	差不多	0.009	0.192	0.962	−0.37	0.39
	多了一些	−0.354	0.192	0.066	−0.73	0.02
	多了许多	−0.736*	0.195	0.000	−1.12	−0.35
差不多	少了许多	0.467	0.484	0.335	−0.48	1.42
	少了一些	−0.009	0.192	0.962	−0.39	0.37
	多了一些	−0.363*	0.090	0.000	−0.54	−0.19
	多了许多	−0.745*	0.096	0.000	−0.93	−0.56
多了一些	少了许多	0.830	0.484	0.087	−0.12	1.78
	少了一些	0.354	0.192	0.066	−0.02	0.73
	差不多	0.363*	0.090	0.000	0.19	0.54
	多了许多	−0.382*	0.096	0.000	−0.57	−0.19
多了许多	少了许多	1.212*	0.485	0.013	0.26	2.17
	少了一些	0.736*	0.195	0.000	0.35	1.12
	差不多	0.745*	0.096	0.000	0.56	0.93
	多了一些	0.382*	0.096	0.000	0.19	0.57

根据表 10-27，对于旅游商铺拥挤感知，在 95% 的置信区间内，“多了许多”与“少了许多”的置信区间为 0.26~2.17，未包含 0，这说明感知到商铺比期望中多了许多的旅游者与少了许多的旅游者在旅游商铺拥挤感知上存在差异，即感知到商铺比期望中多了许多的旅游者对旅游商铺拥挤的感知强于比期望中少了许多的旅游者。同理可知，感知到商铺比期望中多了许多的旅游者对旅游商铺拥挤的感知强于比期望中少了一些的旅游者；感知到商铺比期望中多了许多的旅游者对旅游商铺拥挤的感知强于和期望中差不多的旅游者；感知到商铺比期望中多了许多的旅游者对旅游商铺拥挤的感知强于比期望中多了一些的旅游者；感知到商铺比期望中多了一些的旅游者对旅游商铺拥挤的感知强于和期望中差不多的旅游者。从均值差异上看，感知到的商铺比期望中多了许多的均值差异均大于 0，说明感知到的商铺比期望中多了许多的旅游者对旅游商铺拥挤感知最强烈；而感知到的商铺比想象中少了许多的均值差异均小于 0，说明感知到的商铺比想象中少了许多的旅游者对旅游商铺的拥挤感知最不强烈。

旅游商铺特色对周庄古镇旅游商铺拥挤感知的影响。如表 10-28 所示，旅游商铺拥挤感知方差齐次性检验的显著性为 0.676，大于 0.05 的显著性水平，说明其具有方差齐次性，需要使用 LSD 法进行事后多重比较，如表 10-29 所示。

表 10-28　旅游商铺特色对周庄古镇旅游商铺拥挤感知的方差齐次性检验

项目	Levene 统计量	df1	df2	显著性
旅游商铺拥挤感	0.582	4	492	0.676

表 10-29 旅游商业期望对旅游商铺拥挤感知的事后多重比较

（I）商铺特色	（J）商铺特色	均值差（I-J）	标准误	显著性	95% 置信区间	
					下限	上限
非常没有特色	没有特色	0.757*	0.285	0.008	0.20	1.32
	一般	0.777*	0.270	0.004	0.25	1.31
	有特色	0.941*	0.271	0.001	0.41	1.47
	非常有特色	0.818*	0.322	0.011	0.19	1.45
没有特色	非常没有特色	−0.757*	0.285	0.008	−1.32	−0.20
	一般	0.021	0.126	0.869	−0.23	0.27
	有特色	0.185	0.128	0.150	−0.07	0.44
	非常有特色	0.062	0.216	0.776	−0.36	0.49
一般	非常没有特色	−0.777*	0.270	0.004	−1.31	−0.25
	没有特色	−0.021	0.126	0.869	−0.27	0.23
	有特色	0.164	0.087	0.061	0.00	0.34
	非常有特色	0.041	0.195	0.834	−0.34	0.42
有特色	非常没有特色	−0.941*	0.271	0.001	−01.47	−0.41
	没有特色	−0.185	0.128	0.150	−0.44	0.07
	一般	−0.164	0.087	0.061	−0.34	0.01
	非常有特色	−0.123	0.197	0.532	−0.51	0.26
非常有特色	非常没有特色	−0.818*	0.322	0.011	−01.45	−0.19
	没有特色	−0-.062	0.216	0.776	−0.49	0.36
	一般	−0-.041	0.195	0.834	−0.42	0.34
	有特色	0.123	0.197	0.532	−0.26	0.51

根据表 10-29，对于旅游商铺拥挤感知，在 95% 的置信区间内，“非常没有特色”与“没有特色”的置信区间为 0.20~1.32，未包含 0，这说明感知到商铺非常没有特色的旅游者与感知到商铺没有特色的旅游者在旅游商铺拥挤感知上存在差异，即感知到商铺非常没有特色的旅游者对旅游商铺拥挤的感知强于感知商铺没有特色的旅游者。同理可知，感知到商铺非常没有特色的旅游者对旅游商铺拥挤的感知强于感知商铺特色一般的旅游者；感知到商铺非常没有特色的旅游者对旅游商铺拥挤的感知强于感知商铺有特色的旅游者；感知到商铺非常没有特色的旅游者对旅游商铺拥挤的感知强于感知商铺非常有特色的旅游者。从均值差异上看，感知到商铺非常没有特色的均值差异均大于 0，说明感知商铺非常没有特色的旅游者对旅游商铺拥挤感知最强烈；而感知商铺有特色旅游者的均值差异均小于 0，说明感知商铺有特色的旅游者对旅游商铺的拥挤感知最不强烈。

旅游商铺数量对周庄古镇旅游商铺拥挤感知的影响。如表 10-30 所示，旅游商铺拥挤感知方差齐次性检验的显著性为 0.000，小于 0.05 的显著性水平，说明其不具有方差齐次性，需要使用 Tamhane（M）法进行事后多重比较，如表 10-31 所示。

表 10-30　旅游商铺数量对周庄古镇旅游商铺拥挤感知的方差齐次性检验

项目	Levene 统计量	df1	df2	显著性
旅游商铺拥挤感	8.324	3	493	0.000

表 10-31　旅游商铺数量对周庄古镇旅游商铺拥挤感知的事后多重比较

(I) 商铺数量	(J) 商铺数量	均值差 (I-J)	标准误	显著性	95% 置信区间	
					下限	上限
少	一般	0.961*	0.082	0.000	−1.18	−0.74
	多	−1.403*	0.052	0.000	−1.54	−1.26
	非常多	−1.754*	0.068	0.000	−1.94	−1.57
一般	少	0.961*	0.082	0.000	0.74	1.18
	多	−0.442*	0.097	0.000	−0.70	−0.18
	非常多	−0.793*	0.106	0.000	−1.08	−0.51
多	少	1.403*	0.052	0.000	1.26	1.54
	一般	0.442*	0.097	0.000	0.18	0.70
	非常多	−0.351*	0.086	0.000	−0.58	−0.12
非常多	少	1.754*	0.068	0.000	1.57	1.94
	一般	0.793*	0.106	0.000	0.51	1.08
	多	0.351*	0.086	0.000	0.12	0.58

根据表 10-31，对于旅游商铺拥挤感知，在 95% 的置信区间内，“一般”与“少”的置信区间为 0.74~1.18，未包含 0，这说明感知商铺数量一般的旅游者与感知到商铺少的旅游者在旅游商铺拥挤感知上存在差异，即感知到商铺数量一般的旅游者对旅游商铺拥挤的感知强于感知商铺数量少的旅游者。同理可知，感知到商铺数量多的旅游者对旅游商铺拥挤的感知强于感知商铺数量少的旅游者；感知商铺数量多的旅游者对旅游商铺拥挤的感知强于感知商铺数量一般的旅游者；感知商铺数量非常多的旅游者对旅游商铺拥挤的感知强于感知商铺数量少的旅游者；感知商铺数量非常多的旅游者对旅游商铺拥挤的感知强于感知商铺数量一般的旅游者；感知商铺数量非常多的旅游者对旅游商铺拥挤的感知强于感知商铺数量多的旅游者。从均值差异上看，感知到商铺非常多均值差异均大于 0，说明感知商铺数量非常多的旅游者对旅游商铺拥挤感知最强烈；而感知商铺数量少的旅游者均值差异均小于 0，说明感知商铺数量少的旅游者对旅游商铺的拥挤感知最不强烈。

旅游商铺空间布局对周庄古镇旅游商铺拥挤感知的影响。如表 10-32 所示，旅游商铺拥挤感知方差齐次性检验的显著性为 0.573，大于 0.05 的显著性水平，说明其具有方差齐次性，需要使用 LSD 法进行事后多重比较，如表 10-33 所示。

表 10-32　旅游商铺数量对周庄古镇旅游商铺拥挤感知的方差齐次性检验表

项目	Levene 统计量	df1	df2	显著性
旅游商铺拥挤感	0.728	4	492	0.573

表 10-33　旅游商铺数量对周庄古镇旅游商铺拥挤感知的事后多重比较

(I) 商铺空间布局	(J) 商铺空间布局	均值差 (I-J)	标准误	显著性	95% 置信区间	
					下限	上限
非常不合理	不合理	0.709*	0.322	0.028	0.08	1.34
	一般	1.045*	0.310	0.001	0.44	1.65
	合理	1.185*	0.310	0.000	0.58	1.79
	非常合理	1.278*	0.418	0.002	0.46	2.10
不合理	非常不合理	−0.709*	0.322	0.028	−1.34	−0.08
	一般	0.336*	0.121	0.006	0.10	0.57
	合理	0.476*	0.121	0.000	0.24	0.71
	非常合理	0.569	0.305	0.063	−0.03	1.17
一般	非常不合理	−1.045*	0.310	0.001	−1.65	−0.44
	不合理	−0.336*	0.121	0.006	−0.57	−0.10
	合理	0.140	0.085	0.098	−0.03	0.31
	非常合理	0.233	0.293	0.428	−0.034	0.81
合理	非常不合理	−1.185*	0.310	0.000	−1.79	−0.58
	不合理	−0.476*	0.121	0.000	−0.71	−0.24
	一般	−0.140	0.085	0.098	−0.31	0.03
	非常合理	0.092	0.293	0.753	−0.48	0.67
非常合理	非常不合理	−1.278*	0.418	0.002	−2.10	−0.46
	不合理	−0.569	0.305	0.063	−1.17	0.03
	一般	−0.233	0.293	0.428	−0.81	0.34
	合理	−-0.092	0.293	0.753	−0.67	0.48

根据表 10-33，对于旅游商铺拥挤感知，在 95% 的置信区间内，“非常不合理”与“不合理”置信区间为 0.08~1.34，未包含 0，这说明感知商铺空间布局非常不合理的旅游者与感知到商铺空间布局不合理的旅游者在旅游商铺拥挤感知上存在差异，即感知到商铺空间布局非常不合理的旅游者对旅游商铺拥挤的感知强于感知商铺空间布局不合理的旅游者。同理可知，感知到商铺空间布局非常不合理的旅游者对旅游商铺拥挤的感知强于感知商铺空间布局一般的旅游者；感知到商铺空间布局非常不合理的旅游者对旅游商铺拥挤的感知强于感知商铺空间布局合理的旅游者；感知到商铺空间布局非常不合理的旅游者对旅游商铺拥挤的感知强于感知商铺空间布局非常合理的旅游者；感知到商铺空间布局不合理的旅游者对旅游商铺拥挤的感知强于感知商铺空间布局一般的旅游者；感知到商铺空间布局非常不合理的旅游者对旅游商铺拥挤的感知强于感知商铺

空间布局合理的旅游者；感知到商铺空间布局不合理的旅游者对旅游商铺拥挤的感知强于感知商铺空间布局非常合理的旅游者；感知到商铺空间布局一般的旅游者对旅游商铺拥挤的感知强于感知商铺空间布局合理的旅游者；感知到商铺空间布局一般的旅游者对旅游商铺拥挤的感知强于感知商铺空间布局非常合理的旅游者。从均值差异上看，感知到商铺空间布局非常不合理的均值差异均大于0，说明感知商铺空间布局非常不合理的旅游者对旅游商铺拥挤感知最强烈；而感知商铺空间布局非常合理的旅游者均值差异均小于0，说明感知商铺空间布局非常合理的旅游者对旅游商铺的拥挤感知最不强烈。

3）相关分析结果

因感知到的“旅游商铺总数”为定比变量，采用Pearson相关分析来判别其与旅游商铺拥挤感知之间的相关性。该问题的设置设计为开放式，分别通过询问被访问者感知到的周庄旅游商铺总数以作检验分析。分析结果显示，旅游商铺拥挤感知与游客感知到的旅游商铺总数具有明显的相关性（p=0.000），相关系数为0.746（表10-34）。

表10-34　商铺拥挤感与感知商铺总数相关分析结果

项目	相关分析	感知商铺总数	商铺拥挤感
感知商铺总数	Pearson相关性	1	0.746*
	显著性（双侧）	—	0.000
	N	497	497
商铺拥挤感	Pearson相关性	0 .746**	1
	显著性（双侧）	0.000	—
	N	497	497

*、** 分别表示在0.05、0.01水平（双侧）上显著相关

因5个旅游动机因子变量为定距变量，因此采用Pearson相关分析来判别其与旅游商铺拥挤感知之间的相关性。分别将5个旅游动机因子变量与旅游商铺拥挤感知做相关分析，结果显示，5个旅游动机因子与旅游商铺拥挤感知均没有显著的相关性（p>0.05），旅游动机对旅游商铺拥挤感知没有显著影响，相关分析结果如表10-35~表10-39所示。

表10-35　商铺拥挤感与旅游动机因子1相关分析结果

项目	相关分析	商铺拥挤感	REGR factor score 1 for analysis 1
商铺拥挤感	Pearson相关性	1	0.042
	显著性（双侧）	—	0.353
	N	497	497
REGR factor score 1 for analysis 1	Pearson相关性	0.042	1
	显著性（双侧）	0.353	—
	N	497	497

表 10-36　商铺拥挤感与旅游动机因子 2 相关分析结果

项目	相关分析	商铺拥挤感	REGR factor score 2 for analysis 1
商铺拥挤感	Pearson 相关性	1	− 0.053
	显著性（双侧）	—	0.236
	N	497	497
REGR factor score 2 for analysis 1	Pearson 相关性	− 0.053	1
	显著性（双侧）	0.236	—
	N	497	497

表 10-37　商铺拥挤感与旅游动机因子 3 相关分析结果

项目	相关分析	商铺拥挤感	REGR factor score 3 for analysis 1
商铺拥挤感	Pearson 相关性	1	− 0.065
	显著性（双侧）	—	0.148
	N	497	497
REGR factor score 3 for analysis 1	Pearson 相关性	− 0.065	1
	显著性（双侧）	0.148	—
	N	497	497

表 10-38　商铺拥挤感与旅游动机因子 4 相关分析结果

项目	相关分析	商铺拥挤感	REGR factor score 4 for analysis 1
商铺拥挤感	Pearson 相关性	1	0.020
	显著性（双侧）	—	0.651
	N	497	497
REGR factor score 4 for analysis 1	Pearson 相关性	0.020	1
	显著性（双侧）	0.651	—
	N	497	497

表 10-39　商铺拥挤感与旅游动机因子 5 相关分析结果

项目	相关分析	商铺拥挤感	REGR factor score 5 for analysis 1
商铺拥挤感	Pearson 相关性	1	−0.038
	显著性（双侧）	—	0.392
	N	497	497
REGR factor score 5 for analysis 1	Pearson 相关性	−0.038	1
	显著性（双侧）	0.392	—
	N	497	497

以上对周庄古镇旅游商铺拥挤感知的影响因素的研究表明：个人特性中的性别、对商业化的态度、旅游商业期望和古镇商业环境因素中的旅游商铺特色、旅游商铺总数、旅游商铺空间布局是影响周庄古镇旅游商铺拥挤感知的重要因素，因此本次针对旅游商铺拥挤感知影响因素的研究假设验证结果如下（表 10-40）。

表 10-40　研究假设分析表

	研究假设	检验结果
H1-1	旅游者的性别不同，对旅游商铺拥挤感知具有明显影响	成立
H1-2	旅游者的年龄不同，对旅游商铺拥挤感知具有明显影响	不成立
H1-3	旅游者是否去过其他江南水乡古镇，对旅游商铺拥挤感知具有明显影响	不成立
H1-4	旅游者的文化程度不同，对旅游商铺拥挤感知具有明显影响	不成立
H1-5	旅游者的职业不同，对旅游商铺拥挤感知具有明显影响	不成立
H1-6	旅游者的到过周庄古镇的次数不同，对旅游商铺拥挤感知具有明显影响	不成立
H1-7	旅游者对商业化的态度不同，对旅游商铺拥挤感知具有明显影响	成立
H1-8	旅游者的旅游商业期望不同，对旅游商铺拥挤感知具有明显影响	成立
H1-9	旅游者的旅游动机不同，对旅游商铺拥挤感知具有明显影响	不成立
H2-1	旅游者感知旅游商铺特色不同，对旅游商铺拥挤感知具有明显影响	成立
H2-2	旅游者感知旅游商铺种类不同，对旅游商铺拥挤感知具有明显影响	不成立
H2-3	旅游者感知旅游商铺数量不同，对旅游商铺拥挤感知具有明显影响	成立
H2-4	旅游者感知旅游商铺的空间布局不同，对旅游商铺拥挤感知具有明显影响	成立
H2-5	旅游者感知旅游商业服务质量不同，对旅游商铺拥挤感知具有明显影响	不成立
H2-6	旅游者感知旅游商铺的总数不同，对旅游商铺拥挤感知具有明显影响	成立

性别、对商业化的态度、旅游商业期望都是旅游者的主观因素，周庄古镇作为旅游目的地无法控制；但旅游商铺特色、旅游商铺空间布局与旅游商铺总数则应是周庄古镇未来重点进行改革的对象。因旅游商铺特色、旅游商铺空间布局和旅游商铺总数都与旅游商铺拥挤感知呈显著的负相关，即旅游商铺越有特色，旅游商铺拥挤感知越低；旅游商铺空间布局越合理，旅游商业拥挤感知越低；旅游商铺总数越少，旅游商业拥挤感知越低。因此，未来周庄应提高旅游商铺的特色、调整优化旅游商铺的空间布局和减少旅游商铺的数量，这样才能降低旅游者的旅游商铺拥挤感知，提高旅游者的满意度。

第十一章 周庄古镇居住空间变迁研究

第一节 周庄古镇居住空间变迁过程

居住空间指的是在地域空间一种由邻里单位有机整合而成的社会空间连续系统，同时兼具物质（结构）空间和社会系统的特征。我国城镇居住空间一般分为六类：传统街坊社区、单位社区、混合式综合社区、演替式边缘社区、移民社区和以房地产开发为主体的物业管理型社区（吴缚龙，1992）。国内外学者研究表明：住宅的类型、档次与价格能反映其居住者的社会属性，两者存在一定程度的正向联系（宋伟轩等，2010），居住者的择居行为受收入、职业、教育水平、消费习惯等多方面因素影响。居住空间是与居民生活息息相关的生活空间和社会空间，居住空间的类型、形态、功能等变化情况是旅游影响下周庄社会文化变迁的重要表征（孟庆洁等，2010）。周庄居住社会空间的变化过程如表 11-1 所示。

表 11-1 周庄居住社会空间的变迁过程

发展阶段		周庄整体发展特征	居住空间使用者特征	社会背景
前旅游发展阶段	传统水乡居住社会空间的形成	农耕村落—商业市镇	原住民与迁居者世代融合形成世居居民	南宋王朝南迁，人口逐渐稠密；便利的水路网络在河运发达，成为周边重要商业节点，吸纳人口聚集
	居住社会空间的同质化阶段	商业市镇——一般中心城镇	世居居民占绝对优势；偶有写生的艺术家和学生	社会主义建设，个体经济衰落，处于行政边界，经济地位下降；市镇发展缓慢
旅游发展阶段	居住社会空间演化的延续阶段	一般中心城镇—旅游小镇	世居居民在区域内发生流动，但仍是居住空间的主要使用者；游客涌入，一日游占绝大多数，以欣赏水乡民居风光为主	水乡遗产观光旅游兴起
	居住社会空间演化的蔓延阶段	旅游小镇—中国第一水乡	外来旅游从业者快速增长并形成规模；世居居民寻租、外来流动人口租房现象频发	品牌形成，旅游商业快速发展；新区建设已具一定规模；各种管理制度温和化
	居住社会空间演化的快速变化阶段	中国第一水乡—更强调文化挖掘与休闲体验	新的外来居民群体进入，旅游移居者群体增长；过夜游客群体猛增	旅游业转型升级，休闲游客激增；环境保护得力第二居所快速发展

一 前旅游发展阶段（1986 年之前）

（一）传统水乡居住社会空间的形成（1086~1949 年）

从现有的资料来看，周庄境内最早的人类活动可以追溯至距今五六千年的新石器时期，出土的文物呈现出良渚文化的特征。春秋至汉代时，为吴王摇和汉越摇君的封地，称“摇城”。而“周庄”一名的叫法最早始于北宋元祐元年（公元 1086 年），周迪功郎[①]在白蚬湖东岸设田庄 [图 11-1（a）]，后携其夫人章氏一同舍宅捐田筹建“泉福寺”，当地百姓感念周氏夫妇的善举，遂将贞丰里改称“周庄”。此时，尽管有了市镇的雏形，但实质仍是村落。

南宋建炎元年（公元 1127 年）高宗南渡，部分从众迁居于此，周庄人口逐渐稠密。元朝至顺元年（公元 1330 年），后来的明初江南巨贾沈万三随其父沈佑由湖州南浔迁徙至周庄东庄地，以躬耕起家，后借助周庄通江达海的水路发展贸易而逐渐发迹，带动了周庄的人口聚居，形成了以富安桥为中心沿南北市河两岸布局的古代集镇 [图 11-1（b）]。

南宋至明朝中叶，市镇的主要发展方向是东，明末则向西发展至今后港街福洪桥和中市街普庆桥一带，店铺主要分布在后港街一带 [图 11-1（c）]。

清时，周庄已成为苏州东南一大镇，人口更为稠密，康熙年间达 3000 余人，西栅一带逐渐发展成市肆，市镇的商业中心从后港街南移至中市街一带 [图 11-1（d）]；民国时期，周庄市镇的发展延续了清以来的格局，是苏州地区著名的棉布、稻米、水产和竹器市场，周庄传统水乡市镇的格局，也就是当前周庄旅游的核心吸引物基本形成。

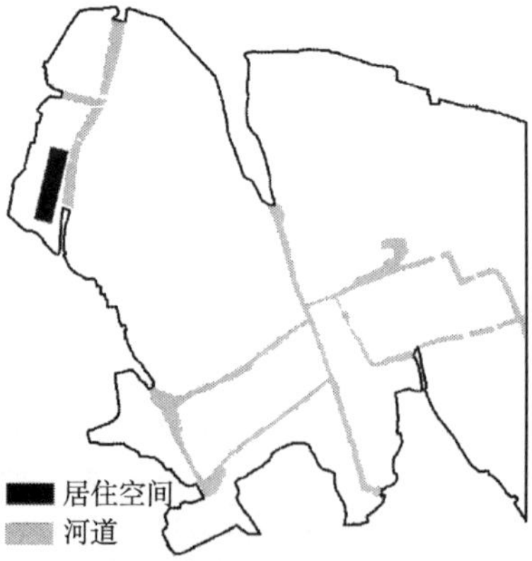

（a）北宋—南宋

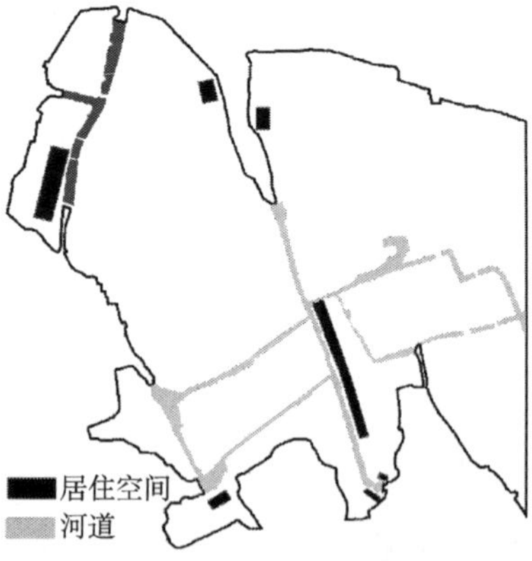

（b）南宋—明初

① 周迪功郎指周姓的迪功郎，具体名字不详。迪功郎是古代官名，又称宣教郎，始于宋。

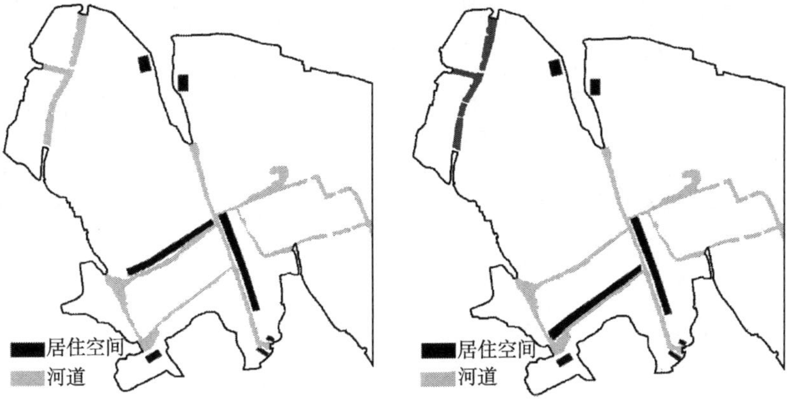

（c）明初—清初　　（d）清初—新中国成立初

图 11-1　周庄传统水乡市镇发展示意图

资料来源：根据阮仪三，护城踪录，相关资料重绘

在这个阶段，原住民与政治、经济原因迁居至此的外来移民混合发展，形成了周庄的世居居民，财富和社会地位是划分世居居民阶层的主要标志，并由此形成了以户主身份为划分依据的三类传统居住社会空间形式：①巨贾官绅宅第；②富商宅第；③一般民宅（表 11-2）。

表 11-2　周庄传统居住社会空间类型

序号	类型名称	特征	人口特征	代表
1	巨贾官绅宅第	这类民居往往具有一定规模，占地面积大，多进深、多院落，前厅后堂，在建筑细节上多雕梁画栋	富豪、致仕官绅	沈厅、张厅、迮厅
2	富商宅第	这类民居多前店后宅，在规模上虽较巨贾官绅要小，但仍可达三四间面宽，进深也多三四进，整体上紧凑有序	富商、一般官绅	南湖街吴宅、戴宅
3	一般民宅	这类民居多前店后宅，或下店上宅。一两间门面，或紧临市河	普通民众或小商贩	南湖街徐家屋、南市街陈宅

资料来源：根据《昆山市周庄历史文化名镇保护规划》（2011~2030）和《周庄镇志》汇编

（二）居住社会空间的同质化阶段（1949~1986 年）

由于日占期间，日军扫荡和盗匪劫掠时有发生，至新中国成立初周庄大部分明清建筑、公共设施年久失修，显得衰败不堪。居住条件差别较大，低矮的茅草棚在市镇边缘，福洪桥两岸和鱼池岸一带多有分布。

四面不通风，屋里黑洞洞；如厕用马桶，淘洗在河中。桥路石松动，下水道不同；镇周乱葬岗，巷尾臭烘烘。

——旧时周庄打油诗

中华人民共和国成立伊始，周庄对住房进行了社会主义改造，共计 2000 余间，近 5 万 m^2 的庙宇、祠堂、公共建筑和“土地改革”时分剩后没收地主的房屋被收归国有，统称公房，由乡镇财粮委员兼管，实行统管统配的制度。原有的社会阶层划分方式被打破，居民不论职业都成为“社会主义的建设者”，历史镇区内众多院落式的深宅大院被按照“间”的形式划分给对住房有需求的居民，形成了多个家庭共享一个院落的“大杂院”式的居住方式，居住社会空间趋向同质化。

20 世纪 50 年代，周庄历史镇区居民人均住房面积达 20 m^2，较为宽敞。60 年代，少数房主拆除部分住房，房管部门又在干河治理中，拆除了南市街、中市街、南湖街、城隍埭下滩危房，共计拆除危房 1800 m^2，周庄市镇住房问题日趋紧张。70 年代，由政府出资先后在后港、福洪桥堍、鱼池岸等地新建公房 19 幢（其中楼房 2 幢），共 2980 m^2。1972 年 4 月，周庄全镇进行了“出租私房社会主义改造试点”，对出租房屋采取政府统一经租的形式，但改造过程中一些不属于改造范围的私房被强行改造，至 1978 年 4 月得以复查纠正，共计 813 间、13 247 m^2 房屋被退还给 104 户原房主。1980 年起，根据“统一规划，大家动手，各方投资，联合使用”的办法，市镇机关、银行、供销社、粮管所、卫生工商所、国药店和财税组分别在球场里、南德和、严家弄、后港粮库场和贞丰弄自行建住房屋 9 栋，分配给单位职工住用，逐步形成国家公房和单位自管房两条渠道，初步缓和了住房紧张的矛盾（表 11-3）。

表 11-3　1949~1986 年历史镇区内部分新建楼房

小区名称	建设年份	小区性质	楼幢数	户数	地理位置
鱼池岸	1976	福利房	1	18	鱼池岸25号
卫生院楼	1980	卫生院福利房	1	9	全福路34号
后港街教师楼	1981	教师福利房	1	12	后港街11号
粮管所职工楼	1981	粮管所福利房	2	11	后港街11号

注：户数数据来源于《周庄镇志》，统计于 2008 年，部分为 2014 年居委会补充数据
资料来源：根据《周庄镇志》、居委会和房管所调查汇编

南湖村是周庄镇唯一的纯属渔民的渔业村，渔民多来自苏北鲁南地区，新中国成立后才在本地落户并组建渔业大队，吃住行都在船上，无固定居所。20 世纪 70 年代初部分渔民响应政府号召，上岸种田，至 1975 年在镇区西部通秀里、梅堰浜等地征地建造渔民住宅 100 多间供捕捞渔民居住，到 1980 年大部分渔民分配到房子，早先上岸居住在镇域他处的渔民也陆续搬迁至通秀里、梅堰浜和紧邻的寺前街一带，以船为家的居住形式逐渐转变为以房为家，形成了以渔民为绝对主

体，沿西市河两岸分布的村落。镇东的东浜村是周庄传统的农业村，以种植经济为主，村民均分配有宅基地，面积在 200m^2 左右，建房的自由度相对较大，80 年代自建的楼房陆续在出现，一般为三上三下，另加平房灶间院落（图 11-2）。

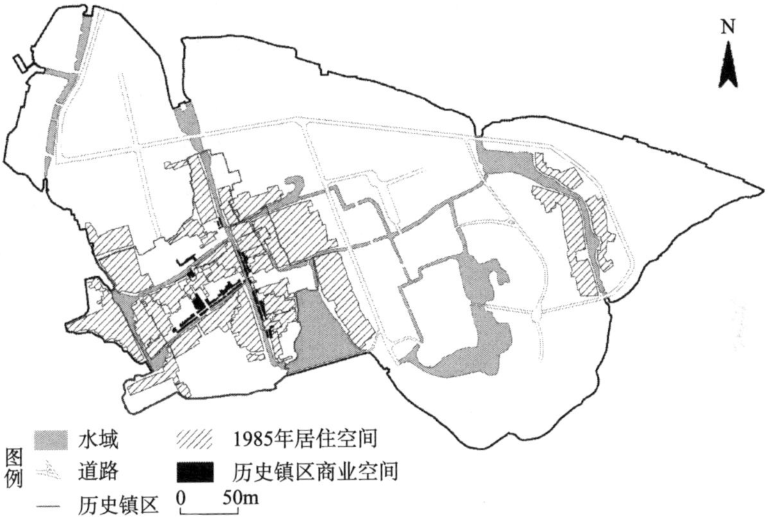

图 11-2　1985 年周庄居住空间分布图

总体而言，此阶段周庄古镇旅游区居住区的社会构成以本地世居居民为主，人口结构稳定，居住条件历史镇区相较于乡村聚落差别不大，甚至后期由于维修成本较大而略逊于乡村，居住社会空间表现出明显的同质性特征。

二 旅游发展阶段（1986 年至今）

（一）居住社会空间演化的延续阶段（1986~1995 年）

1986 年周庄政府在江浙农村工业经济迅速发展的背景下，制定了《周庄镇总体规划及古镇保护规划》，走上了旅游兴镇的发展道路。一批基础设施的建设推动了周庄旅游经济的发展，特别是 1989 年急水港大桥竣工，使得周庄对外交通大大得到改善，游客可以直接乘车到达镇区，与主要客源市场的联系程度加强，提升了客源输送的能力。当年周庄古镇正式对外售票开放，主打水乡风情，全年接待游客 5.5 万人次，旅游收入达 20 万元。

旅游发展初期历史镇区仍然是全镇的商业中心，承担着服务游客和本地居民的双重任务。面对不断增长的游客数量，历史镇区内部的商业功能逐渐发生转变，私营和个体经济逐步恢复，出现了专门面向游客出售本地土特产、工艺品的商店和餐馆，同时流动小贩和摆地摊的现象也较为普遍。不断增加的旅游收入诱发部分旅游线路上的民居被简单改造为商铺，但由于历史镇区内居民是旅游商业的主要经营者，其对居住空间仍有刚性需求，而参与经营的镇区周边农村的村民则多流动摊点，以占据街角路边等公共空间为主，对铺面的需求不高，一定程度上消解了居住空间的商业化趋势。从空间分布来看，居住空间总体上仍与商业空间有较为清晰的界限，旅游商业在布局上与传统商业街道重合，经营场所多以租用原商业街公有直管的商铺和占用街道（流动摊点）为主要特征，呈现线状分布，游客能在不同地段感受到明显的风格差异（图 11-3）。

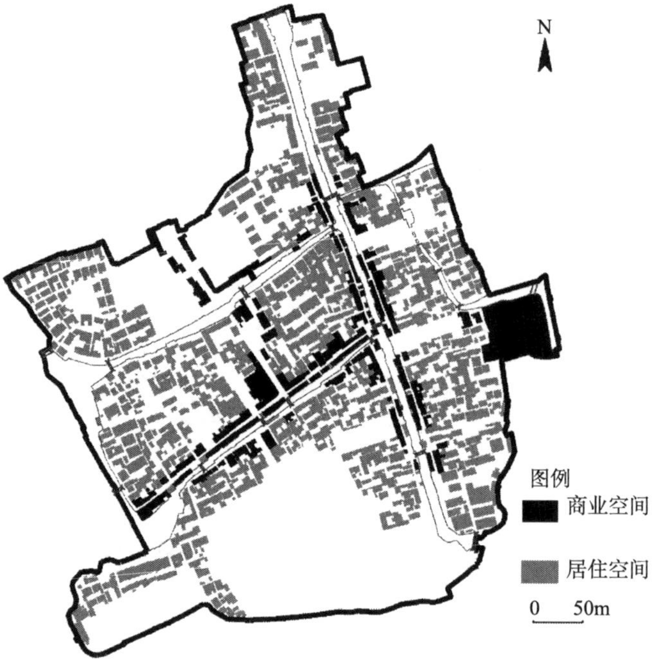

图 11-3　周庄历史镇区 1994 年居住与商业空间分布图

民居的拆建受到了政府较大限制，重点保护地段的空间尺度、形式要保持原样；一般保护地段的建筑外立面颜色、材料、高度、结构等要与传统建筑保持一致。政府动迁一些国有产权公房内的居民到新区居民点居住，并将其腾退后的房屋改造为旅游景点，如张厅（图 11-4）、迷楼（1994 年）。政府受限于资金的压力，对私房保护显得有心无力，部分建筑老化的趋势加剧。

（a）改造前的张厅后花园　　（b）改造后的张厅后花园

图 11-4　张厅后花园改造前后对比

资料来源：图（a）摘自《建筑学报》1987年第1期俞绳方“水乡古镇周庄”；图（b）摘自王朝网络. http://www.wangchao.net.cn/bbsdetail_608887.html

与此同时，历史镇区外的过渡区建设也从 1987 年开始稳步推进，一些历史镇区内的企业如皮鞋厂、农机厂等陆续迁出，并逐渐形成一横一纵两条主干道全功路、全福路。历史镇区的居住功能开始往外拓展，20 世纪 80 年代末 90 年代初，政府机关、银行、工商、文教、卫生、机电、水利等单位先后在过渡区内兴建单位福利住宅，工商弄、兰花园、桃花园、梅花弄等一批单位大院式的住宅集聚区相继建成（表 11-4）。

表 11-4　1986~1995 年周庄新建住宅小区

小区名称	建设年份	小区性质	建筑面积/m²	楼幢数	户数	地理位置
工商弄	1986	农行福利房	—	9	27	工商弄1-3、5-9、14号
兰花园	1992	政府福利房	5590	7	48	全功路202号
桃花园	1993	政府、建管所等福利房	7394	11	76	全功路274号
财政所	1994	福利房	—	1	8	梅花弄30号
水利站	1995	福利房	—	2	16	梅花弄2-3号
新舟公寓	1995	一般商品房	6218.4	5	93	富贵园路

资料来源：根据《周庄镇志》、居民委员会和房管所调查汇编

东浜村翻建住房的现象越来越频繁，南湖村则由于用地趋于饱和，变化不大（表 11-5）。

表 11-5　1988 年度周庄农村建房情况

村名	楼房			平房		
	户数	间数	面积/m²	户数	间数	面积/m²
东浜	32	178	5074	4	16	400
南湖	6	28	924	0	0	0

资料来源：1992 年版《周庄镇志》

此阶段周庄古镇旅游区居住区的社会构成还不太复杂，社会空间基本是前一个阶段的延续，出现了更多以就业单位为区分的居住集聚，但本地居民仍是占据空间的主体，同质性较强（图 11-5）。

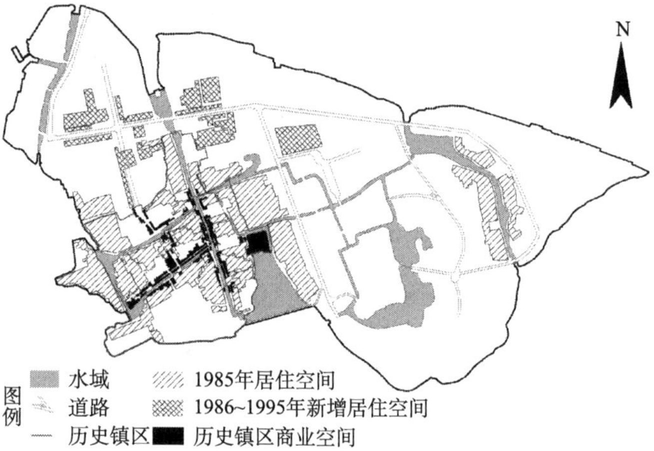

图 11-5　1986~1995 年周庄居住空间分布图

（二）居住社会空间演化的蔓延阶段（1996~2005 年）

随着一系列重大活动的举办，周庄的知名度急剧提升，历史镇区内涌入了越来越多的游客。历史镇区的商业结构发生转变，保继刚和苏晓波（2004）的调查显示，66.17% 的门面顾客群体是游客，17.99% 的门面顾客群体是游客和居民，而专门面向居民的门面仅 7.28%，历史镇区已经完全进入旅游商业化（图 11-6）。

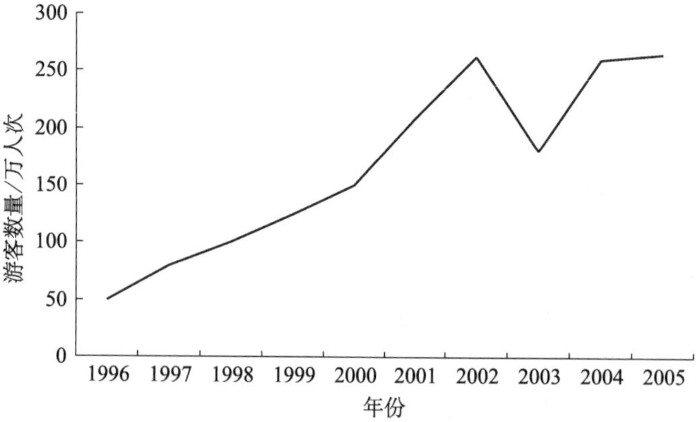

图 11-6　1996~2005 年周庄接待游客数量

历史镇区的“景区化”倾向越发明显，1995 年年末改变单个景点分别出售门票的旅游经营模式，实行古镇旅游联票制。1999 年借太湖流域全流域性洪水的灾后整治的契机，周庄政府对历史镇区的风貌建筑进行了有效整治；中市街被改造，重新整修了大量门面；摆地摊的行为也被渐进取缔。2004 年，再次强化了景区扎口管理，在历史镇区的 13 个大小入口设置检票口，历史镇区居民日常生活，特别是进出方面受到了部分限制。

政府对本地居民和外来人员参与旅游商业经营持欢迎态度，大批外来从业者在 2000 年左右进入周庄从事旅游服务。周庄工商部门的统计资料也显示，个体经济在该年出现了一个小高潮（图 11-7）。

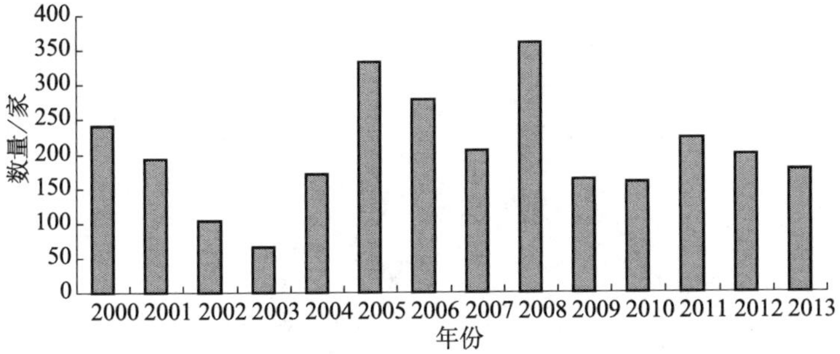

图 11-7　周庄 2000~2013 年新增个体工商户

旅游商品零售和餐饮为主的个体经济是外来旅游从业者主要进入的业态，铺面租金的持续上涨，导致更多的临街居住性用房被本地居民以"破墙""破窗"的形式加以改造（图 11-8），以获得不断增长的租金，仅 1998~2002 年 4 年时间，就有约 377 栋民居破墙开店。

(a) 20世纪80年代中期双桥片区

(b) 2013年双桥片区

图 11-8　双桥片区居住空间变迁

资料来源：图（a）来自陈逸飞双桥油画；图（b）为笔者自摄

临街居民对住房的改造主要分为两种方式，即划分出部分空间出租以补贴家庭收入或举家外迁将房屋整体出租直接赚取利润。主要线路空间饱和及旅游公司为减轻部分地段拥挤感而不断优化旅游线路的行为，将旅游商业从主要街巷引导蔓延至次级街巷，形成居住空间被商业空间包围分隔的空间格局（图 11-9）。外来旅游从业者的涌入也使对住所的需求增加，历史镇区外的周庄新区良好方便的生活环境使本地居民特别是年轻人的外迁，外来人员开始租住本地人口外迁后街区内部的住房。

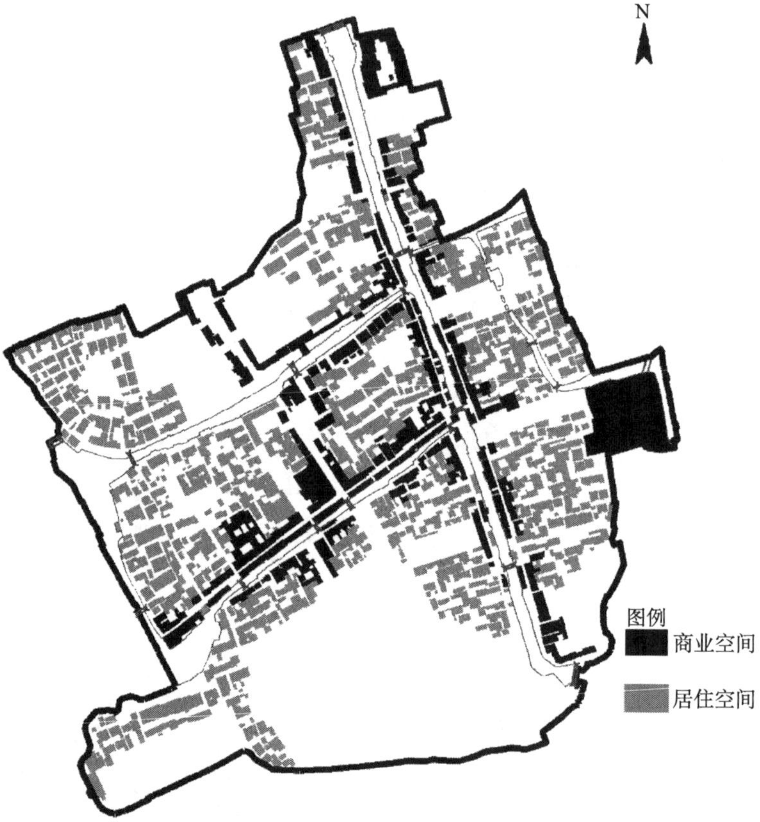

图 11-9　周庄历史镇区 2004 年居住与商业空间分布图

过渡区最后一批福利房在 1998 年前后陆续开工建设。部分旅游项目的建设对原有土地上的居民进行了动迁，2001 年因筹建旅游商业项目“江南人家”工程的需要，南湖村在学后街的 28 户居民住宅被动迁至古镇旅游区东部，形成南湖小区和东垞小区。此后，聚宝园、东庄绿岛、富贵园等新建项目陆续建成，居住空间沿全功路向古镇旅游区东部拓展（表 11-6）。

表 11-6　1996~2005 年周庄新建住宅小区

小区名称	建设年份	小区性质	建筑面积/m²	楼幢数	户数	地理位置
梅花弄政府楼	1996	福利房	—	1	6	梅花弄1号
粮管所大院	1996~1997	福利房	—	7	45	蚬江街78号
梅花园	1997	一般商品房	4909.20	7	56	梅花弄8号
梅花弄教师楼	1997	福利房	—	1	8	梅花弄31号
宝昆新邨	1997	一般商品房	16 062	6	112	全功路124号
电力站楼	1998	福利房	—	1	—	全功路219号
桂花园	1999	医院、水厂、小学等福利住宅	9372	11	85	全功路87号
南湖小区	2002	自建房	—	—	—	全功路32~56号
聚宝园	2002	商住楼	4828	2	25	银子浜路
东庄绿岛	2003	一般商品房	22 353.98	7	13	全功路58号

资料来源：根据《周庄镇志》、居民委员会和房管所调查汇编

东浜村人均住房面积大，房屋较多，一部分村民开始把房屋出租给外来流动人口，由于租金便宜吸引了一批稳定的长租群体，包括旅游个体经营者、建筑工人、旅游饭店餐馆等的服务人员等。南湖村则人口结构构成稳定，仍以世居居民为主（图 11-10）。

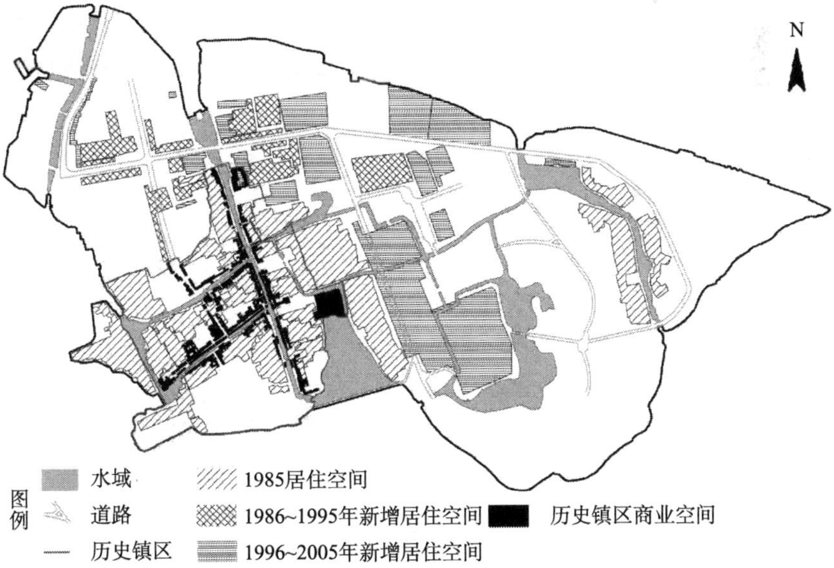

图 11-10　1996~2005 年周庄居住空间分布图

这个阶段内，周庄古镇旅游区居住区的社会构成开始变得多样，外来旅游从业者逐渐增多，激发了居住空间的商业化改造和对住房的需求，过渡区良好的居住条件也使富裕的居民外迁，本地人口结构异质化的特征逐渐加强。

（三）居住社会空间演化的快速变化阶段（2006 年至今）

为适应游客消费观念的改变，迎合强消费能力的新游客群体，并推动旅游产业升级提高旅游收入，以及同类旅游地日益凸显的竞争压力，周庄不断强化“深体验慢旅行”、深挖本地文化内涵，引进了多家品牌休闲业态，推出夜游项目，用丰富、优质的项目使游客不断延长停留时间。

历史镇区内居住空间在旅游商业新业态的发展下不断被侵入、压缩与演替，转化为商业空间，新业态不同的经营特征又对空间产生了不同的需求，也使得居住空间的变迁在空间分布上表现出不同的特征。创意休闲主题吧主要是为游客提供“发呆”和分享旅途经验的场所，其正门通常位于商业街，但内部经营空间往往较大且相对安静，在沿街拓展受阻的情况下，转而向被商业围合的街区内部的居住场所索要空间，其对空间的占有从单一的横向扩展变为向街区内部侵入的纵向拓展。非商业街的旅游线路上多独栋、院落形式出现的民居，是文化沙龙倾向于购买或租用的居住空间。文化客栈多以占据名人故居的形式出现，大加利用本地江南水乡文化的意象，集中改造为传统的江南人家式的风格。尽管价格不菲，但游客仍趋之若鹜，逐渐成为越来越多被模仿的商业形式，特别是临水的居住空间被大范围改造，在传统的居住空间福洪街西段（西起福洪桥东至青龙桥，图 11-11 所示的 A—B 段）已形成了集中性的民宿一条街。该地段现存建筑多建设于新中国成立后，空间权属单一基本为私人，占地面积大小适中，使其商品化较为便利。不同层次、类型的客栈扩大了游客的消费梯度，使得过夜游客数量不断膨胀。尽管单个游客停留时间不长，但在稳定的客源保证下，游客这个群体成了客栈这样经营性的居住空间的主要使用者。一些位置偏僻，身处民居之中的住宅被改造为以“安静”“淳朴”等相关特征为卖点的客栈。居住空间商品化的演替在历史镇区已呈现全域化的状况，空间变得越发支离破碎（图 11-11）。

旅游的进一步发展对环境提出了更高的要求，周庄政府在环境治理上不遗余力，新区去工业化的速度进一步加快，企业逐步迁往周庄大桥以北的工业区，留存的土地为有实力的地产商入驻，开发有一定档次的高级住宅，吸引了以上海富裕阶层为主的精英阶层来到周庄（表 11-7）。

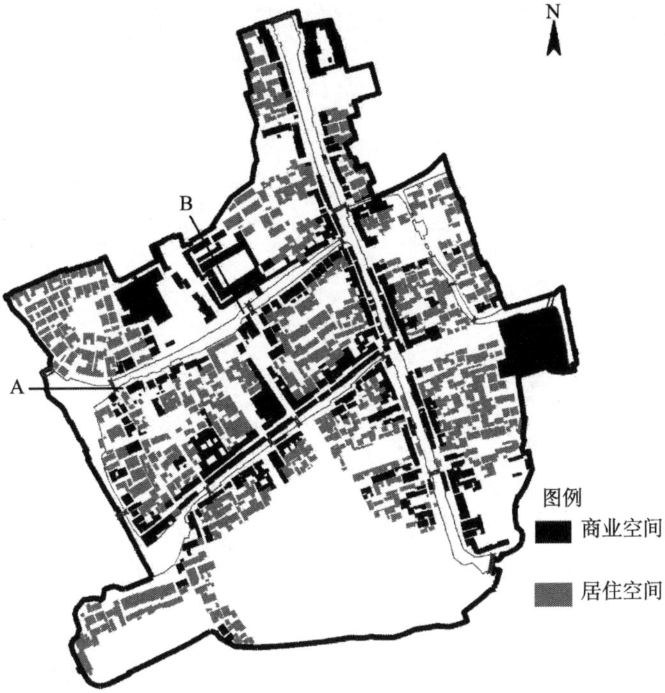

图 11-11　周庄历史镇区 2014 年居住与商业空间分布图

表 11-7　2006~2015 年周庄新建住宅小区

小区名称	建设年份	小区性质	建筑面积/m²	楼幢数	户数	地理位置
高林水乡花园	2006	一般商品房	24 000	—	200	东垞路2号
凌湖随园	2008	联排别墅	21 300	—	95	北市街139号
富春坊	2008	一般商品房	—	4	—	全功路131号
富贵园（一期南湖秋月、二期画家公寓）	2008~2009	双拼、联排别墅	—	—	—	富贵园路2号
假日半岛	2010	联排别墅、小高层	50 550	—	364	东垞路1号
锦江花园	2014	一般商品房	—	—	—	云海路32号
瑾润九仰周庄	2015	联排、双拼别墅	4800	—	—	全福路153号

资料来源：根据搜房网、建管所相关资料整理

随着新的社区类型和旅游商业的升级，此阶段周庄古镇旅游区的社会构成

变得更为复杂，出现了非经济目的的旅游移居者，游客随着停留时间的拉长也对居住提出了更多要求，周庄居住社会空间在整体上呈现出混合居住的异质状态（图 11-12）。

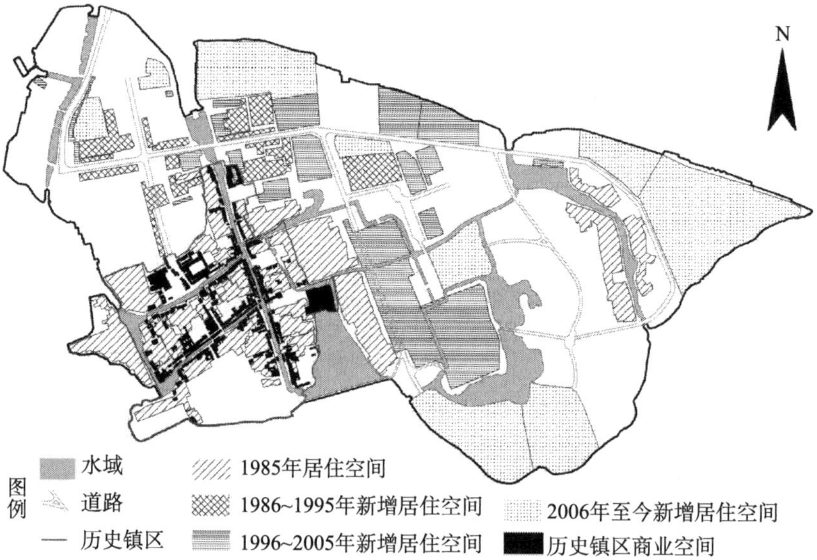

图 11-12　2006~2015 年周庄居住空间分布图

第二节　周庄古镇居住空间的特征

一 周庄居住空间及类型划分

周庄古镇旅游区由市镇与乡村两个空间结构单元构成，由于建设时序漫长，居民对住房的需求随着社会经济发展、居民普遍生活水平的提高、家庭代际变化和思想观念的与时俱进而不断发生改变，再加上新建筑材料的使用越发成熟和现代营造技术的转变，使得当前居住空间的类型十分复杂（图 11-13）。

目前，周庄古镇旅游区内共有 64 个住宅小区。根据建筑时间、建筑风格、开放程度、建筑性质、建筑档次等指标可将这些住宅小区分为八个类型：传统民居社区、一般民居社区、乡村社区、单位社区、员工社区、商住混合社区、普通商品房社区和高档别墅社区（表 11-8 和表 11-9）。

图 11-13　周庄居住空间分布图

表 11-8　周庄住宅小区名称和建设时间

序号	名称	建筑年份（代）	序号	名称	建筑年份（代）
1	云海路商住楼	20 世纪 90 年代末	21	福洪街西片区	新中国成立后
2	云海度假村宿舍	1996	22	贞丰弄片区	清、新中国成立后
3	锦江花园	2014	23	蚬园弄片区	清、20 世纪 80 年代
4	桃花园	1993	24	福洪街东片区	20 世纪 80 年代
5	全功路商住楼	20 世纪 90 年代末	25	球场里	20 世纪 80 年代
6	全福路商住楼	20 世纪 90 年代末	26	城隍埭片区	清、民国
7	瑾润九仰周庄	2015	27	中市街东中片区	清 ~20 世纪 90 年代
8	周庄宾馆宿舍	2000	28	西湾街西片区	民国、20 世纪 80 年代
9	银行楼	1996	29	南湖村（西湾）	20 世纪 80 年代
10	粮管所大院	1996	30	西湾—鱼池岸西片区	新中国成立后
11	东浜村（工商弄）	20 世纪 80 年代	31	西湾街东片区	清、民国
12	工商弄	1986	32	南湖街—鱼池岸东片区	清、民国
13	中房宾馆宿舍	1999	33	南湖园宿舍	新中国成立后
14	蚬江街片区	新中国成立后	34	凌湖随园	2008
15	后港—寺前片区	20 世纪 80 年代	35	北市街北片区	2001
16	后港街单位楼	1981	36	东浜村（全功路）	20 世纪 90 年代
17	后港街东片区	明清、民国	37	兰花园	1992
18	南湖村（通秀里）	20 世纪 70 年代	38	保昆新邨	1997
19	梅堰浜 - 西市街片区	20 世纪 80 年代	39	东庄绿岛	2003
20	中市街西片区	民国	40	南湖小区	2002

续表

序号	名称	建筑年份（代）	序号	名称	建筑年份（代）
41	北市街—古戏台片区	20 世纪 60~70 年代	54	南市街片区	清、新中国成立后
42	电力站楼	1998	55	富贵园路商住楼	2005
43	梅花弄	20 世纪 90 年代	56	富贵园（南湖秋月、画家公寓）	2008
44	梅花园	1997	57	富春坊	2008
45	梅花东弄单位楼	1996	58	新舟公寓	1995
46	聚宝园	2003	59	桂花园	1999
47	北市街—俞家弄片区	清民国 ~20 世纪 70 年代	60	东浜（学后街拆迁）	2001
48	东浜村（银子浜）	20 世纪 80 年代	61	南湖村（东垞）	2001
49	北市街—张厅片区	明清、民国	62	东浜（里浜、外浜、东垞）	20 世纪 80 年代
50	迮厅	明清、民国、80 年代	63	高林水乡花园	2006
51	陈家弄	清、民国	64	假日半岛	2010
52	三本堂	清			
53	沈家弄	新中国成立后 ~20 世纪 80 年代			

资料来源：建管所、贞丰里居民委员会、《昆山市周庄历史文化名镇保护规划》（2011~2030 年）

表 11-9 周庄居住空间类型、特性

序号	类型名称	特征	代表小区
1	传统水乡民居	建筑历史悠久，以明清民国建筑为主，砖木结构，1~2 层，建材类型多样	后港街东段、三本堂、迮厅
2	一般民居	以建国后建筑为主，1~3 层，较传统民居更适宜居住，砖混结构	福洪街西片区、西湾—鱼池岸西片区
3	乡村社区	集中建设于两个阶段：20 世纪 70~80 年代和 2000 年年初，1~3 层	南湖村通秀里、东浜村东垞自然村、南湖村南湖小区
4	单位社区	主要建设于 20 世纪 80 年代初 ~90 年代中期，历史镇区内以 80 年代为主，2~3 层；过渡区以 90 年代为主，3~4 层，建筑风格上偏现代	后港教师楼、兰花园、桃花园
5	员工和工地社区	依附于大型酒店或景区。工地社区流动性较强，完工后发生转变	南湖园宿舍、云海度假村宿舍、中房宾馆宿舍
6	商住混合社区	主要建于 20 世纪 80 年代末到 90 年代末期，沿主要商业街道两侧条带式分布	云海路商住楼、全功路沿线商住楼、富贵路商住楼
7	普通商品房社区	主要建于 20 世纪 90 年代中期到 2000 年年初，以 5~6 层多层为主，有独立阳台，居住条件较好，与城市差别不大	宝昆新邨、新舟公寓、富春坊
8	高档别墅社区	主要建于 2000 年后，位置佳，以 2~3 层联排或双拼水景别墅为主，钢混结构，建筑的风格与布局虽对中国传统建筑有所借鉴，但居住设施现代。物业安保管理严格	假日半岛、凌湖随园、富贵园

二 周庄居民的社会结构及其特征

（一）居民的社会结构构成

周庄旅游发展以前，居民的人口结构构成简单，常住人口几乎都是本地世居居民，由于地域范围小，人口数量少，交往相对频繁。旅游发展后，本地人口构成发生异化，出现了外来旅游从业者和旅游移居者，截至 2014 年 9 月，研究区内常住本地人口约 3894 人，外来流动人口则达到 2930 人，异质化的比例达到 42.94%，常住居民的成分越来越复杂（表 11-10），同时不可忽略的是越来越多的过夜游客群体对居住空间的需求（表 11-11）。

表 11-10　周庄居民类型、特性

居民类型			特征
世居居民	历史镇区内居民		人户分离现象较多，老龄化趋势加剧
	单位社区居民		部分退休居民随儿女外迁，有一定人户分离现象
	村民		由于住宅是建立在宅基地上的私房，基本没有人口置换现象
	一般商品房居民		人户分离
外来居民	旅游从业者	务工	居住与单位宿舍或乡村社区，对住房价格敏感，存在小范围内的乡缘或业缘集聚
		个体经营户	居住差别大，随时间和经营业绩会有所变化，在居住形式上有商住混合和商住分离
	旅游移居者	精英分子	居住在高档门禁别墅社区，以休闲、度假为主要目的
		亲情移居者	年龄普遍偏大，没有正式职业，是旅游从业者的附庸

表 11-11　周庄过夜游客类型、特性

过夜游客类型	特征
一般旅游者	多以团队形式出现，年龄以中老年为主
体验旅游者	集中于历史镇区，以游览、消费和体验寻求快乐为主

（二）居民的社会结构特征

1. 居民的来源

周庄本地居民以世居居民为主，外来人口来源广泛，除港澳台、宁夏、西藏外，包括了共 29 个省（自治区、直辖市），其中，以上海、江苏和安徽三地的外来人口占绝大多数，三地外来人口占总外来人口约 58.6%，地域上的邻近效应明显。

2. 居民职业与收入水平

周庄单位社区中居民收入比较稳定，来源于财政拨款；其他大部分本地人对从事旅游服务业兴趣不大，由于周庄外资企业较多且收入相对较高，年轻群体更愿意去工厂上班。而随着旅游业的发展和游客的增多，房租收入是较为稳定且重要的收入来源，历史镇区内用于旅游经营的私房约 280 户，占总商铺数的 54%。外来从业者中，特别是从事低端服务业者，经济实力较弱且没有社会保障，对住房价格敏感。个体经营者总体收入水平较务工人员高，受铺面地段影响经营的商品类型有所差异。

3. 社区的异质性特征

外来居民的择居行为受多方面因素影响，产生了混居与一定范围内的集聚现象，打破了原先以本地世居居民为主体的均质化社会空间（图 11-14）。

图 11-14　周庄社区的异质性特征

三 周庄古镇居住空间的模型及特征

（一）周庄古镇居住空间的结构模型

以流动人口占总人口的比重作为测量居住空间主体异质性的重要指标，在居住空间类型图上叠加该因子后，发现同类型居住空间因占据空间的使用者不同而发生进一步分异，形成更为复杂的居住社会空间类型（图 11-15 和图 11-16），包括：①以上海人为主的高档别墅门禁社区；②以世居居民为主的乡村社区；③世居居民和外来打工者混居的乡村社区；④异质化的单位社区和普通民居社区；⑤以外地经营户为主的沿街商住混合社区；⑥世居居民为主的背街传统社区；⑦外来务工者集聚社区；⑧两极分化的一般商品房社区。

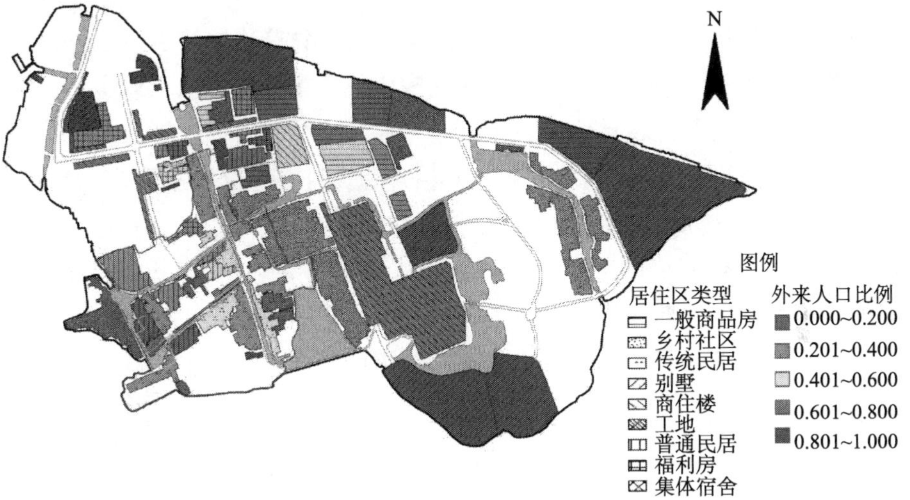

图 11-15 周庄居住社会空间

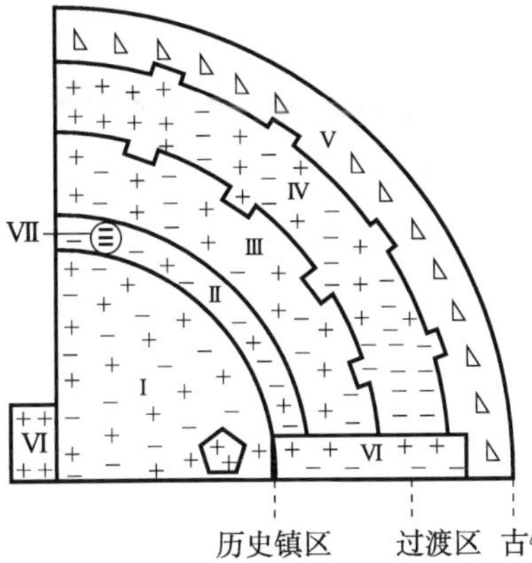

11-16 周庄居住区社会空间结构模型

Ⅰ传统民居和一般民居；Ⅱ商住混合社区；Ⅲ 单位社区；Ⅳ普通商品房社区；Ⅴ高档别墅社区；Ⅵ 乡村社区；Ⅶ员工社区；+表示世居居民；－表示外来旅游从业者；◺表示外来精英

（二）周庄古镇居住空间的特征

周庄古镇居住空间特征如下。

（1）传统民居不能再满足居民对住房条件的需求，现代民居从历史镇区内部向外围扩散，越外围的民居现代性越强，不同时期的民居与传统民居并立并形成对比。

（2）历史镇区内沿街居住空间大量转化，部分世居居民外迁，外来旅游从业者置换本地居民；单位社区和一般商品房社区呈混居状态，前者世居居民较多，后者则表现出极化的现象；部分职业受限于支付能力，对价格敏感，在租金低廉的乡村社区集中，有些乡村社区受限于住房条件无法出租住房，仍以原住村民为主体；商住混合社区沿古镇区内主要道路分布，以外来人口为主；出现了业缘为纽带的纯外来务工人员社区和以环境为目的的精英分子集聚社区。

（3）周庄居住社会空间的复杂格局，整体上社会空间表现出不同阶层间群体的混合居住状态，以本地世居居民为主体的均质化的社会空间格局开始消解。而新时期门禁社区的建设促进了精英分子在空间中的集聚，并与当地世居居民产生隔离，原先偏乡村的小城镇出现了类城市的转变，形成了“空间片断、功能碎片和社会区隔离”（卡斯特，2003）。

第三节　周庄古镇居住空间变迁的驱动机制

一　制度层面的动力

不断变化的各种管理制度是复杂社会空间形成的制度基础（冯健和王永海，2008）。土地管理制度、房产管理制度和人口管理制度在周庄居住社会空间的变迁中发挥了重要作用，尽管这些制度不是因为周庄发展旅游而直接带来的，但却为周庄因发展旅游而促动居住社会空间的变迁创造了一个“可能的制度环境”。不断走向市场调节的土地和房产管理制度为变迁创造了物质可能，而限制条件不断放松的人口管理制度为建构社会空间的主体——人，创造了产生流动性的可能。本书所指的制度均是由国家出台、面向全社会的相关政策或法律法规，涉及的土地管理制度包括土地征收、土地流转等法律法规；房产相关的管理制度，包括房屋分配制度改革、房屋租赁政策、房屋买卖政策等；人口管理制度包括户籍管理制度和流动人口管理制度。

（一）土地管理制度

我国土地实行国家所有制和集体所有制并行的所有制体制，当有公共利益需求时，可以依照法律规定对土地实行征用。周庄历史镇区面积较小，仅

0.24km^2，归国家所有；在1986版规划中，南至历史镇区、北至急水港右岸、东至银子浜南北一线、西至白蚬湖约0.23 km^{2}的区域被划进规划范围，用于筹建历史镇区与急水港北岸的新区间的过渡区域。由此大量原属于东浜村的集体土地因旅游开发而被征用，从农田变为建设用地；过渡区承接了历史镇区内部的部分居住、商业和工业制造职能，部分居民由于新建住房良好的居住条件而外迁。

我国1982年《宪法》规定“任何组织或者个人不得侵占、买卖、出租或者以其他形式非法转让土地”，在社会主义市场经济体制改革的促动下，《1988年宪法修正案》中对该条款进行修改，将不得“出租土地”删去，并添加“土地的使用权可以依照法律的规定转让”，由此土地实质进入了市场，可以对其使用权进行交易，为此后商品房小区建设的土地使用权转让提供了法律基础。特别是随着周庄水乡旅游的稳步发展，过渡区交通、水电、通信等配套基础设施越发完善，古镇旅游区内自然环境的要求也越来越严苛，过渡区内的工厂进一步外迁，更多的国有土地使用权被出让，用于住宅建设（表11-12）。

表11-12　2004~2010年周庄古镇旅游区部分国有土地出让表

出让年份	住宅名称	供地面积/hm^2	土地使用权人	项目性质
2004	凌湖随园	1.9	苏州吴建商品房开发有限公司	别墅
2005	东庄绿岛花园	0.29	昆山市周庄镇旅游房屋开发有限公司	住宅
2010	周庄万盛园	2	甘肃万盛置业有限公司	别墅

资料来源：昆山国土资源网，http://www.landks.com

建设用地紧张、已有建成区饱和的情况下，在土地相关法律的允许范围内，编制《周庄镇土地利用总体规划》（2006~2020年），对古镇旅游区内东浜村剩余的土地进一步做出了规划，将其确定为“城镇建设用地区和允许建设用地区”，调控土地利用方向为“适度退出和释放农用地、增加建设用地”，由此城镇建设用地沿全功路进一步向东、东南发展，以用于旅游相关的进一步建设。

由于过渡区在建设前为东浜村的集体土地，所以该区域内留有大量宅基地，宅基地是农户或个人用作住宅基地而占有、利用其所在集体所有的土地，因而在过渡区内出现了自建房与单位建房毗邻或自建房被单位建房、商品房包围的现象，土地属性、房屋属性的复杂性及其与现行社区管理体制的冲突，构成了错乱破碎的居住社会空间状态的物质基础。

（二）房产管理制度

周庄旅游的发展发展于20世纪80年代末期，恰逢我国城镇住房制度改革时期，开始逐步推进城镇住房从福利房过渡到商品房。福利房是我国“单位制”体制下的特殊的房屋分配制度，由“单位”牵头建房，建房资格需要经由国家允许，对职工在其单位的工龄、职称、职位等综合因素进行评定后分配住房。尽管住房制度改革始于1979年，1986年就提出在城市推进住房制度改革，出售公房，逐步实现住房的私有化；甚至1991年中央出台了《关于全面推进城镇住房制度改革的意见》，明确住房制度改革的目标就是要“逐步实现住房商品化，发展房地产业”，但单位制福利分房的体制直到1998才最终得以终结，国务院在《关于进一步深化城镇住房制度改革加快住房建设的通知》中明确叫停“住房实物分配”，此后房地产市场逐渐取代“以国家和集体”为主体的住房分配体系。因而，古镇旅游区内部分居住区仍然保留有“单位制”体制下“大院”的性质，如古镇区内还存在由镇政府“分配”的住房。

1994年国务院发布的《关于深化城镇住房制度改革的决定》（国发〔1994〕43号）中提及“稳步出售公房”，无论职工以“市场价”或是“成本价”购买公房，其对购买后的房屋均依法享有产权，只是在房屋的二次出售上有一定限制，这也为“二手房”销售提供了法律依据。1995年建设部颁布了《城市房屋租赁管理办法》，居民可对合法持有的房屋进行租赁。外来旅游从业者大量涌入后，激发了周庄二手房市场交易和更为频繁的房屋租赁市场，“单位大院”二手房的交易和租赁行为变得越发频繁，“大院”均一化的人口构成被打破，原有“同事”“世交”的社会关系逐渐解体。

商品房制度的确立，满足了周庄本地的富裕阶层对良好居住条件的需求，20世纪90年代中期到2000年的几年中，过渡区内陆陆续续出现了以本地人为主要销售对象的商品房居住小区，而2000年后，伴随着周庄水乡旅游的成熟和过渡区基础设施的完善，再加上发展旅游对良好环境的整治，一系列的综合优势吸引了部分地产公司依托周庄旅游资源和口碑效应，建设区别于一般传统住宅项目的高端旅游地产的热情，为周庄古镇旅游区近10年来的外向型房地产销售奠定了基础。

（三）人口管理制度

流动人口通常是指基于就业、生活等目的的离开其户籍地或法律意义的住所地的人口。得益于不断温和化的流动人口管理制度和宽松的户籍管理制度，外来流动人口在周庄工作、生活的后顾之忧越来越少，其中部分人经过多年奋斗成为“新周庄人”。

1985 年，公安部制定了《关于城镇暂住人口管理的暂行规定》，其中规定：暂住拟超过 3 个月的 16 周岁以上的人，须申领《暂住证》。暂住证制度突破了当时《中华人民共和国户口登记条例》有关超过 3 个月以上暂住人口的迁移相关规定，流动人口得到承认；2010 年，国务院转发了国家发展和改革委员会《关于 2010 年深化经济体制改革重点工作的意见》，首次在国务院文件中提出在全国范围内实行居住证制度，办理居住证的外来居民将在更大范围内享受与本地户籍居民相同的公共服务。

随着流动人口规模的逐渐膨胀，计划经济体制下的严格户籍管理制度也在不断松动。1998 年，国务院批复了公安部的《关于解决当前户口管理工作中几个突出问题的意见》，落户的条件放宽，“投资、兴办实业、购买商品房”满一定年限即可。

二 地方政府层面的动力

在我国，地方政府是地方经济发展政策的主要制定者和重要参与者。20 世纪 80 年代，苏南浙北许多城镇填河造路，拆旧建新，大上工业项目，尽管使得乡镇经济迅速发展，但文化脉络破坏殆尽，再加上缺乏规划，导致城镇布局十分不合理。到 80 年代中期，周庄还是一个传统的农业镇，没有什么像样的工业项目，居民生活比较艰苦，对生活条件的改善有迫切的需求。周庄政府在这样的背景下，实施了以旅游带动全镇经济发展的政策，改变了原有的经济发展模式。

（一）地方政府的身份细化

作为旅游发展前，历史镇区尽管发展缓慢，但镇区内部不乏拆建行为。政府为了满足居民的住房需求拆除了部分危旧传统建筑，建设了若干具有现代性特征的多层建筑。这说明周庄市镇更新会随着社会进程发展而有与之相适应的变化逻辑。“管理者”是地方政府在维持地方发展中的主要角色。而 1986 年围绕“发展经济、保护古镇、开辟旅游、提高生活水平”的规划原则，《周庄镇总体规划及古镇保护规划》得以编制。从规划的原则来看，周庄政府发展旅游明确了两个亟待解决的问题：一个是保护与传承地方传统文化的责任；另一个则是带动地方经济发展、提高居民生活水平，完成上级政府分派的经济建设任务。这也就是说，周庄政府在旅游发展后明确了“保护者”和“开发者”两个身份。

（二）地方政府的空间实践

1. 居住空间保护实践

原有的发展逻辑被打破，司空见惯的民居和街巷成为了周庄这样原本是生活性场所的文化的重要物质承载组分，居住空间及其包含的传统商业市镇的市井文化成为周庄水乡旅游的核心吸引物，对居住空间的保护就是延续周庄及其传统文化的存在性。周庄政府作为决策者出台了一系列的文件，对历史镇区一贯地执行“保护”的理念，强化古镇的整体风貌，划定核心保护区，对大部分世居居民采用就地安置的策略，保留其在历史镇区内居住的权利，使得原有的居住社会空间得以维系。

希望精心地保护这座江南仅存的完整古镇，维护其独特的明清以来格局、街市、河桥、房舍等物质空间环境和习俗风情，并为其创造发展文化、开发旅游的条件。

——1986年《周庄镇总体规划及古镇保护规划》

保持历史镇区传统居住功能，提升先有旅游服务功能、发展文化功能，形成：传统文化展区、水乡风情体验区、活力旅游发展区。

——2012《昆山市周庄历史文化名镇保护规划》

相关保护政条例的颁布限制了私房居民的自主改造住房的权利范围，部分木结构主体的住宅受困于技术、材料等在改造成本上大于翻建，民居无力承担。政府尽管采取了最大能力去进行房屋维修，但受限于资金投入有限和历史镇区整体衰落的现实，修缮力度不足，在居住空间物质修缮缓慢进行的情况下，周庄政府不得不依靠宣传、教育来动员和警示居民，以期获得本地居民的认同而引导其对私房加以保护，但部分地段居住空间的整体衰落仍不可避免，居民居住对现代化居住条件的追求受阻，引发了部分世居居民的外迁行为。

2. 居住空间开发实践

（1）理想空间。保护的同时，周庄政府在知识分子的帮助与建议下，通过一定的社会权力对物质空间进行再建构，将能够代表周庄文化与生活的居住景观以一种能够让游客接纳的方式进行改造、美化、重构，并最终展示到游客面前。就如斯瑞福特（Thrift，1989）在谈到英国的乡村景观的时候认为这些景观实际上是历史上从未同时出现过的元素刻意建构而成的一样。也就是说，游客看到的是经过加工、挑选后的理想空间，是政府与知识分子根据历史与文化共同想象的空间。

在理想空间的开发过程中，政府通过强制力对公房进行使用功能上的转换，部分地段的民居被征用，进行旅游商业或游憩的改造，居民被置换到历史镇区外。例如，张厅住着很多集体户，1994 年因为发展旅游的需要政府实施集体动迁，部分大杂院式的“邻里关系”受集体动迁的影响而消失。

（2）居住空间的商品化改造。周庄政府的这些行为更多的是关照了游客的利益，那么，大力发展旅游商业促进游客消费来带动地方经济发展和本地居民致富，并从中获取保护经费和让居民获得维修房屋的资金成了政府首要的选择。周庄旅游商业的肆意，造成的“过渡商业化”现象也成了众多学者媒体诟病的现象。尽管“破墙开店”是一种文化破坏行为，政府也明令禁止，近年来情况也有所好转，但早年间管理不规范、权责不明晰的状态下的大量既成事实，在“靠山吃山”的本地居民的生存诉求下，政府也无奈地采取了睁一只眼闭一只眼的默许行为。而旅游产业不断升级，政府需要引入资金开发更富有层次的旅游产品来促进消费。大型开发商则逐利，通过知识和经济层面来影响政府决策，用商业企划和专业的前景预测让政府认为一个环境良好，有更多文化被挖掘的江南水乡文化遗产通过注入资本可以产生更大的经济和社会回报，同时向政府表明其符合本地旅游发展的需要，也希望政府能够提供便利的条件，如财税政策、位置良好的经营场所等，以有助于经营。两者利益认同的区域则成为了活跃的开发重点，在休闲旅游开发阶段以文化为名的新的消费空间建设（王莉和陆林，2003）。在历史镇区用地有限、建筑受到保护的前提下，商业化程度的加剧使得商业空间与居住空间原有的平衡状态打破，资源稀缺性和对空间迫切需求已经导致更多居住空间更快地走向商品化的变迁。

（3）置换流动。周庄政府提供用地指标给其直属的行政和事业单位，以行政命令的形式让其在过渡区内建设职工福利房，多个“单位大院”“职工楼”形成，改善职工居住条件的同时，有力地支持了过渡区的建设，也腾出了历史镇区内的部分公房空间。由于这些公房维修得力，空置的空间除了用于旅游设施建设外，还以廉租房的形式用于安置镇区内对住房有需求的其他本地居民。历史镇区产生了类似霍伊特“过滤”理论的居住空间使用者的流动现象。根据调查，目前古镇里面的住房都是满的，在古镇里面居住的人都不愿意把公房让出去，因为即使不住还能转租获取租金。

（4）新建绅士化与乡村绅士化。2000 年后，周庄旅游发展后优雅的环境和良好的知名度越来越受到地产商的青睐，开始进入周庄开发高级住宅。周庄政府也乐见高级住宅提升周庄的品味并进一步拉动人气，因而持支持态度。凌湖随园是古镇旅游区内最早的联排别墅项目，其项目用地来源于周庄政府外迁先锋造船厂后留下的工业用地，紧邻急水港岸线。这种在原有建筑被推倒拆除的基础上，于棕地（brownfield）上重新建设中产阶级居住空间的过程称为新建绅士化。米尔斯（Mills）认为，大资本用于居住空间的建设会产生社区人口结构的变迁，富裕阶层会被吸引进入该区域，而项目本身也会为了提升吸引力而在建筑形态、景观设计和消费方式上迎合目标人群的愿景。由于古镇旅游区并不是一个行政上的区域，包含了市镇和乡村，所以部分乡村地块还在居住社会空间上表现出与新建绅士化类似的乡村绅士化特征（徐红罡，2005）。古镇旅游区东部是东浜村下辖的东垞自然村，与自然村一路之隔的是 2010 年完工的联排别墅区假日半岛。假日半岛的土地来源于流转为建设用地的农用地。富裕阶层向乡村地区迁移，占据了原属于世居居民的居住拓展空间，乡村社会结构发生改变。由于这些高级住宅项目价格相对于周庄其他普通房产项目要高昂许多，对本地一般工薪阶层而言无法负担，所以尽管属于新建项目，但在事实上排除了大部分本地居民，形成以旅游移居者为主要构成的门禁社区，是对本地居民居住社会空间的间接置换。

三 游客层面的动力

游客是旅游活动的核心，没有游客就不存在旅游，游客的好恶对一个景区的生存至关重要。在旅游经济主导古镇旅游区发展的当下，就整个区域而言，游客已经对其居住社会空间的变迁产生了影响，但同时需要明确的是游客产生的这种影响力会因具体地理位置的不同而表现出差异。

（一）游客与历史镇区

1. 游客身份的变化

历史镇区是周庄水乡旅游核心吸引力的所在区域，作为景区是游客的深度影响区域，20 余年的旅游发展，历史镇区的发展已然与游客密不可分。从游客的单个个体来看，由于其具有极强的空间流动性，往往不会与当地居民发生深刻的社会交往，其在历史镇区内与居民形成了一种不同于地域、血缘关系为基础的“弱连带”的虚无关系（Lees，2000）。但从游客整个群体来说，日均8000多人次的游客数量远远超出了历史镇区内的常住居民，同时个体停留时间越来越长（自助游客和过夜游客数量增加），从空间和时间两个维度上，游客日益成为占据这个“生活性”受到严重削弱的“景区”的最大群体，不再是“局外人”。

尽管游客并不直接参与社区的空间建构，但游客在旅游过程中“往往寻求与自己想象相一致的现实空间”（何深静等，2011），这引发实际建构空间的其他主体围绕游客的想象进行空间改造，使得游客在事实上成为引发目的地空间变迁的主体之一。这就意味着旅游地在某种意义上是一个能满足游客消费需求的“容器”（Mills，1988）。

2. 消费的后现代化

消费是一种社会文化现象，能反映出当前的文化过程和社会生活的许多“秘密”（Phillips，2004）。伴随游客数量增长的是历史镇区旅游商业规模的集聚膨胀，居民日常消费品的社会地位越来越低，历史镇区的商业模式发生转变。

周庄从发展旅游开始即长期处于苏沪周边一日游重要节点的状态，游客以欣赏“小桥流水人家”的水乡风光为主题，在历史镇区内的主要活动就是“看”，看“传统水乡市镇到底是什么样的”是游览的主要目的，“视觉消费”强调对象的“原真性”，停留时间短，过夜游客少，景点是主要的参观对象，对居住空间的直接影响小。这也导致周庄的旅游商业形式以零售业和餐饮业为主（零售业以地方土特产为旅游商品），而空间的变迁也就围绕着商业业态和旅游线路而发生相应的变化。当文化走向后现代，不同层次不同形式的文化的边界开始逐渐消除（孙九霞和苏静，2014），对部分游客而言，寻求“快乐”成为了参与旅游的主要目的（王宁等，2008）。

厄里把游客的凝视视作旅游者对“地方”的一种作用力，在这种作用力下，旅游接待地会尽量迎合外来游客的欣赏口味的变化，以获得经济利益（Mills，1988）。旅游地需要提供多样的产品以满足不同类型的游客差异化的需求。

开发江南人家，打造包含度假、会务、演艺等元素的旅游娱乐综合体；开发以“花间堂”为代表的系列精品客栈，提升“周庄人家”为品牌的特色民宿的产品体系；以南市街、南湖街、蚬江街及环南湖滨湖地带为主线的休闲体验带，重点开发集特色餐饮、酒吧、咔吧、艺术沙龙等现代休闲娱乐项目，开发原住民创意生活社区，增加古镇生活体验情境。

——《城市导报》

旅游是现代生存条件下好恶交织的产物，人们对现代性既爱又恨，人们希望在旅游中逃离日常生活的藩篱，体验差异化的生活，但在旅游途中也会希望能接触到日常生活中惯常见到的事物以缓解到达陌生地方的“不安全感”。如果能够满足旅途中的需求，使心理上得到满足，那么某些“不真实”也可以接受（鲍德里亚, 2014）。游客对水乡遗产的真实性缺乏主动追求的意识，周庄的地方身份也随之不断发生变化（姜辽和苏勤, 2013）。

随着新的年轻消费群体的成长和新消费观念的孕育，出现了不同以往的消费特征。他们的消费能力或许各有差异，但乐于为心理诉求的实现而在能承受的范围内支付费用，易于接受新鲜事物，喜欢多样化的游览方式，对“与周庄而眠”有一种类似“偏执”的追求。特别是当旅游电子消费的成熟，他们多采用网络预订的方式以较低的价格获取住宿，这也客观上使得位置偏僻不在主游线上的居住空间改造成为了可能。

临水而居的权利意味着地点向商品地位的过渡，意味着不平等的社会再分配。地理位置的优越在符号的作用下转变为特殊的生产形式，形成经济利益和社会特权。

（二）游客与其他区域

游客直接催生了政府对于过渡区的设立，历史镇区内的商业在旅游的作用下发生功能转向，面向本地居民的店铺减少，大量基础生活部门如学校、菜场等外迁至过渡区，使得历史镇区“景区化”倾向明显，而过渡区内连接主要景区入口的道路形成了面向游客和本地人并重的商业格局。游客对古镇旅游区内其他区域的影响力主要受游线控制，随着远离历史镇区和游览线路影响力减弱，或由于不在常规线路上，游客到达较少，影响力十分薄弱。

四 居民层面的动力

旅游发展前，周庄由于位置偏远、交通闭塞，居民构成较为单一，本地世居居民是周庄居住空间的主要占有者或使用者，社会关系相对稳定，世居居民是周庄居住社会空间的主要建构者，具有地方特色的居住空间和淳朴的民风民俗构成了周庄旅游发展的本底资源。旅游发展后，涌动的商机吸引了外来旅游从业者的进入；为旅游更好发展而不断改善的环境则吸引了旅游移居者的进入。周庄居住空间的占有主体或使用者由单一的本地世居居民变化为世居居民、外来旅游从业者、旅游移居者共同享有，表现出整体混合、局部隔离的状态。

（一）世居居民

世居居民指出生地在周庄并且父辈及更早定居于周庄者。社会的演化常采用的是自发瓦解的形式（Feifer, 1985），旅游发展后，世居居民首先发生分化，一部分开始参与旅游经营，成为旅游业发展的直接参与者和受益者。历史镇区内游线两边的居民更是能够直接将房屋作为生产资料而创造出经济价值。在遗产发展早期，历史镇区内旅游商业居住空间的改造形式以分割为主，经营者本地人占绝大多数，所以不存在人口置换的问题，居住空间除了作为“家”之外开始附着上新的功能。参与旅游经营的居民开始主动和游客交流，试图招揽生意，发生经济上的联系。

随着当前住宿业和休闲业态的迅猛发展，居住空间的商业化改造以整合为主，在单个住户居住空间不足的情况下，租用1~3套房屋，统一改造。市场经济体制下，居民可以根据自己的需求和个人状况自由选择住房，也可以对自有产权或使用权的住房进行权利转让，旅游线路上的住房由于旅游个体经营者对于经营场所的刚性需求而成为易于改造的稀缺资源。本地居民的生活与交往受到限制。部分世居居民综合比较迁出居住付出的成本与出租历史镇区内房屋获得的收益而选择外迁。

不断增长的房租价格也使得世居居民的寻租行为显得比较活跃。历史镇区内门面、住房招租的信息多见（图11-17）。

周庄历史镇区内房屋有公房、私房，公房租户的转租行为也引发了部分居民对政府和“二房东”的不满。不参与经营的居民则与游客联系微弱，尽管这部分居民享受了政府为发展旅游而在基础设施等方面进行投入的福利，甚至其现有工作都是旅游发展而带来的，但其中的多数还是认为旅游并没有给自己的生活带来什么实质性的好处，反而造成生活成本居高不下。部分仍然居住在历史镇区内的居民已对游客肆意闲逛的行为产生反感，很多历史建筑的拥有者为了维护自己的私人空间，而在巷口或墙壁上书写“当心有狗”“此路不通”等警示标语（图11-18）。

图 11-17　招租信息

(a)“此路不通”

(b)“当心有狗”

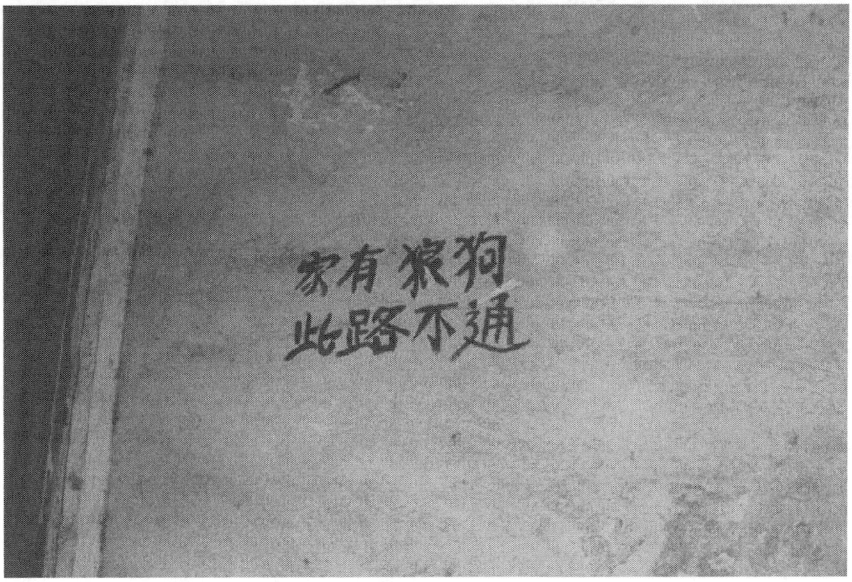

(c)“家有狼狗　此路不通”

图 11-18　警示语

一些世居居民迷失于邻里关系的消解，对空间被挤占感到厌烦，显得无所适从，遂产生了外迁的想法。东浜村和南湖村两个村落表现出明显的差异。东浜村是传统的农业村，由于居民宅基地面积较大，在自家院落内加建平房，并以相对低廉的价格按“间”的形式出租给外来旅游从业者，用于增加收入。古镇旅游区西部的南湖村受限于土地条件，除了零星因婚姻而迁入的外地人外，本地居民仍是主体。由于通过南湖村主体通秀里进入古镇的三个入口不是游客的惯常进入线路，所以旅游对南湖村的直接影响较小。2004 年西市河东岸的部分居民在政府推动的旅游商业项目“江南人家”的修建下被迫搬迁，原先沿西市河两岸分布的一个有共同社会文化身份的渔业村落共同体被拆散，被征地的居民被迁至古镇旅游区东部。迁出原址的村民新建住房条件普遍较好，刺激了更多通秀里居民提出外迁的申请，加速了通秀里的衰败和老村落的解体。而近年来一些早已进城的村民违规出售建在宅基地的住房给外来人员，使得均一化的社会空间再次出现破碎化的倾向。

（二）外来旅游从业者

随着旅游业的发展，外来旅游从业者受到经济因素吸引而大量涌入，并与本地居民混合居住，成为新的居民群体，周庄人口结构开始发生异化。

外来旅游从业者的到来本就出于经济因素，因而他们对金钱的追求表现得更为赤裸，在历史镇区内居住空间功能的商业化改造上持积极的支持态度。通过租用的方式，获得世居居民的居住空间，将其改造为商业空间；随着商业业态的变化，旅游从业者在地段的选择上，从街道走向街区内部；在追寻更多商业空间的同时，也增加了对住房的需求，更多的世居居民被推出历史镇区。这种外来人口对本地原住人口的置换产生的社会结构和社会交往关系的变化加速了居住社会空间的变迁。

滕尼斯认为社区人口同质性较高，结构简单，以情感性交往为主，交往密切；社会则人口差异性较高，结构相对复杂，以契约关系为纽带，有退出的自由（Feifer，1985）。历史镇区随着人口的流动而由一个本地化的社区走向社会化，由集体走向个体。本地社会关系在人口的不断流动中发生分离，外来旅游从业者不同的社会文化背景和差异化的生活习惯，使得以情感性为主的交往逐渐向以工具性交往为主、兼有情感性交往转变。亲缘、单位同事、邻里的熟人社会关系逐渐瓦解，过去因居住在大杂院、弄堂里产生的人与人之间密切而频繁的互动与交往由于本地人口不断地外迁而削弱。外地人口与本地人口之间的主动交流较少，并形成了以业缘、地域或乡缘为首要交往因素的“小圈子”，外地生意人早出晚归的作息时间则加剧了新邻里关系的淡化，但也产生了租户与承租户之间以金钱为纽带的赤裸的商业关系。这导致的结果是商品关系逐渐主导了日常生活，资本得以无障碍地扩张（王宁，1999）。

房租价格常是外来旅游从业者选择居住条件的主要因素，特别是部分非个体经营者，由于主要从事餐饮、住宿等服务业，收入较低，部分小工程的建筑工人由于高度的流动性，只求一个栖身之所，这些人对价格比较敏感，因而出现了外来流动人口在部分房租价格低廉的地域上集聚的现象。历史镇区外的商住楼由于建设年代晚，设施较为现代，多形成了以外来人口为主、楼下开店楼上住人的商住混合现象。而部分大型酒店和建筑工地甚至形成了纯外来人口社区。随着时间的推移，原先的主客经济关系也会发生变化，形成新的邻里关系和社交关系。

（三）旅游移居者

1. 精英分子

在当前社会经济背景下，个人的流动性逐渐加强。周庄是水乡旅游的先行者，一定的品牌效应、良好的自然环境和文化氛围吸引了周边大城市精英分子的注意，催生了以度假、养老、休闲等为目的的第二居所的迅速发展（图 11-19）。

图 11-19　高档住宅区

精英分子带有鲜明的现代性特征，使得第二居所项目在空间分布、物质景观上不再同当地居民的需求趋同，从而形成了特殊的社会空间系统（吴悦芳和徐红罡，2012）。当前周庄古镇旅游区内高档住宅（如别墅）已基本售罄，形成了一个个以上海人占绝对主体的旅游移居者居住小区（图 11-20）。

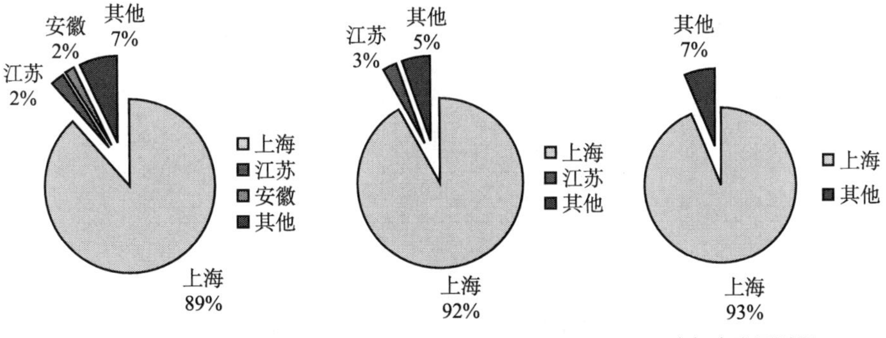

（a）假日半岛　（b）凌湖随园　（c）富贵园别墅

图 11-20　高档门禁社区居民构成

上海精英分子跨行政区在周庄的置业行为，可归结于以下几点：首先，对身处都市区的他们而言，周庄在时空划分上不是一个“远处”的概念，尤其是在交通条件优化、旅行技术难度越来越低的情况下，距离显得不再重要，因此不存在“异地”造成的紧张感和压迫感。其次，周庄与上海在文化上同属于吴语文化圈，方言虽有一定差异但基本能够互通，心理上比较安逸；当然相对上海同类型住宅的价格而言，这些项目也具有一定的比较优势；周庄旅游带来的品牌效应，在上海有影响力，同时不可忽略的是项目开发商的营销策略，从2008~2010年多项有关别墅销售的营销方案中可以发现，开发商均主动将来自上海的客源定位为主力客源①。这种跨区域的置业行为更多的是其价值观和社会地位的象征。

由于精英分子在居住空间的使用上多采用“5+2”的居住模式，主要用来作为周末及假日居所（滕尼斯，1999），所以工作日多空置或供家中年长者居住，以3个小区为例，假日半岛、凌湖随园和南湖秋月园的老龄人口比例（>60岁）分别为35.59%、39.16%和31.88%。周庄成为其假日休闲和家人团聚、共享天伦的度假地。

古镇旅游区内众多别墅高档住宅小区均在不同程度上设置了门禁措施，阻挡非小区业主的居民进入，原属于本地居民的自由生活空间被挤压，尽管这种不可进入性不是绝对的，但明显的隔离事实上还是存在的（图11-21）。

图11-21　别墅区内独自锻炼的老人

① 昆山川水房地产置业有限公司2008年周庄别墅项目营销策略报告。

精英们似乎更愿意按照自己的思维在已有物质条件的基础上构建一种符合其文化身份的生活方式与休闲空间（Lefebvre，1976），对建立以当地人为对象的更广泛的新社交网络缺乏兴趣，甚至会因安全问题对当地人产生警惕心理。

在电子社交网络使用越来越频繁的当下，精英分子之间形成了以互联网为纽带的虚拟交往，他们通过论坛、社交软件等结成圈子，交流小区近况、评价他人改建住宅的品位、结成同盟与物业抗争谋求业主利益，去休闲的向在工作的通告对方住宅的状况，并相约线下的真实交往，形成了虚拟与真实相结合的社会关系，但这仍是社区内的交往。

而当地居民对于精英，在保持敬仰与羡慕的同时，更多的则表现出了一副无所谓的态度。两主体间缺乏主动的交流，使得高档住宅小区形成隔离的居住社会空间。

2. 亲情移居者

相对于精英移居者的主动移居行为而言，另一部分移居者则表现出因旅游而产生的被动移居行为。在周庄有一些年龄偏大的群体，来的目的既不是休闲与度假，也不从事旅游经营，他们的移居是外来旅游从业者涌入造成的副产品。年轻的外来旅游从业者忙于经营，无暇照顾年幼的孩子。家乡的父母出于心疼孩子，来到周庄照顾孙辈。在城市人口研究中，有学者将其命名为“候鸟式”老人（鲍曼，2013）。研究者在调查中发现除了照顾第三代外，也有儿孙辈为了维系亲情而接父母辈前来消遣的，或者长辈来看望晚辈生活的等不同类型，所以将这种为了解决旅游业产生的生活问题，而出于亲情关系，前往旅游地并常住一定时间的移居行为称为旅游亲情移居者。这部分移居者流动性比较大，且基本不会在周庄定居。在空间上没有显著的集聚性，在居住空间的选择上没有决定权，也没有明显的群体意识和利益诉求，没有基于某种社会关系而进行的大规模共同活动，因而对新居住社会空间形成的作用较弱。

第十二章 周庄古镇社会空间变迁研究

第一节 周庄古镇外来人口流动过程

一 周庄古镇外来人口规模

周庄古镇区政府管辖范围包括全功路社区、贞丰里社区、东浜村和南湖村两区两村，截至2013年年底，总计人口4659人。20多年来，周庄古镇区当地居民数量比较稳定，基本没有引起人口的大起大落。周庄镇外来人口一般常住古镇区，与其他居民一样使用镇区设施，在统计口径上作为暂住人口。根据人口普查数据，自2000年以来，周庄古镇暂住人口持续增加，到2006年达到顶峰，为12 411人，之后开始下降，2010年上海世界博览会又形成一个小高峰。古镇区暂住人口自20世纪90年代以来持续增加，到2013年达到2086人（表12-1）。

表12-1 周庄镇历年暂住人口 （单位：人）

年份	全镇暂住人口	古镇暂住人口
1999	—	480
2000	—	350
2001	—	615
2002	6 965	1 701
2003	8 271	1 081
2004	10 311	1 372
2005	10 071	1 445
2006	12 411	1 512
2007	7 456	1 550
2008	6 832	1 639
2009	6 496	1 751
2010	7 470	1 764
2011	9 138	1 950
2012	7 812	1 928
2013	5 902	2 086

资料来源：周庄镇派出所，周庄镇人口普查资料

二 周庄古镇外来人口流动过程

周庄旅游发展经历了四个阶段：初创期即前商品化阶段 (1989 年以前)、萌芽期即初级商品化阶段 (1989~1997 年)、发展期即高级商品化阶段 (1998~2007 年) 和成熟期即目前这一阶段 (2008 年至今)。伴随着旅游经济的发展，周庄古镇区外来人口流动经历了三个阶段：早期的零星到来 (1997 年以前)、中期的持续增加 (1998~2007 年)、近期的相对稳定 (2008 年至今)。

（一）早期 (1997 年以前)

20 世纪 80 年代末周庄发展旅游业，除了一些艺术创作者和学生外，很少有人来周庄，1989 年 4 月 1 日，周庄沈厅正式对外开放，售出第一张门票，当年游客只有 5.5 万人次，营业额为 20 余万元。1984 年中央一号文件允许务工、经商、办服务业的农民自理口粮到集镇落户，即农民可以在自己解决生存问题的条件下进城务工。人口流动开始增加。进入 90 年代，在周庄第一届国际旅游节的开展及政府的大力宣传下游客有所增多，但外来务工人员和开店做生意的投资者仍然很少。1997 年公安部颁布《小城镇户籍管理制度改革试点方案》，允许已在小城镇就业、居住的外来人口办理城镇常住户口，但当时的周庄经济发展落后，工业不发达，旅游业知名度不是很高，游客不多，造成外来务工人员和经商人员很少，周庄整体外来人口规模不大。这一阶段特征表现为外来人口零星到来、少量进入。当时，本地居民对旅游发展的前景并不是十分看好，直到 2001 年 APEC 会议的召开和江泽民视察周庄之后，周庄旅游知名度大为提高，游客纷至沓来，外来人口才开始大量涌入。

（二）中期 (1998~2007 年)

到了 2001 年，周庄旅游发展迎来了转机，2001 年 6 月 6 日，亚太经济合作组织非正式会议在周庄舫举行，有 21 个国家和地区的贸易部长及代表出席会议。2001 年 6 月 8 日，时任中共中央总书记、国家主席江泽民由江苏省委书记回良玉、省委副书记梁保华陪同视察周庄。 2001 年 9 月 5 日，美国前总统卡特到周庄观摩全旺村村民委员会换届选举。在短短 4 个月内，周庄发生了三件大事，特别是 APEC 会议的召开和江泽民的到来，让周庄名声大噪，从数据上可以看出，古镇的外来人口自 2001 年以后，在 2002 年达到一个高峰，有 1701 人，比上一年增加了 1086 人。此后，除了 2003 年的“非典”，外来人口数量有所下降外，其他年份一直在稳步上升，直到2011年，达到第二个高峰，有1950人。

进入21世纪，2001年国务院批转的公安部《关于推进小城镇户籍管理制度改革的意见》中指出，凡在小城镇有合法固定的住所、稳定的职业或生活来源的外来人口，可根据本人意愿办理城镇常住户口。此时，周庄的旅游似乎也迎来了发展的黄金时期，随着旅游日渐成为一种时尚、一种趋势，居民收入的增加、意识的转变，周庄成为5A级景区，声名鹊起，来周庄的游客越来越多，随着大量游客的涌入，外来务工人员和做生意的投资者也日渐增多，至2010年世界博览会后的2011年，达到外来人口数的第二个高峰，这一阶段特征表现为外来人口大量涌入。

（三）近期(2008 年至今）

10多年来，这批外来务工人员在周庄工作、生活，成为一种稳定的社会群体。2013年统计数据显示，外来人口居住在全功路社区的有1470人、贞丰里社区有334人、东浜村有258人，南湖村有24人，总计2086人。周庄外来人口分布广泛，覆盖了29个省（直辖市），以江苏省内及周边省市地区为主，其中上海（500人）、江苏（417人）、安徽（235人）、河南（154人）及浙江（101人）占总外来人口的67%以上。

大批移民的到来加剧了周庄旅游的商业竞争，一部分人因为生意好留在了周庄，另一部分人则选择离开。在周庄，商铺门面更换已是习以为常的事了，由于经营效益不好，部分移民离开周庄流向他处。正如一些周庄的生意人所说的“生意决定生存”。一些人已习惯了周庄的工作、生活，学习周庄的语言，过周庄的节日，参加当地的活动，选择长期定居周庄。

Roccas和Brewer指出：社会身份复杂性是指个体对多重内群体身份之间的关系进行主观表征的方式，反映了个体对自己的多重内群体身份之间感知到的重叠程度。高社会身份复杂性可以增加对外群体的容忍与肯定，增加群际信任，减少群际偏见，在强化自身多重身份表征的同时，使得他们更加开放，对多元文化主义的高接受性及更多的内部价值观，降低遵循社会规范的重要性。通常，人们拥有4~7种重要的社会身份，如国家、民族、性别、职业、宗教、政党派别和社会经济地位等。随着旅游发展与人口置换的持续进行，周庄古镇居民社会身份复杂性不断增加，尤其表现在地域、职业和社会经济地位方面。由此带来新的社会问题，如社会个体化与社会关系的破碎、社会认同与凝聚力的下降、地方感的丧失。外来移民的日常闲聊从另一层面揭示了周庄新的社会关系。

传统的邻里关系逐渐被商业邻里关系所取代，本地居民之间的交往比以前减少，外地人集中体现在同乡之间的交往，很少把本地人列为交往的对象，以商业街道为单位的新的“邻居关系”正在形成。类似于 Giddens“时空分延”的概念，“远距离的社会实践和社会关系与地方性场景交织在一起”，其结果导致社会关系从地方场景中被抽取出来，人与场所的天然关联被切断。

伴随着物理空间的迁移，这部分“新周庄人”在居住空间、职业岗位、生活方式、社会地位等方面明显不同于老周庄人。采用亨廷顿社会认同分类法将“新周庄人”的社会认同划分为文化认同、地域认同、群体认同、经济认同四大类。研究发现：文化认同、地域认同、群体认同过低，经济认同相对较高。通过深度访谈验证后，又发现随着居住时间的增加，文化认同、地域认同、群体认同在缓慢上升，经济认同的波动可能导致社会流动。

社会流动的增强，不断降低居民地方感。按照 Relph 地方感强度模型的七种层面：存在的外在、客观的外在、偶然的外在、代理的（vicarious）内在、行为的内在、移情的（empathetic）内在和存在的内在设计问题，调查发现除了“客观的外在”差异不是很明显外，其他六个层面本地居民都要比外来人口强烈。外来人口的增多带来的社会身份复杂性导致周庄古镇社会关系的破碎，社会认同的下降和地方感的丧失，加之租金的不断上涨，部分当地居民已经选择在古镇外居住，宁愿把古镇内的房子租给外来务工人员，以及他们对周庄生活空间产生争夺，使得原汁原味的古镇氛围不断丧失，非常不利于古镇旅游的可持续发展（图 12-1）。

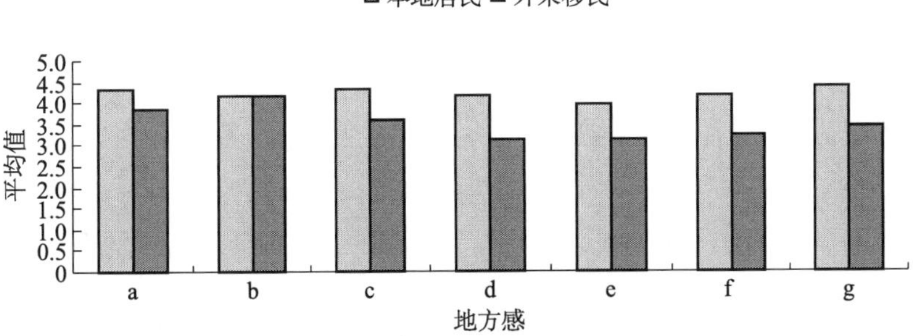

图 12-1　本地居民和外来移民的地方感

鉴于此，2013 年江苏省人民政府批复了《昆山市周庄历史文化名镇保护规划》（2013~2030）。规划提出人口调整的目标：完善历史镇区内人口结构，对于历史镇区内的外来人口适度引导至历史镇区外居住，鼓励周庄原住民适量回迁，吸引对周庄文化有认同感和有传统手工技艺的人在历史镇区中就业和居住，改善历史镇区人口老龄化和异地化的现状，提升历史镇区本土文化氛围。参考历史镇区外原住民的回迁意向，建议历史镇区以外原住居民的回迁规模为200~300人，外来人口外迁规模为200~300人，并制定政策措施：①政府出资改善历史镇区的燃气、排污等基础设施，改善居住环境，提升生活质量，增加历史镇区的吸引力，吸引原住民回历史镇区居住；②对于历史镇区内有修缮建筑需求的居民，政府提供技术支持与资金补贴；③在历史镇区外围拓展旅游产品的销售场所，对有意向从历史镇区迁出的商户实行降低租金和管理费用等优惠政策，吸引商户外迁，疏散外来人口。

第二节 周庄古镇社会结构的变化

随着旅游业的快速发展，大量外来人口（务工人员、游客）涌入周庄古镇，使得古镇社会空间的形态和功能发生巨大变化，主要表现为人口结构多元化、职业多样化和居住空间商业化。伴随着就业机会的增多、居住环境的优化和配套设施的完善，游客和移民的人数、类型相应发生变化，各类空间主体在古镇地域空间定居、工作、生活，与古镇原住居民联系、交流甚至通婚，不断改造古镇社会空间新景观。而部分当地居民更是选择在古镇外居住，把古镇内的房子租给外来务工人员以获取租金。人口置换的持续进行导致周庄古镇居民（包括长期与暂住）社会身份复杂性不断增加，尤其表现在年龄、职业和社会经济地位方面。

一 年龄结构

根据周庄镇公安局、东浜村派出所、全功路社区居委会、贞丰里社区居委会、东浜村村委会和南湖村村委会提供的数据，结合问卷调查和访谈调查，截至2013年年底，周庄古镇区总人口为6745人，其中本地人口为4659人，外来流动人口为2086人。

从周庄镇本地人口的年龄分布看，24岁及以下的占18.83%；25~44岁的占27.46%，45~64岁的占34.94%；65岁及以上占18.77%。45~64岁的人数最多，其次为25~44岁年龄段，24岁及以下和65岁及以上的与之相比较少。

从周庄外来流动人口的年龄分布看，24岁及以下的占18.79%；25~44岁的占49.14%，45~64岁的占26.85%；65岁及以上占5.23%。25~44岁年龄段最多，接近一半，45~64 岁和 24 岁及以下（14 周岁及以下的只有 1 人）年龄段次之，65 岁及以上最少（图 12-2）。

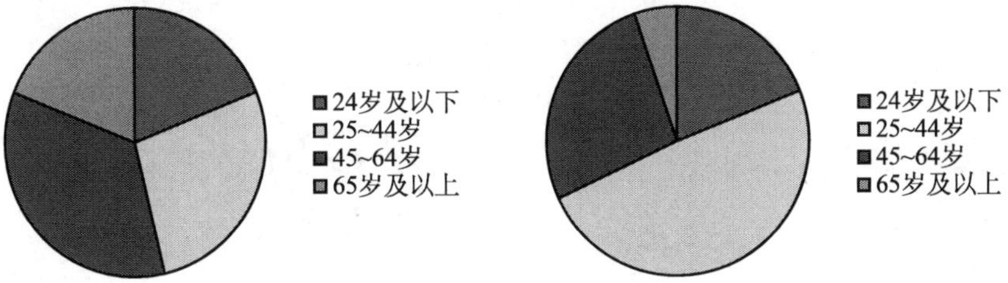

（a）本地人口年龄构成图　（b）流动人口年龄构成图

图 12-2　周庄古镇本地人口和外来人口年龄对比

将流动人口纳入整个周庄古镇区，反映了旅游发展以来，外来人口进入古镇对周庄古镇年龄结构的影响。从总人口 6745 人的年龄分布来看，24 岁及以下的占 18.82%；25~44 岁的占 34.17%，45~64 岁的占 32.43%；65 岁及以上占 14.58%。其中，发生最大的变化是 25~44 岁年龄段比例从 27.46% 上升到 34.17%，其次是 45~64 岁年龄比例从 34.94% 下降到 32.43%，65 岁及以上年龄段从 18.77% 下降到 14.58%，也就是说，外来人口流入使得周庄人口老龄化程度有所缓解（图 12-3）。

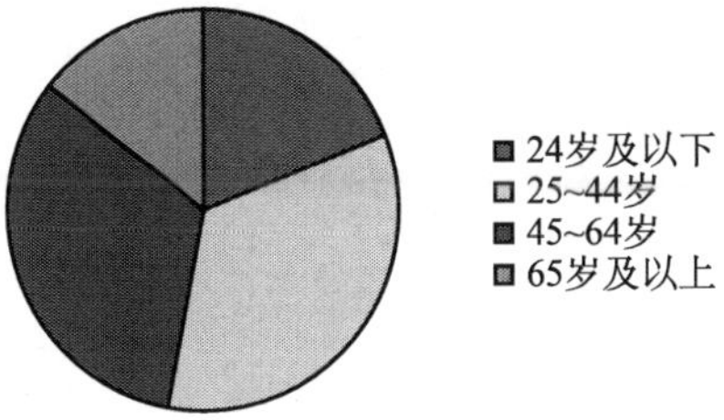

图 12-3　周庄古镇区总人口年龄分布

二 家庭代际结构

根据《昆山市周庄历史文化名镇保护规划》（2013~2030），专题一“周庄历史镇区人口与公众意愿调研”（问卷面向居民个人共发放 500 份，回收 464 份，其中，本地居民回答问卷 374 份，外地居民回答问卷 90 份，回收率为 92.8%）显示如下：

面向居民个人有效问卷为 369 份，经过问卷的再编码分析，有效样本中一代独居家庭占 22%；二代典型家庭占 45%；三代群居家庭占 29%；四代混居家庭占 4%。

外来居民有效问卷为83份，经过问卷结果的再编码分析，有效样本中一代独居家庭占30%；二代典型家庭占53%；三代群居家庭占17%；没有了四代混居家庭。由此可见，外来人口的到来使得家庭结构呈现简单化趋势，一代独居家庭和二代典型家庭有所增大，三代群居家庭和四代混居家庭有所减少（图12-4）。

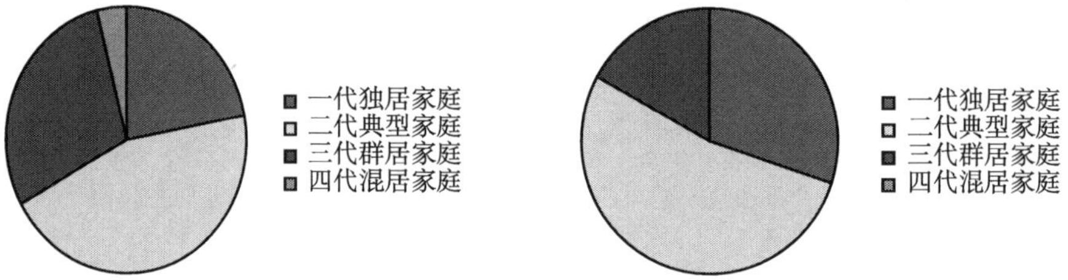

（a）本地居民家庭结构　　（b）外地居民家庭结构

图12-4　周庄古镇本地居民和外来居民家庭结构对比

三　职业和收入结构

根据问卷调查和访谈调查，外来人口大量涌入周庄古镇带来了职业和收入结构的变迁。

旅游业发展以前，周庄本地居民以农业、渔业和工业为主。随着旅游业的快速发展，商业分工不断细化，出现了大量与旅游相关的行业和工作岗位，如旅行社的导游、景区的管理人员和售票员、宾馆酒店的管理和服务人员、旅游工艺品销售人员、游船公司的船娘和船郎、旅游交通从业者、书法绘画题名从业者、送货员、专业演员和歌手等。

从家庭收入的来源来看，主要和部分来自于旅游业的本地居民占59.1%；外来人口占70.4%。从人均月收入水平看，集中在1001~5000元，本地居民占81.8%，外来人口占81.5%，说明在周庄绝大部分居民属于中产阶级。

第三节　周庄古镇社会空间与社会关系的形成

一　周庄古镇新型社会空间的形成

古镇游憩空间是游客、外来人口、当地居民交往最密切，社会关系最复杂的区域，也是相关利益群体竞争最激烈的区域。游客、外来人口大量涌入古镇，与古镇原住居民一起交往、工作、生活（部分外来居民住在古镇内部，即使在古镇外围租房，因为下班晚，晚上 8 点左右回去，天已黑，邻居早已睡觉，因此基本不认识。相反，工作时与商业街邻里交往较多非常熟悉），不断改造、形塑古镇社会空间新景观，推动古镇社会空间形态变迁。古镇旅游区不同空间类型给人的感觉不同，进出的群体不同，所形成的社会关系也存在差异。根据各个旅游区社会空间总体氛围、主体及其社会关系的不同将之分为几大类型：虚拟空间、神圣空间、民俗文化空间、历史文化空间、文化创意空间、休闲娱乐空间、日常生活空间等（表 12-2）。

表 12-2 周庄古镇新型社会空间类型

类型	总体氛围	主体	社会关系	典型代表
虚拟空间	神秘、恐怖	游客	自我与本我的关系	怪楼、魔城
神圣空间	神圣	主持、导游	主持和信徒、导游和游客的关系	全福讲寺、澄虚道院
民俗文化空间	民俗文化	当地居民	居民之间的关系	古戏台、周庄吃讲茶
历史文化空间	历史想象	导游或无主体	导游和游客的关系或虚无关系	沈厅、张厅、周庄博物馆、天孝德收藏馆、叶楚伧故居、逸飞之家、迷楼等
文化创意空间	新奇惊喜	游客或演员	游客和店员、游客和演员的关系	富贵园、纸箱王、江南人家（四季周庄）、爱渡风情小镇
休闲娱乐空间	轻松自由休闲愉悦	游客或店主	游客之间、游客和店主的关系	双桥、猫的天空、三毛茶馆、1086 慢生活街区、马晓晖艺术沙龙、源丰顺酒作坊、手艺江南、星巴克、欢乐世界
日常生活空间	日常性、生活性	当地居民	居民之间、居民和游客的关系	南湖秋月园、万山公园、农贸市场、南湖鱼市、街巷、富贵园广场
商业空间	浓厚的商业性	店员、游客	游客和店员、店员与店员关系	沿街商铺
居住空间	家庭生活性	新老居民	家庭关系	古镇区、古镇外围

二 社会空间主体

旅游发展，大量游客来到古镇，就业机会的增多、居住环境的优化和配套设施的完善带来了大批旅游从业者和旅游移居者。各类人群在古镇区定居、工作、生活，与古镇原住居民联系、交流甚至通婚，经历冲突、适应、融合等不同阶段，不断改造古镇社会空间新景观，使得古镇社会呈现人口结构多元化、职业多样化、社会关系复杂化。几百年来稳定下来的社会结构开始分化，传统邻里交往开始减少，商业邻里不断发展，新型社会组织出现，解构、重构古镇传统社会关系网络。

笔者在前期研究中发现，周庄古镇社会空间主体类型主要有：政府工作人员、开发商、游客、本地居民、外来人口（主要为旅游从业者）五大类。后期发现另一类空间主体也对周庄古镇社会空间产生影响，即艺术家，尤其是美术爱好者，他们对古镇社会空间施加的影响具有暂时性、区域性的特点。不同的空间主体扮演不同的角色，以在场或缺场的方式，影响古镇社会空间性质的形成和转换。

政府工作人员和开发商是古镇社会空间氛围的主要创造者，文化理念、产业发展和市场的推动者。基于各自的政治、文化和经济利益，往往将各自的理念渗透到遗产文化的表征之中，视文化商品化为古镇遗产旅游发展的自然化过程，成为控制古镇旅游区社会空间形态的霸权机制。

近年来，我们通过各种宣传媒体和方法，对民众进行保护古镇和申报世界文化遗产的教育，将各类法律汇编文本挨家挨户送上门，坚持每月出版一期《申报工作简报》，请专家、学者在机关、学校中举行保护遗产知识讲座，激发了民众参与保护的意识。

——周庄旅游股份有限公司网站

20 世纪 80 年代的“保护古镇”理念、“保护古镇、建设新区、发展经济、开辟旅游”指导思想及 90 年代《古镇保护暂行规定》《周庄古镇区保护暂行办法》等制度性文件的相继实施，确立了古镇遗产保护主流意识形态，并通过《文化创意产业发展规划》《大周庄国际休闲度假区旅游发展总体规划》(2011~2030）等规划和相关文件斩获合理性。为了保持新的市场驱动，开发商会努力证明它的存在是有利可图的，并通过细分市场，积极鼓动政府去满足游客的多样化需求。

根据世界旅游组织的研究，城市人均 GDP 突破 3000 美元，进入休闲度假游阶段，休闲度假旅游产品开发成为趋势。从区域经济发展水平看，以长三角 16 城市为核心区，包括上海市、江苏省和浙江省的长江三角洲地区，总体上已进入休闲度假旅游时代。目前的周庄旅游产品体系不够完善，尚不能满足游客的多样性需求。因此，周庄有必要开发休闲度假型旅游产品，周庄休闲度假市场潜力是非常巨大的。

——《大周庄国际休闲度假区旅游发展总体规划》(2011~2030）

游客是古镇游憩区社会空间氛围的施加者和参与者。在中国，大多数遗产旅游者只存在对原真性的渴望，并没有主动追求的意识。调查发现：来周庄之前没有查阅相关资料的游客占样本总体的 54.4%，32.1% 的有查阅周庄资料但对周庄了解一般，查阅资料且认为对周庄了解多和非常多的人分别占 3.8% 和 1.9%，有查阅资料但认为对周庄了解较少和非常少的分别占 5.3% 和 2.5%。

游客对遗产景观、现代娱乐景观、后现代创意景观的到访频次及游客的凝视程度存在差异。在周庄，以双桥、沈厅、张厅等景点为代表的遗产景观的到访率远高于以南湖秋月园、怪楼、迷楼为代表的现代娱乐景观和以富贵园、爱渡风情小镇、画家村为代表的后现代创意景观。然而在受欢迎程度上却相对比较一致，对遗产景观的喜爱程度略微高于后两者，种种迹象表明，对现代、后现代景观的喜爱在不断上升。访谈发现游客对现代景观、后现代景观持包容态度："一些必要的虚假的装饰也是可以的"，"新旧没关系"，只要"与整体氛围一致、不破坏原貌"还是可以接受的，新增景点"也会去看看的"，"新建的话，最好在外围"，"商业化太浓"（表 12-3）。

表 12-3　主要景点的到访次数与偏爱程度（*N*=471）

景观类型	代表景点	频次	吸引力	标准差
遗产景观	双桥	447	2.65	0.50
	沈厅	378	2.59	0.51
	张厅	329	2.55	0.63
现代娱乐景观	南湖秋月园	117	2.56	0.53
	怪楼	90	2.23	0.53
	迷楼	96	2.23	0.65
后现代创意景观	富贵园	52	2.40	0.60
	爱渡风情小镇	43	2.47	0.59
	画家村	43	2.42	0.55

本地居民和外来人口是周庄古镇社会空间的主要参与者，是社会空间的主体，外来人口对社会空间的影响力在持续增强，其所产生的社会关系也更加复杂。全球化的深入、社会分工的细化及社会流动性的增强，导致周庄古镇内部外来人口置换本地人口。随着旅游发展与人口置换的持续进行，周庄古镇居民社会身份复杂性不断增强。

与外来人口不同的是，在旅游发展的不同阶段，本地居民对旅游发展的态度经历了几个阶段的变化过程。在初级商品化阶段，由于当时没有进行居民调查，政府文件、报纸和相关文献都没有记录当时居民对旅游发展的态度。因此，只能通过采访地方政府官员和开发商，以及与当地居民闲谈获取信息。发现在旅游发展的最初阶段，旅游被认为是提高当地社会福祉的重要手段，受到当时居民的欢迎，这也符合 Butler 生命周期理论与愤怒指数中关于居民态度的相关论述。在高级商品化阶段，据徐红罡 2000 年调查：旅游发展为周庄带来了大量就业机会，然而本地居民更倾向于传统产业而不是服务业，相反，外来移民大批量进入旅游部门，多数为低薪岗位。尽管当时没有明显的冲突，但当地居民对旅游的态度已由积极转向消极，潜在的冲突已经被感知：①一些吸引物保存下来主要是为了游客而不是当地居民。②传统建筑得到保护，但居民的生存环境并没有因此而改善。③尽管旅游服务部门产生了大量就业岗位，但经济漏损依然存在。据 1997 年年底调查，37% 以上的住户为超过 60 岁的老年居民，社区人口老化，成为移民社区，2005 年前后是外来人口迁入的高峰期。④房价不断上涨，一些居民把房子外租给开发商赚取利润。到了目前的平稳发展阶段，古镇居民对旅游发展总体上持积极态度。由于商业街和非商业街居民对旅游态度存在差异，比较研究发现，商业街居民和非商业街居民对经济成本、社会利益、社会成本态度等方面比较一致；但对经济利益和环境成本态度存在差异。商业街的居民对经济利益比较认可，对破坏建筑和生活环境表示中立。而非商业街的居民对经济利益持中立态度，对破坏建筑和生活环境比较认可。这与人口置换、收入来源有关，调查发现，商业街和非商业街居民其主要和部分收入来自于旅游业的比率分别为 71% 和 48%。商业街的居民对“支持旅游进一步发展”“发展旅游时利大于弊”都表示赞成，而非商业街居民对此两项的态度，更多介于中立与赞成之间（表 12-4）。

表 12-4　商业街和非商业街居民对旅游发展的态度

项目		商业街（均值）	非商业街（均值）
经济利益	个人收入增加	3.622	3.294
	就业机会增加	3.756	3.118
经济成本	生活成本增加	4.252	4.471
	土地房价上涨	4.126	4.176
社会利益	了解外来文化	3.638	3.471
	提高古镇知名度	4.417	4.353
	基础设施改善	4.005	3.965
社会成本	带来不安定因素	2.535	3.118
	干扰正常生活	2.906	3.176
	交通拥挤	3.441	3.471

续表

项目		商业街（均值）	非商业街（均值）
环境成本	破坏建筑	3.176	3.971
	破坏生活环境	3.087	3.729
	加剧水污染	4.339	4.447
	发展旅游时利大于弊	4.116	3.529
	支持旅游进一步发展	4.220	3.312

艺术家的职业既不同于游客，又不同于旅游从业者，灵活自由的生活方式决定了他们对古镇社会空间的影响具有暂时性、低强度性和深记忆性。有时候他们甚至是古镇街巷微观社会空间的主导者，对周围人群尤其是艺术爱好者具有强烈的吸引力，产生艺术凝聚力，但是持续性较差，很多人看几分钟就走开了。这类人群不多，而且具有灵活的时间性，不定期地来周庄写生，受场地限制，其影响力局限于周庄古镇游憩区的狭小的风景角落。然而，对于那些得到艺术家"恩赐"的人来说，其一生将产生难以忘怀的深刻记忆。

三 社会关系类型

社会空间是社会关系的空间映射和生存载体，社会关系是社会空间的核心内容。不同人群相互联系与交往，形成多种社会关系类型及复杂的社会关系网络，是地方认同、归属感和社会凝聚力的本质体现。社会关系变迁是一个动态的渐进过程，具有较强的内稳性和连续性。旅游发展是周庄古镇传统社会关系变迁和转换的重要因素。前文已讲到，大量游客、外来人口涌入古镇，原住人口部分外迁（他们是古镇社会空间的核心主体），使古镇人文社会环境发生了巨大的变化，各类空间主体在古镇地域空间定居、工作、生活，相互联系、交流甚至通婚，解构、重构古镇原来社会关系（图 12-5）。

通过长期的田野调查，发现目前在周庄古镇存在多种社会关系。主客关系是最熟悉、最常见的一种旅游目的地社会关系，也是维系古镇旅游目的地社会空间属性的重要社会关系类型，属于一种虚无关系，对维系古镇旅游目的地各个游憩场所的社会空间属性具有重要的作用，由于这种社会关系在国内外已有大量研究，所以这里不再进行过多讨论，详见下文分析。客客关系往往是先于古镇旅游而存在，偶尔会发生在古镇旅游之后，此时已脱离古镇这一地域，并不会长时间影响古镇社会空间，对古镇而言，它也属于虚无关系，因此本书不

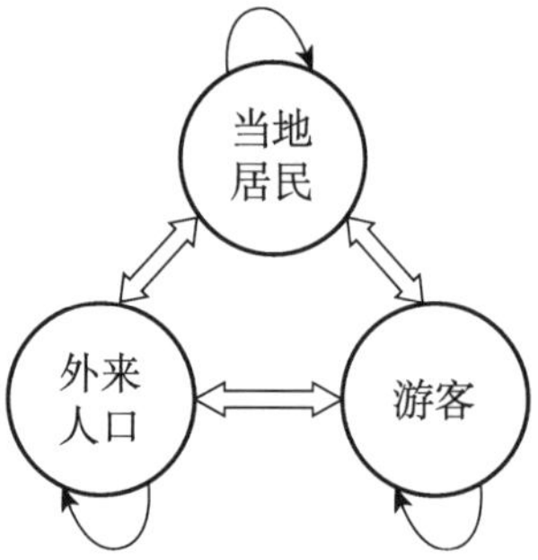

图 12-5 周庄古镇社会关系类型

对此做重点讨论。

在周庄古镇，既有传统意义上血缘关系、邻里关系、朋友关系、婚姻关系等，又有旅游引起的多种社会关系，尤其是雇佣关系，如老板在场雇佣关系、老板缺场的雇佣关系、师徒雇佣关系、亲情雇佣关系、乡缘雇佣或合作关系等。本书也不对传统意义上的社会关系进行论述，而是侧重研究由旅游发展而带来的各种社会关系，大量游客、外来人口进入古镇使得古镇社会关系日益复杂化、多样化，以可见或不可见的方式形塑古镇社会空间，在不同场所呈现不同的特点。

在周庄，外来移民的就业存在多种雇佣关系。老板-员工是最常见的雇佣关系，建筑、加工制造、文化创意园、大中型旅游商品店以这种关系为主，根据访谈得知，这种雇佣关系的工人往往比较繁忙，而且是拖家带口长期定居在周庄，除了业务往来，很少与当地人进行日常交流。

一种是老板在场的雇佣关系，如果在老板缺场的情况下（或者称之为虚无的雇佣关系），工作方式与前者明显不同。通过与 30 多岁古董商的对话发现，他们的工作相当自由灵活，甚至可以根据顾客的有无选择营业状态，前店后院，工作与生活合二为一。

此外，还存在几种特殊的雇佣关系，如师徒雇佣关系、亲情雇佣关系、乡情雇佣或合作关系、单位组织关系等。对一位盐城书法家的访谈发现：旅游发展带来了业务的扩张，因此把老家的徒弟也带到了周庄，每个徒弟负责一个门面，边经营业务边传授技艺。很多年轻人在周庄取得成功后就把家人、亲戚带过来，一方面帮忙张罗生意，另一方面享受合家团聚的乐趣。还有很大一部分是因为老乡介绍才来周庄，一起工作生活，共同的地域关系，创造了和谐的异域新型社会空间。

随着居住时间渐长，部分外来移民已和当地居民非常熟悉，通过频繁的日常聊天、娱乐，建立起了比较亲密的朋友关系，这种社会关系具有较强的持续性，其性质也由理性趋向感性，当然有时也会流于形式。如果这种类型的交往属于理性和形式的交往，体现为商业价值和一般友情，那么，更深层次的存在意义则体现为亲情制造和家的建构。据调查，少部分旅游务工人员已在周庄工作生活 10 余年，通过持续性的制造“家”（home-making）的实践，如身体实践（embodied experience）和熟悉物的制造（familiar materialities），对周庄形成了强烈的认同和地方归属感，成为新的周庄人。一些人在周庄买了自己的房子，一家人都搬到周庄生活，甚至把户口迁入周庄，访谈中他们这样说道：从陌生的异域到熟悉之地；从工作场所到另一个家；从无关系走向同事关系、朋友关系、亲人关系。以工作场所、当地社区乃至整个周庄为中介，并最终走向友情、亲情及亲密无间的人地关系。

除了前面提到的古镇社会空间的核心主体当地居民、游客和外来人口，如果将政府工作人员、企业家一起囊括进来的话，古镇的社会关系网络将更加复杂和多样，最终形成利益相关者之间权利和力量的交互作用网络（图 12-6）。

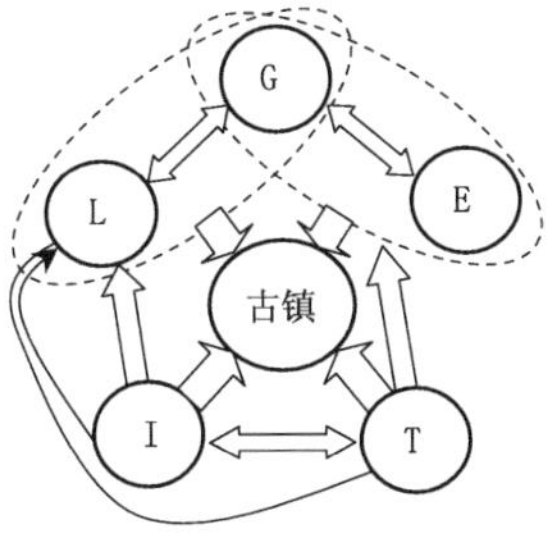

图 12-6　利益相关者互动作用框架图

G：政府工作人员；E：企业家；L：当地居民；I：外来人口；T：游客

四 社会关系的空间依赖性

（一）圣神空间中的社会关系

僧侣需要借助一定的空间（寺庙）组织宗教活动，一般的寺庙为了远离尘世都会选择在山上修建，而全福讲寺却建在水上，体现了水乡的特色，所以被誉为“水中佛国”。900 多年来，佛教已成为周庄当地人民的普遍信仰，每逢重要节日，人们都会来全福讲寺参拜。在神圣的宗教氛围笼罩下，僧侣与信徒关系一直以来是宗教空间的主要社会关系。然而，随着旅游发展，导游和游客的关系开始凸显出来，甚至在大部分时间里住持和信徒一度成为陪衬，只有到了宗教节日，这种关系才体现出来。

（二）民俗空间中的社会关系

像民俗文化空间周庄吃讲茶（在南方常常把“喝”说成“吃”，喝酒说成吃酒，喝茶说成吃茶，在周庄有一道特别的茶，叫“吃讲茶”），政府开辟这一空间平台就是为了丰富当地居民的日常生活，发展周庄民俗传统，因此居民之间的日常关系一直是吃讲茶的主导。作为周庄人邻里街坊遇到事务纠纷时一种特别的调解方式，以往一般由长者或权威人士主持评判纠纷，双方同进一家茶楼评理，其间往往各执一词，唇枪舌剑，经过调解，由输理的一方付清双方的茶钱，一旦走出茶楼，已是理顺了矛盾，解决了问题，彼此又是一团和气。随着时代进步和生活方式的改变，如今的周庄吃讲茶，渐渐衍化为一种说邻居、道街坊、聊行情、通市面、才艺表演，促进睦邻友好的居民间的日常活动。

同样的民俗文化空间，由周庄电影院改造的古戏台效果就不是很理想，政府本打算将此打造为一处融观赏、参与、研习等体验活动于一体的昆曲会所，让游客与当地居民共享周庄传统文化。然而，绝大多数人却听不懂昆曲，包括本地人，当地居民和游客说起“刚好到这里，休息一下，就来看戏了。听不懂这里的话，估计上海人，本地人能懂些”“我们（当地中年人）也听不懂，只有少数老年人能听懂”，会导致一些人中途离场，主客关系的维持在这里出现问题。

（三）历史文化空间中的社会关系

沈厅、张厅是周庄镇政府为发展旅游而打造的第一批景点，是周庄保存比较完整的明清建筑，为江苏省重点文物保护单位，能够代表周庄的重要历史遗产。通过沈厅、张厅使游客认识周庄、了解周庄、喜欢周庄，并成为打造江南水乡古镇的重要物质载体。导游成为连接游客和历史文化空间的重要媒介，通过导游的力量能够使游客沉浸在故事、传说、民俗和历史的想象空间之中，效果显著。然而，蚬江渔唱渔业馆、周庄博物馆、天孝德收藏馆、叶楚伧故居、逸飞之家等其他历史文化空间却没有达到这种效果。

（四）文化创意空间中的社会关系

江南人家（四季周庄）周庄政府重点打造的文化产业项目，通过春的《小镇雨巷》、夏的《采藕》、秋的《丰收》、冬的《过年》等呈现江南原生态文化的水乡实景演出展现“小桥、流水、人家”的江南水乡柔情的诗画生活。与艺术学校长期合作，招聘部分农民演员，通过少数人演出，多数人默默观赏的某种杂技（多数人在观赏此演出时处于一种痴迷和惊讶的全神贯注状态），维持了演员与观众短暂的舞台化关系。

富贵园（画家村）则是实现和艺术家面对面交流的重要途径，挑选、收藏喜欢的艺术作品，充分体验艺术带来的视觉享受。然而由于艺术家的缺失，游客很少到来，本地居民也无法参与，致使社会关系被架空。富贵园几乎荒废，无物管，道路失修，只有少数几家宾馆会所和公司还保留办公场地。园区规划设计的整体格局已被破坏，少数租住者开始了“圈地运动”，置富贵园整体设计风格而不理。随处可见此类出租出售信息，如“现富贵园 29 号楼 29 室向外出租或出售，面积 72.85m^2。年租金 4900 元，长期租住，租金可面议”，近几年来此类信息有增多和更新的趋势。

作为台商投资兴建的主题式旅游乐园爱渡风情小镇（台湾老街）、纸箱王试图通过创意手法（怀旧主题和纸文化创意），将台湾大量的民俗风情、餐饮文化、建筑风格融入旅游项目之中，达到“不出老街、吃遍台湾”的效果，实现他者文化的本地移植。然而，这种主体缺场和本地雇佣关系是否具有可持续性？本土和外来文化是否能够达到和谐相处？作为对“现代主义”某种反抗或分离的后现代文化，是否有助于游客在不可触及的他者幻影来寻求“真实的他者”还需进一步考察。

（五）休闲娱乐空间中的社会关系

源于历史的灵感（周庄以其独特而古朴的江南水乡风貌吸引诸多文人雅士来此把酒言欢、评文论诗），打造外部富有江南园林的小巧精致、内部西式装饰的温馨浪漫的 1086 慢生活街区（即酒吧一条街），目的是延长游客在周庄的停留时间，丰富夜生活。基于此背景，开发商们（如 Maple House 的盐城老板）远道而来，经朋友介绍外地的歌手们（如 Maple House 湖南歌手）来到周庄，试图“展现不同的文化内涵与风采，不同国界的文化、不同时代的历史，这里是一次看不够的文化主题酒吧，给人一种中西结合、古今相融的全新感觉”。这种中西文化是否能够有机结合？青年人的亚文化是否符合老龄化背景下的周庄？仍需要实践的检验，以此为中介想达到主客的融洽交往还是一个大大的问号。

周庄十二坊是周庄镇政府为展示周庄悠久的民俗技艺而打造的旅游项目，源丰顺酒作坊是十二坊的典型代表。通过聘请酿酒师到酒作坊现场制作，以及相关物件展示，创造一种生动逼真的酒文化氛围，以生产流程的形式向游人展示、弘扬周庄万三酒的酒文化，形成万三黄酒、万三十月白、万三啤酒、万三家酒、万三宴酒、万三贡酒等万三系列酒。以酒为媒介从而达到主客深度交流的目的。

为了把周庄打造成为国际知名的旅游品牌，周庄镇政府邀请世界著名艺术家来周庄表演，为其开设专门的工作室，如通过举办马晓晖（国际性的二胡演奏家，巡演遍及欧美亚非等几十个国家和地区，在西方被称为“手执二胡和世界对话”）艺术沙龙，让“海内外游客可以走进这座老宅子，亲身感受它浓浓的艺术氛围，近距离欣赏艺术创作和表演”，希望以世界艺人为媒介拉近周庄与世界的距离，达到促进国外友人与周庄人们密切交流的目的。作为世界著名的艺术家，由于各种公共事务，能自由支配的时间毕竟是有限的，能否如政府所愿，“每年将把除工作外的 1/5 时间放在周庄这个沙龙上”，依然困难重重。

（六）日常生活空间中的社会关系

居民之间的关系发生以日常生活空间为主要场所，如极具江南水乡特色农贸市场是当地居民的市场交易中心，无论市场搬迁到哪，这种关系依然如故。随着旅游发展，游客、艺术家、外来人口大量参与到当地居民的日常生活空间中，如古镇街巷和以前相比已经发生了很大的变化，由当地居民通行和闲聊的场所变成具有多种社会功能和包容能力的社会空间，拥有了强大的社会关系再生产能力。少数老人会把小手工艺品和部分旅游商品摆在靠近街巷的门口；清晨和傍晚部分中老年人会在街上摆上棋局；午后工作间隙餐馆、工艺品店的老板和员工经常摆摊打扑克；街巷还是艺人写生取材的绝佳场所，为当地居民单调的日常生活增添了一份艺术，为生活增添了一份神奇。

有几处场所本为游客而设计，但由于游客很少光顾，现已成为当地居民重要的日常活动场所，如万三公园、富贵园广场，听当地人说，他们每天吃过晚饭，都会去富贵园路走走，然后在广场跳广场舞，很是热闹。另外，利用古镇滨湖地带的自然风光和历史胜迹而建成的南湖秋月园，既是游客观光的好去处，又是当地老年人晨练的绝佳场所，然而这两类人群几乎不发生交往。今年开发商向周庄镇政府承包了部分场地，开发江花月夜、南湖古筝会所，这是一家绝对意义上的私密的高级度假会所，几乎与外界隔绝关系。

为突出江南水乡特色，同时照顾周庄古镇区一部分生活比较困难的家庭，周庄旅游股份有限公司开辟了南湖鱼市，允许这部分人到此摆摊，这里鱼类繁多，有穿条鱼、白条鱼、毛刀鱼、白丝鱼、野生鲫鱼，还有虾干。南湖鱼市已经成为这部分居民和游客接触最为频繁的场所，以鱼产品为载体，是主客市场交易的集中展示地。

五 社会空间的关系习性

（一）资本、权力、技术主导下的关系习性

资本和权力的结合是社会空间生产的主要动力，如江南人家主题公园（《四季周庄》实景演出）周庄政府重点打造的表现江南水乡特色的文化产业项目。周庄富贵园（画家村）是周庄政府重点打造的以绘画艺术为特色，同时配套休闲度假项目的综合性商业园区。纸箱王主题创意园区和爱渡风情小镇（台湾老街）是台商投资兴建的主题式旅游乐园。怪楼则是由私人小老板投资，雇佣当地居民经营的小型主题旅游项目。在资本和权力的基础上，借助技术和工具，如声光电技术在《四季周庄》实景演出区、怪楼的全方位运用；融入创意元素，如纸箱王主题创意园区、爱渡风情小镇和怪楼；有时还需要有一定的艺术成分，如舞蹈之于《四季周庄》、美术之于富贵园。

作为舞台化演出，《四季周庄》具有强烈的时间性，只有在演出时间（19：30~20:30）才能够实现游客和演员的共在。在色彩斑斓、震撼人心的虚拟世界里，每个人所扮演的角色是固定不变的。依靠资本的力量创造了“小桥、流水、人家”的经典环境，演员包括舞蹈专业实习生，同时邀请本地农民、渔民、市民参与，以增加周庄的生活气息和市井气息，他们在这种背景下，在固定的时间将准备好的道具带入舞台，有着固定的行为模式，专业演员则展开极具观赏性和艺术性的精彩表演，而游客多数默默观赏这种杂技，完全处于一种痴迷和惊讶的全神贯注状态之中，从而维持了演员与观众短暂的舞台化虚拟关系。

纸箱王主题创意园区占据了古镇景区入口处的有利位置，采用创意手法，将“纸”的创意无限地延伸，主要设计了休闲园区和创意园区。休闲园区用以展现台湾精神的迷人魅力，摆放着纸做成的巴黎铁塔、比塞塔等立体纸艺作品，美观且防水，晚上还可以配合声光电技术，制作成七彩夜灯，与白天形成鲜明的对比。创意园区包括“纸箱故事馆”“蜜蜂故事馆”及“创意餐饮”三大部分，每个展馆都有着各自的特定功能，用以吸引不同的游客群体。围绕着创意景观集聚了大量的游客，依托生动有趣的创意氛围，在不同的时间段和不同的场所形成了特定社会关系，如白天故事馆店员与游客的关系、少年儿童之间的关系、下午休闲区老年群体内部关系、晚上酒水餐饮区歌手、服务员和游客之间的相互关系，演绎了资本、技术和艺术的完美结合。

类似于纸箱王主题创意园区，怪楼也占据了景区有利的地理位置，灵活运

用游客求新求异及恐惧心理，采用各种新奇的工具和道具，人为地设计恐怖氛围如在游客须知中写道“患有严重心脏病，高血压及心理承受能力低下者，为了您的安全，请勿入内”，布置恐怖的小屋声音，并借助导游的力量，成功打造了神秘、恐怖的主题，通过这些虚无关系的制造，让游客沉浸在自我与本我的虚幻关系之中，“要不就不看了，我不玩，我不敢玩……我的妈啊，真想哭……哎呀，心脏病都快吓出来了”。据工作人员介绍，有些人因为害怕哭了，一般不让孕妇、老人、小孩上去，有 20 岁小姑娘出来也哭了的情况。

而爱渡风情小镇（台湾老街）和富贵园显然没有那么幸运，由于地处古镇核心景区外围，尽管依靠强大的资本和权力，运用了技术和艺术，但除了节假日有游客因拥堵而被分离出去参观外，平时几乎很少有人会来光临，画家村的艺术家们见经济不景气已撤离富贵园，本地居民也无法参与，致使社会关系被架空。随处可见出租出售信息，由于无物业管理，道路常年失修，杂草也已钻出地面，外租的房屋开始了“圈地运动”，整体设计风格遭到破坏。从更新的周庄旅游股份有限公司网站上也可以看出，富贵园已从周庄旅游景点中淡出。较之富贵园，爱渡风情小镇要好些，老板雇佣了不少当地员工，还有部分外地演员，平时也有零星游客入场，但是旅游消费决定了社会关系存在，随着旅游经济的低迷，这种他者文化能否实现本地移植，从而促进场所习性的固化还需进一步考察。

（二）知识、故事、艺术主导下的关系习性

知识、故事、艺术影响了社会空间的氛围，通过对社会秩序和关系的再生产，引发场所习性的自为形成，引导行动者的空间行为。然而这些都离不开身体，正如福柯所说的“身体是知识生产的，身体体现知识实践的某种效应”。在周庄古镇不同的微观社会空间，身体的缺场、在场及身体各种语言间接影响了场所习性及社会关系的展开。

源丰顺酒作坊以酿酒知识作为微观社会空间形成的要素，酿酒师傅的在场，将知识转化成实际的权力关系的场所，成功引导了游客的旅游实践，使得酿酒师与游客的关系成为这一空间的主旋律。

然而在手艺江南，知识主体接近缺失，在店面经理和营业员指引下的效果显然没有主体在场的效果好，如果没有店员的介绍，游客几乎很难获得巧生炉（陈巧生铜炉）的知识，更不用说购买了。正如店员所说“每月只能卖出去一两台，能卖掉三四件已经算很不错了”。普通员工还处于陈巧生铜炉的学习阶段，对铜炉的知识掌握的还不足，言行举止表现得比较谨慎，生怕出错，对手艺江

南整个店的全局掌控能力明显不足，很难将这种专业氛围营造出来。

相对于普通营业员，店面经理对专业知识的掌握程度要好一点，而且了解名家的家庭和事业背景，这就创造出了一种若隐若现的江南技艺氛围，延长了游客在店内的停留时间，影响了主客关系的形成。

作为地方性知识，习俗、传说、故事借助导游的力量营造了微观社会空间氛围，使游客沉浸在历史的想象之中，导游-游客关系在这里成为自在的存在。沈厅、张厅表现得尤为明显。

如果故事是源于亲身经历，那么讲起来会更加动听，更加具有真实性。与其进行历史对话，不如活在现实当中，三毛茶楼就是远方美妙故事的生动展现，茶具、棋牌、书法、绘画、照片、书籍、书信、日记、札记和留言这些有形的物件创造了一种休闲化的文学主题，唤起游客对文化名人的记忆，产生情感认同和依恋效应，形塑了一种虚无或想象社会关系。这些在游客的留言（包括散文、诗、绘画等形式）中得到了淋漓尽致的体现。

而猫的天空之城则通过故事的自我导演，设计明信片景观、温馨的产品标价，以及对私人信件的保密话语，创造了一种有形化、安全、私密的语境及内心深处想象的自由空间，实现了社会关系凝固、脱域，使游客沉浸在远方的社会关系想象，以及当前“我”与未来“我”的幻想与展望之中。

在营造微观社会空间氛围方面，艺术（音乐、舞蹈、书法等）扮演了重要的角色。不同的艺术形式表现手法存在差异，酒吧（如 Maple House）采用重音乐加灯光的形式，在专业化歌手的伴奏下创造了一种年轻人所独享的亚文化氛围；而轻音乐（如二胡）则只能作为背景音乐营造休闲的氛围，除非名人在场，才能形成与游客的互动；书法、绘画的效果比起前两者要稍差一点（有故事穿插则例外，如三毛茶楼）；舞蹈往往借助资本的力量实现舞台化的商业运作如《四季周庄》，前文已讲，这里不再展开。

场所主体借助艺术的力量，组织社会关系，不同的主体对促进场所习性形成的贡献和方式存在差异。在 Maple House 酒吧，湖南歌手通过丰富的面部表情、眼神、歌声、手上动作，如接纳客人的啤酒、碰杯等营造年轻人亚文化认同空间；啤酒销售员（本地姑娘）则以嬉笑、招呼、闲聊、陪酒等方式组织熟人世界，严格区分圈内人与圈外人；圈外客人一方面通过点歌、碰杯、闲聊、抽烟进行内部沟通，另一方面跟着歌手哼歌，与歌手进行眼神交流，共同举杯；圈内客人则更享有与啤酒销售员的畅聊、碰杯、眼神沟通等特权。酒吧夜色是属于他们的时空，在这里他们进行自我释放与表演，这一刻他们是绝对的主导，在这里他们拥有了世界，让时间凝固，一切烦恼、忧愁、不快统统抛之脑后。而马晓晖艺术沙龙由于艺术主体的缺场，只有一位陕西职业学校的实习生坚守阵地，店面几乎处于停业状态，据她介绍，这里平时很少有人，只有演出的时候人会多一点，这里的社会关系表现出强烈的时间性，集中在 9 月以后的下半年。

（三）信仰、民俗、生活主导下的关系习性

信仰（尤其是宗教）在科技发展以前是社会共同体组织的重要力量，因为它结合并且赋有统一的价值体系，创造了特殊的“为我们意识”。900 多年来，佛教已成为周庄人民的普遍信仰，每逢重要节日，人们都会来全福讲寺参拜，这已成为当地居民的日常活动，塑造了为生存需要所支配的生活方式和生活节奏。从严格意义上说，日常生活也为宗教所塑造，根据给定宗教而进行生活，远不只是简单地信仰它、接受它的教义或以一般方式遵守它的戒律，而意味着根据给定宗教所制定的要求，以它的仪式的样式而管理自己的生活。在全福讲寺神圣的宗教氛围笼罩下，僧侣与信徒关系一直以来是宗教空间的主要社会关系。但是随着货币经济的盛行，现代化进程加快，信仰受到了世俗和理性的强烈冲击，旅游经济对周庄日常生活影响的巨大力量超越了宗教及类似宗教的精神力量。导游和游客的关系开始在宗教场所凸显出来，甚至在大部分时间里主持和信徒一度成为陪衬，即使到了宗教节日，据农历九月十九的全天观察，发现当地居民过来朝觐，参与仪式的并不多，相反导游的讲解和游客在寺院外围游憩区域的嬉笑声成了这一场所的主旋律。

民俗就是世代相传的民间生活风俗。起源于人类社会群体生活的需要，在各个民族、时代和地域中不断形成、扩大和演变，为人民的日常生活服务。周庄，世世代代的当地人民在生产生活实践过程中，形成了各种各样的民俗，这些民俗不仅促进了相互的交流，丰富了人们的生活，还增加了社会凝聚力。其中，昆曲和吃讲茶是周庄民俗的两个典型代表。吃讲茶是周庄人邻里街坊遇到事务纠纷时一种特别的调解方式，随着时代进步和生活方式的改变，如今的周庄吃讲茶，渐渐衍化为一种说邻居、道街坊、聊行情、通市面、才艺表演，促进睦邻友好的居民间的日常活动。贞丰文化中心是政府为丰富当地居民日常生活，发扬民俗传统，利用公房开设的民俗场所。走廊格子上的民间工艺品，屋内墙上的书法、美术作品，台上的二胡、琵琶、风琴创造了浓浓的民俗氛围，这里主要以唱戏者及喝茶聊天的本地老年居民为主，周庄旅游股份有限公司派

两三位工作人员维持秩序，并销售部分当地手工艺品。据工作人员介绍“这边游客很少，星期六人多一点，可以吃，我们专门做点心，就早上 7:00 ~ 9:30 那段时间”。唱戏大姐说，“平时我们过来喝喝茶，聊聊天。过来唱戏的都是本地人，也有乡下的过来唱的，纯乡土，都是出于爱好，你喜欢也可以上来唱，我觉得我会也会上去唱，就穿平时的衣服。我们来这说说唱唱，有时候也出去唱，就我们老年人会唱，年轻人不愿意去唱”。发自内心的纯粹的爱好促使当地居民在这里相互交流，使得吃讲茶文化成为一种自在的存在，可见贞丰文化中心民俗文化场所的关系习性已然形成。

古戏台占地 $4600m^2$（7 亩，1 亩≈ $666.67m^2$），建筑面积为 $2500m^2$，是以古戏台和走马楼式观演楼、展览馆为主体的古建筑群。古戏台演出区分为前台表演区、后台休息区、中间长凳观看区（相对于去年长凳明显减少，估计是观众少的缘故）、东面石凳观看区、东面休闲茶水区。尽管昆曲被誉为“百戏之祖”，距今已有 600 年历史，被联合国教育、科学及文化组织封为“人类口头和非物质遗产代表作”，然而作为地方民俗文化的昆曲，它的知识的共享性相对较弱。游客听不懂，即便是当地居民也听不懂，或者只有昆曲爱好者能听懂。致使一些人中途离场，人们在这里成为被动的存在，很少进行互动，甚至连自为的欲望也很难产生，主客关系的维持在这里出现问题，古戏台民俗文化习性形成遇到困难。

日常生活是周庄居民展现江南水乡古镇特色的重要方式，围绕古镇内街巷、公园、市场等日常生活场所，以诗学的方式进行着居民之间，居民与游客之间，居民、游客与艺术家之间的交流，“创造”属于自己的日常生活空间，与上述权力和资本组合下的空间形成鲜明的对比，在不同场所留下生活痕迹。

万三公园、富贵园广场两处游憩场所本为游客而设计，但由于游客很少光顾，当地居民巧妙地加以利用，将其开辟为重要的日常活动场所，晚饭过后都会过去散散步，晚些还会组织广场舞。当地老年居民采用“游击”战术，成功实现了对南湖秋月园的时间挪用，使之成为重要的晨练场所。除了当地农贸市场，当地居民利用政府所提供的场所如南湖鱼市，以江南水产品为载体，通过与游客的交流和交易过程，流露出水乡的日常饮食习俗。居住于街巷两侧的少数居民会把水乡特色的农产品、水产品和一些小手工艺品摆在门口或街巷角落，更有一部分居民通过采用流动的、非正式化的“行走”实践开辟新空间，以“流动空间”的形式，展示生存的技能，创造属于自己的生活艺术和空间传奇。艺术家的加入，艺术世界与生活世界的碰撞，更为古镇街巷平凡的日常生活空间增添了一份乐趣和蒙太奇色彩。

第四节　周庄古镇社会空间与社会关系的转换

社会空间与社会关系的相互作用产生时空转换性。通过长期调研发现，这种转换大致可分为四种类型：类型一，随着时间的推移，同一主体会在不同的社会空间产生不同的社会关系；类型二，同一主体在相同的社会空间，灵活地运用时间，实现社会关系的转换；类型三，对同一社会空间的分割或合理组织，产生多类亚空间，形成多样社会关系；类型四，不同主体及其关系促使相同社会空间的性质转化。

一 类型一分析

在周庄，随着旅游业的快速发展，当地居民的生活节奏较以往发生了一些改变，如果把以前的生活节奏归结为农业生产和工业生产受控的社会生活，那么现在则是旅游消费受控的社会生活。亲人关系主导的家庭空间、同事关系、店员-客人关系主导的工作场所（即相对游客而言的游憩空间）、邻里关系主导的日常生活空间成为当地居民和外来务工人员最主要的社会交往空间。不同年龄阶段群体的日常社会空间轨迹略有不同。通过3年的调研发现，老年、中年、青年（少年儿童一般在学校上学）3个年龄段的日常社会空间的转换（时空路径）存在如下规律（图12-7）。

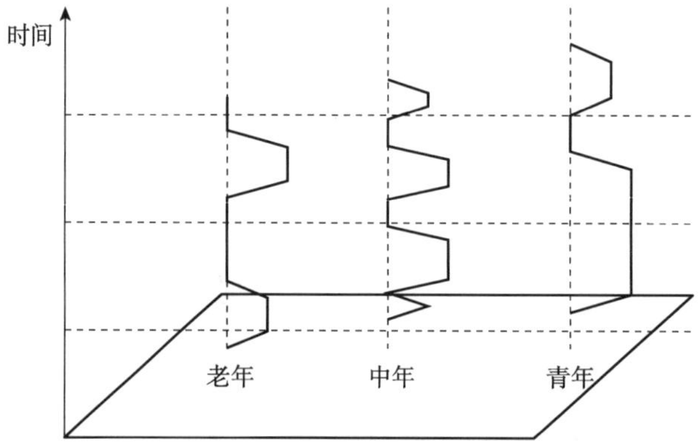

图12-7　不同年龄段人群时空路径图

不同社会职业群体时空轨迹存在较大差异，几种特殊职业如演员、歌手与一般工作人员在工作时间安排上差异尤为明显，对几个演员的采访，发现他们白天相对自由，有的在舞蹈间练习，有的在外面玩耍，有的还在睡觉。下午是他们的准备时间，到了晚上 7 点开始舞台化表演，只有到了下班时间才离开“四季周庄”表演区，到附近饭店吃饭喝酒聊天，他们往往采用分批演出的形式，每年都会有新的一批实习演员到来，保证了“四季周庄”的可持续表演。

酒吧专业歌手的时空轨迹和演员较为相似，白天住在老板租的房间，行动自由，晚上 7 点以后到古镇酒吧上班，分场次演唱，客人多的时候少唱几首，反之亦然，晚上下班时间很晚，往往在 11 点以后，有时在 12 点，等坐班车回到宿舍已经很晚，还要吃夜餐，正如歌手谈到“经常这样的话，免疫就会下降，上了年纪了身体就不好，要吃中药……免疫力会比较差，肯定都会有影响，估计就是晚上工作的缘故”。工作性质决定了社会空间及其关系的时空转换，像歌手这种工作对于个人具有不可持续性，“干我们这行就是要到处跑，因为这种工作没有固定的，一般做几个月，时间长一两年吧，做完就换地方”，他们随时都可能离开周庄，也会有新的歌手到来，但是这种行业可持续性如何？还需进一步观察（图 12-8）。

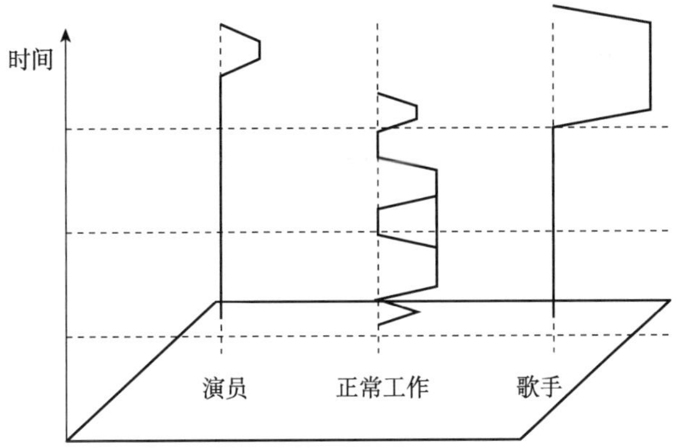

图 12-8　不同职业人群时空路径图

二 类型二分析

日常生活中，人们在不同的场域和环境条件下便拥有了不同的社会角色，承担不同的社会职能。在小小的周庄古镇，即便是更微小的游憩点，当面对不同人群时，个体也可以通过合理运用时间（即忙里偷闲）产生不同角色，实现社会关系的转换。例如，在纸箱王主题创意园区，老板雇佣的员工其主要角色就是处理和客人的关系，说简单点就是卖产品，如果老板在场的情况下，定会安分守己，恪守自己的工作职责，耐心向客人推荐本店的产品，为老板多卖产品。与私人老板的雇佣相比，受雇于公家单位（周庄旅游股份有限公司）的人员，在处理与客人的关系上氛围就相对轻松了很多，偶尔还能开开小玩笑。若是老板不在场，那么这种雇佣关系就成为虚无的雇佣关系，在游客较少时或者通过忙里偷闲，多种社会关系如老乡关系、亲人关系、邻里关系或朋友关系就会浮现出来。在工作间歇，家常和趣闻往往成为店员间的闲聊话题，显示出他们之间真实的社会关系属性。

三 类型三分析

在张厅，整个区域被划分为三大块：参观区、休息区和购物区，不同区块具有不同的功能。在参观区，导游是绝对主角，游客时刻跟随着导游的节奏，尽管有时候导游会向游客问一些问题，但基本上还是自问自答，游客只需要跟上导游的脚步即可。在休息区（后院），设计有石凳、石桌、石栏、花草、小河，游客在这里照相、坐着休息，聊聊天，吃点东西，隐蔽处还有卫生间，在这里游客行动相对自由，但每批游客拥有此块空间的时间都不是很长，一般被控制在 10~15 分钟。当然游客也可以进入第三区块，周庄旅游股份有限公司的员工在这里卖一些旅游产品，如周庄书籍、小工艺品、特产，不同摊位由不同人员负责打点，公司还请来退休阿婆卖周庄小花布鞋，算是周庄的本土手工艺，这里主要是游客与工作人员买卖关系的主要发生场所。另外，烧香拜佛献功德的微观寺庙和小型阿婆茶水吧是对张厅三大主体区块的补充，实现了整个张厅游憩空间的结构化，在不同的亚空间拥有不同的主体及围绕它们而展开的社会关系，穿越亚空间即转换社会关系。

如果说张厅和全福讲寺只是以纯粹的空间分割和结构化实现社会关系转换，那么纸箱王主题创意园区则可以说真正体现了如厄里所言的“社会关系在社会空间（游憩场所）内部的时空结构化”。纸箱王充分利用硬纸的隔离功能，将整个创意园区分为购物区、娱乐区和酒水餐饮区（卡拉 OK 区）三大区块。亚空间的功能、主体、社会关系与前两者相类似，最大的不同在于除前两者所共有的空间结构化之外，它将时间因素纳入其中，产生时空结构化。在酒水餐饮区表现得尤为明显，白天还是休息、取景的场所，工作人员扮演次要的角色，游客是这里的绝对主体，一切关系的展开都围绕游客进行。但是，到晚上6点以后，专业歌手成为氛围的绝对制造者，游客成为被动的听客，偶尔在歌手的指导下进行上台演出，而工作人员完全沦为陪衬。

四 类型四分析

对游客而言，双桥最能代表周庄，代表江南水乡特色，是古镇游的必到之地。对于当地居民而言，双桥有着不同的意义，作为普普通通的交通方式，解决日常生活的通行问题，如今又成为周庄人引以为豪的资本和当地居民交易产品的重要场所。随着旅游实践的展开，不同主体有效利用双桥，作为社会关系维系的微观场所，促使双桥的关系习性在一天中发生转化。清晨8点以前，当地一些普通百姓会把家里的鱼干、虾米、花茶、阿婆茶、工艺品等特色产品拿到双桥中间进行交易，此时双桥成为当地特色商品市场，吸引晨游的客人前来参观、购买。8点以后的绝大多数时间里，双桥作为周庄著名游憩景点，成为导游施展口才的表演舞台，陈逸飞的故事是他们永远讲不完的故事，在这里，游客是导游的忠实听众。

同时，双桥又是游客取景拍照的理想场所，几乎所有的客人都会在这里留下自己的身影或者带走这里的风景，然而与其他地方不同的是，在双桥，拍照还是有讲究的，正如一位导游的讲解所言："好多朋友已经在这边拍照了，你在这边拍照呢，我觉得没有意义，因为你在这边拍照拍的是双桥，你看一下相机里面，有双桥吗？肯定没有。因为角度的关系，你拍不下它，所以在哪边拍双桥最好呢？陈逸飞画家在哪边发现双桥？在那边一个角落，那边有个桥看到了吗？斜度角拍过来，才可以把双桥的全景拍出来，最佳的效果你要把双桥的桥孔一圆一方拍到相机里面去"。

然而，随着旅游的发展和本地日常生活实践，南湖秋月园的性质已发生改变。从清晨到晚上经历了三个不同阶段，清晨是本地老年人晨练的地方，聊天的话语声、拍打腿脚的啪啪声是这一阶段的主旋律，而饮食、疾病和健康是他们闲聊的核心话题。这段时间偶有零星游客趁着游兴前来取景，但是这两类群体几乎不发生交往。园内另一处风景南湖古筝会所还在睡梦之中。

早上8点以后游客陆续到来，11~14点是游客的高峰期，尤其是午饭以后，大批游客到来，聊天声、嬉笑声、吵闹声响彻园区，作为一个集春、夏、秋、冬于一体的江南山水园林风景区，取景是游客第一要务，无论是亭台楼阁，还是山水花草一一装入相机，同时对中老年游客来说，这里绝对是休息的最佳场所，欣赏江南园林风景，回味饭饱的余香，半天的旅游疲惫在这里得到尽情地释放。

过了 16 点，游人远去；18 点左右，夜色来临，南湖园恢复平静。这时候古筝会所的灯笼开始亮起，时而传来徐徐古筝声，缓缓的流水声也依稀可见，尽管普通游客是不准入内的，但对于深居会所内的人们来说，绝对是一个安全、私密、优雅的世外桃源。正如周庄旅游股份有限公司网站上宣传的那样：如今，在南湖秋月园，更添一处休闲雅居：春江花月夜，南湖古筝会所。她兼具高端酒店的唯美、精致、私密与传统客栈的互动、人文及个性化服务，在保护和传承所在地的自然和人文特色的基础上不断创造美的享受，为客人创造全新的休闲度假完美体验。

参考文献

艾伯 .1988. 文化的变异 . 杜杉杉译 . 沈阳：辽宁人民出版社 .

巴比 A.2002. 社会研究方法基础 . 邱泽奇译 . 北京：华夏出版社 .

白凯，马耀峰，李天顺 .2010. 西安入境旅游者认知和感知价值与行为意图 . 地理学报，65（2）：244-255.

保继刚，楚义芳 .1999. 旅游地理学 . 北京：高等教育出版社 .

保继刚，苏晓波 .2004. 历史城镇的旅游商业化研究 . 地理学报，59（3）：427-436.

保继刚，郑海燕，戴光全 .2002. 桂林国内客源市场的空间结构演变 . 地理学报，57(1):96-106.

鲍德里亚 R.2014. 消费社会 . 刘成富，全志钢译 . 南京：南京大学出版社 .

鲍曼 Q.2013. 全球化——人类的后果 . 郭国良，徐建华译 . 北京：商务印书馆 .

本尼迪克特 .1992. 文化模式 . 王炜，等译 . 北京：生活 • 读书 • 新知三联书店 .

卞显红 . 2005. 旅游发展中居民态度与社区问题研究 . 人文地理，20（4）：95-100.

波普诺 D.1999. 社会学 . 李强，等译 . 北京：中国人民大学出版社 .

仓理新 .2008. 社会学视角下的旅游文化现象 . 旅游学刊，23（12）：70-76.

陈传康 .1996. 城市旅游开发规划研究提纲 . 旅游学刊，16（5）：31-34.

陈健昌，保继刚 .1988. 旅游者的行为研究及其实践意义 . 地理研究，7(3)：44-51.

陈丽坤 .2011. 离析现代化与旅游对民族社区的文化影响——西双版纳三个傣寨的比较研究 . 旅游学刊，26(11)：58-64.

崔凤军，张建中，杨永慎 .1997. 泰山旅游需求时空分布规律及旅游者行为特征的初步研究 . 经济地理，17(3):62-67.

戴凡，保继刚 .1996. 旅游社会影响研究——以大理古城居民学英语态度为例 . 人文地理，11(2):37-42.

丹尼尔 N.1992. 文化屏障 . 王奋宇，等译 . 杭州：浙江人民出版社 .

邓辉 .2003. 卡尔 • 苏尔的文化生态学理论与实践 . 地理研究，22（5）：625-634.

丁健，彭华 .2002. 民族旅游开发的影响因素分析 . 经济地理，22（1）：22-25.

杜芳娟，陈晓亮，朱竑 .2011. 民族文化重构实践中的身份与地方认同——仡佬族祭祖活动案例. 地理科学，31(12)：1512-1517.

风笑天 .2001. 社会学研究方法 . 北京：中国人民大学出版社 .

冯健，王永海 .2008. 中关村高校周边居住区社会空间特征及其形成机制 . 地理研究，27（5）：1003-1016.

冯乃康 .1991. 首届中国旅游文化学术研讨会纪要 . 旅游学刊，6（1）：57-58.

冯淑华 .2002. 古村落旅游客源市场分析与行为模式研究 . 旅游学刊，17（6）：45-48.

冯天瑜 .1991. 中华文化史 . 上海：上海人民出版社 .

付保红，徐旌 .2002. 曼春满村民族旅游中村民社会角色变化调查研究 . 云南地理环境研究，14（1）：43-49.
郭来喜 .1997. 中国生态旅游——可持续旅游的基石 . 地理科学进展，16（4）：1-10.
韩念勇 .2000. 中国自然保护区可持续管理政策研究 . 自然资源学报，15（3）：201-207.
何光韦 .1997. 旅游规划工作纲要 . 北京：旅游教育出版社 .
何深静，钱俊希，邓尚昆 . 2011. 转型期大城市多类绅士化现象探讨——基于广州市六个社区的案例分析 . 人文地理，26（1）：44-49.
胡兴报，苏勤 .2011. 黄山国内旅游者网络旅游信息搜索行为研究 . 安徽师范大学学报（自然科学版），34（3）：282-287.
黄成林 .1993. 试论徽州地理环境对徽商和徽派民居建筑的影响 . 人文地理，8（4）：60-63.
黄成林 .1995. 徽文化生态初步研究 . 地理科学，15（4）：299-306.
黄洁，吴赞科 . 2003. 目的地居民对旅游影响的认知态度研究——以浙江省兰溪市诸葛、长乐村为例 . 旅游学刊，18（6）：84-89.
黄潇婷，刘春 .2016. 旅游同伴角色对旅游者行为的制约影响——以香港海洋公园为例 . 人文地理，148（2）：127-138.
黄玉理 . 2006. 我国世界遗产地居民对旅游发展的态度与感知研究 . 桂林旅游高等专科学校学报，17（1）：124-127.
贾玉新 .1997. 跨文化交际学 . 上海：上海外语教育出版社 .
姜辽，苏勤 . 2013. 周庄古镇创造性破坏与地方身份转化 . 地理学报，68（8）：1131-1142.
卡斯特 M. 2003. 网络社会的崛起 . 夏铸久，等译 . 北京：社会科学出版社 .
李东和，张捷，章尚正，等 .2008. 居民旅游影响感知和态度的空间分异——以黄山风景区为例 . 地理研究，27（4）：963-972.
李和平，肖竞 .2009. 我国文化景观的类型及其构成要素分析 . 中国园林，（2）：90-94.
李蕾蕾 .1998. 城市旅游形象设计探讨 . 旅游学刊，18（1）：47-49.
李蕾蕾，张晗，卢嘉杰 .2005. 旅游表演的文化产业生产模式：深圳华侨城主题公园个案研究 . 旅游科学，19（6）：44-51.
李世众，赵长华 .1997. 人类学视野中的旅游现象 . 探索与争鸣，11：26-32.
李维树 .1994. 试论文化差异可以成为一种旅游资源 . 旅游学刊，9（4）：36-39.
李燕琴，蔡运龙 .2004. 北京市生态旅游者的行为特征调查与分析——以百花山自然保护区为例 . 地理研究，23（6）：863-874.
梁旺兵 .2006. 跨文化视角中的旅游客主交互与实地关系研究——以桂林、西安为例 . 西安：陕西师范大学博士学位论文 .
蔺国伟，白凯 .2015. 网络口碑对潜在赴藏旅游者从众行为的影响 . 人文地理，146(6):138-145.
刘伯山 .1999. 徽文化的基本概念及研究价值 . 徽州社会科学，3：12-18.
刘纯 .2000. 走向大众化旅游的社会——论现代旅游行为与动机 . 内蒙古大学学报，32（4）：98-102.
刘德谦 .2000. 一次对旅游前沿课题的审题研究 . 旅游学刊，15（2）：18-21.
刘峰 .1999. 旅游地理学在中国的发展回顾 . 地理研究，18（4）：433-443.
刘赵平 .1998. 再论旅游对接待地的社会文化影响 . 旅游学刊，13（1）：50-54.

刘振礼 .1992. 旅游对接待地的社会影响对策 . 旅游学刊，7（3）：36-41.
卢松，张捷，李东和，等 .2008. 旅游地居民对旅游影响感知和态度的比较——以西递景区与九寨沟景区为例 . 地理学报，63（6）：646-656.
陆大道 .2003. 中国区域发展的新因素与新格局 . 地理研究，22（3）：261-271.
陆林，宣国富，章锦河，等 .2002. 海滨型与山岳型旅游地客流季节性比较 . 地理学报，57(6):731-740.
陆林 .1994a. 山岳风景区客流研究——以安徽黄山为例 . 地理学报，49(3):236-245.
陆林 . 1994b. 山岳风景区旅游季节性研究——以安徽黄山为例 . 地理研究，13(3):50-57.
陆林 .1996a. 旅游地居民态度调查研究——以皖南旅游区为例 . 自然资源学报，11（4）：377-382.
陆林 .1996b. 山岳风景区旅游者空间行为研究——兼论黄山与美国黄石公园之比较 . 地理学报，51（4）：315-321.
陆林 .1997a. 旅游地理文献分析 . 地理学报，16（2）：105-111.
陆林 .1997b. 山岳旅游地旅游者动机行为研究 . 人文地理，12（1）：6-10.
陆学艺 .1991. 当代中国农村与中国农民 . 北京：知识出版社 .
陆学艺 .1997. 社会结构的变迁 . 北京：中国社会科学出版社 .
陆学艺 .2002. 当代中国社会阶层研究报告 . 北京：社会科学文献出版社 .
旅游规划工作纲要编委会 .1999. 旅游规划工作纲要 . 北京：旅游教育出版社 .
马波 .1999. 我国旅游文化研究的回顾与前瞻 . 桂林旅游高等专业学校学报，10（2）：8-10.
马晓冬，翟仁祥 .2001. 论旅游文化资源及其开发 . 人文地理，16（6）：89-92.
马耀峰，李天顺 . 1999. 中国入境旅游研究 . 北京：科学出版社 .
马勇，李娟文 .1996. 区域旅游文化开发研究——以湖北鄂州为例 . 经济地理，16（4）：109-111.
马勇，刘军 .2014. 丝绸之路旅游文化经济带全球发展战略研究 . 世界地理研究，23（2）：151-158.
麦金托什 L，格波特 X.1985. 旅游学——要素 • 实践 • 基本原理 . 蒲红，等译 . 上海：上海文化出版社 .
孟庆洁，贾铁飞，郭永昌 . 2010. 侵入与接替：上海市闵行区古美街道居住空间的演变 . 人文地理，25（5）：81-85.
苗长虹，王兵 .2003. 文化转向：经济地理学研究的一个新方向 . 经济地理，23（5）：577-581
聂献忠，张捷，吕菽菲 .1998. 九寨沟国内旅游者行为特征初步研究及其意义 . 自然资源学报，13（3）：249-255.
欧阳军 .2003. 旅游主客交往模式、影响因子及效应评判研究——以云南大理、丽江为例 . 广州：华南师范大学硕士学位论文 .
潘秋玲 .2005. 旅游开发对语言文化景观的影响效应研究——以西安为例. 旅游学刊，20（6）：19-24.
庞朴 .1987. 文化结构与近代中国 // 张立文 . 传统文化与现代化 . 北京：中国人民大学出版社 .
庞朴 .1988. 文化的民族性和时代性 . 北京：中国和平出版社 .
彭德成 .2003. 中国旅游景区治理模式 . 北京：中国旅游出版社 .

彭华 .1998. 关于旅游地文化开发的探讨 . 旅游学刊，13（1）：43-46.
钱智 .1998. 吴文化区域系统初步研究 . 地理研究，53（2）：123-129.
阮仪三 .2001. 护城踪录——阮仪三作品集 . 上海：同济大学出版社 .
瑟厄波德 W.2001. 全球旅游新论 . 张广瑞译 . 北京：中国旅游出版社 .
申葆嘉 .1992. 论旅游接待地的社会压力问题 . 旅游学刊，7（3）：48-51.
申葆嘉 .1996. 国外旅游研究进展 . 旅游学刊，11（4）:46-50.
石美玉 .2005. 旅游者购物行为研究 . 旅游学刊，20（5）：70-75.
史密斯 S.1992. 游憩地理学：理论与方法 . 吴必虎译 . 北京：高等教育出版社 .
司马云杰 .2001. 文化社会学 . 北京：中国社会科学出版社 .
宋伟轩，吴启焰，朱喜钢 .2010. 新时期南京居住空间分异研究 . 地理学报，65（6）：685-694.
苏勤 . 2001. 旅游学概论 . 北京：高等教育出版社 .
苏勤 .2003. 基于文化地理学对历史文化名城保护的理论思考 . 城市规划汇刊，4：38-42.
苏勤，林炳耀 . 2004. 基于态度与行为的我国旅游地居民的类型划分——以西递、周庄、九华山为例 . 地理研究，23（1）：104-114.
苏勤，曹有挥，张红霞，等 .2005. 旅游者动机与行为类型研究——以世界遗产地西递为例 . 人文地理，84（4）：82-86.
孙九霞 .2010. 旅游对目的地社区族群认同的影响——基于不同旅游作用的案例分析 . 中山大学学报 (社会科学版)，50（1）：170-177.
孙九霞，保继刚 .2006. 从缺失到凸显：社区参与旅游发展研究脉络 . 旅游学刊，21（7）：63-68.
孙九霞，陈浩 .2012. 旅游对目的地社区族群认同的影响——以三亚回族为例 . 地理研究，31（4）：758-768.
孙九霞，苏静 .2014. 旅游影响下传统社区空间变迁的理论探讨——基于空间生产理论的反思 . 旅游学刊，29（5）：78-86.
孙九霞，王心蕊 .2012. 丽江大研古城文化变迁中的“虚无”与“实在”：以酒吧发展为例 . 旅游学刊，27（9）：73-81.
汤茂林 .2000. 文化景观的内涵及其研究进展 . 地理科学进展，19（1）：70-79.
汤茂林，金其铭 .1998. 文化景观研究的历史和发展趋向 . 人文地理，（2）：41-45.
唐顺铁 .1998. 旅游目的地的社区化及社区旅游研究 . 地理研究，17（2）：145-149.
唐雪琼，钱俊希 . 2011. 旅游影响下少数民族节日的文化适应与重构——基于哈尼族长街宴演变的分析. 地理研究，30（5）：835-844.
唐雪琼，朱竑，薛熙明 . 2009. 旅游发展对摩梭女性的家庭权力影响研究——基于泸沽湖地区落水下村和开基村的对比分析. 旅游学刊，24（7）：78-83.
陶黎 .2002. 民族文化旅游商品开发探析 . 思想战线，（4）：45-48.
滕尼斯 F.1999. 共同体与社会 . 林荣远译 . 北京：商务印书馆 .
屠如骥 .1992. 旅游心理学 . 天津：南开大学出版社 .
汪德根，陆林，刘昌雪 .2003. 近 20 年中国旅游地理学文献分析——《地理学报》、《地理研究》、《地理科学》、《自然资源学报》发表的旅游地理类论文研究 . 旅游学刊，16（1）：68-75.
王德刚 .1999. 试论旅游文化的概念和内涵 . 桂林旅游高等专业学校学报，10（4）：39-42.

王恩涌 .1989. 文化地理学导论 . 北京：高等教育出版社 .
王恩涌 .2010. 王恩涌文化地理随笔 . 北京：商务印书馆 .
王立 . 1997. 试论旅游文化发展的三个阶段 . 黑龙江社会科学，（3）:56-58.
王莉，陆林 .2003. 江南水乡古镇旅游开发战略初探——浙江乌镇实证分析 . 长江流域资源与环境，12（6）：529-534.
王宁 .1999. 旅游、现代性与“好恶交织”——旅游社会学的理论探索 . 社会学研究，（6）：93-102.
王宁，刘丹萍，马凌 .2008. 旅游社会学 . 天津：南开大学出版社 .
王宪礼，朴正吉，黄永炫，等 .1999. 长白山生物圈保护区旅游的社会影响分析 . 旅游学刊，14（2）：65-70.
王友三 . 1993. 吴文化史丛 . 南京：江苏人民出版社 .
王云才，陈田，郭焕成 .2006. 江南水乡区域景观体系特征与整体保护机制 . 长江流域资源与环境，15（6）：708-712.
王兆峰，谢娟 .2013. 旅游网站信息搜寻对旅游者行为决策影响的评价分析 . 人文地理，134（4）：142-146.
魏雷，朱竑 . 2011. 与女游客婚恋关系下的摩梭男性文化身份建构．地理研究，30(11)：2017-2029.
吴必虎 .1994. 上海城市游憩者流动行为研究 . 地理学报，49(2):117-126.
吴必虎 .1997. 中国城市居民旅游目的地选择行为研究 . 地理学报，52（2）：97-103.
吴必虎 .2002. 中国世界遗产地保护与旅游需求关系 . 地理研究，21（5）：617-625.
吴必虎，余青 .2000. 中国民族文化旅游开发研究综述 . 民族研究，（4）：85-94.
吴必虎，宋治清，邓利华 .2001. 中国旅游研究 14 年——《旅游学刊》反应的学术态势 . 旅游学刊，16（1）：17-21.
吴缚龙 .1992. 中国城市社区的类型及其特点 . 城市问题，（3）：45-49.
吴晓晓，苏勤，姜辽 .2015. 旅游商业化影响下的古镇居住空间变迁研究——以周庄为例 . 旅游学刊，30（7）：26-36.
吴悦芳，徐红罡 .2010. 大理古城旅游房地产的发展及社会文化影响研究 . 人文地理，（4）：67-71.
吴悦芳，徐红罡 .2012. 基于流动性视角的第二居所旅游研究综述 . 地理科学进展，31（6）：799-807.
吴忠宏，洪常明，钟林生 . 2005. 居民对生态旅游认知与态度之研究——以澎湖列岛为例 . 旅游学刊，20（1）：57-62.
肖洪根 .1994. 国内外旅游文化研究述评 . 华侨大学学报（哲学社会科学版），（1）：69-75.
肖洪根 .2001. 对旅游社会学理论体系研究的认识（上）. 旅游学刊，16（6）：16-26.
肖洪根 .2002. 对旅游社会学理论体系研究的认识（下）. 旅游学刊，17（1）：59-68.
萧扬，胡志明 .1989. 文化学导论 . 石家庄：河北教育出版社 .
谢春山 .2000. 旅游文化——大连建成中国旅游旅游地的深厚底蕴 . 辽宁师范大学学报，23(4):85-88.
谢春山 .2001. 旅游文化——中国旅游业参与国际竞争成败的关键 . 北京第二外国语学院学报，

3：31-35.
谢彦君 .1999. 基础旅游学 . 北京：中国旅游出版社 .
谢彦君 .2010. 旅游体验研究：走向实证科学 . 北京：中国旅游出版社 .
徐红罡 . 2005. 文化遗产旅游商业化的路径依赖理论模型 . 旅游科学 ,19（3）：74-78.
徐建新 .2000. 人类学眼光：旅游与中国社会 . 旅游学刊，15（2）：62-69.
徐菊凤 .2005. 旅游文化与文化旅游：理论与实践的若干问题 . 旅游学刊，20（4）：67-72.
徐菊凤 .2007. 度假旅游者需求与行为特征分析——以中、俄赴三亚旅游者为例 . 旅游学刊，22（12）：59-65.
宣国富，陆林，章锦河，等 . 2002. 海滨旅游地居民对旅游影响的感知——海南省海口市及三亚市实证研究 . 地理科学，22（6）：741-746.
杨俭波 .2001. 旅游社会文化环境变迁机制试研究 . 旅游学刊，16（6）：70-74.
杨军辉，李同昇 .2015. 女性旅游者行为特征的传统社会观念传承与变迁分析——以赴桂林女性旅游者为例 . 人文地理，141（1）：143-147.
杨兴柱，陆林 . 2005. 城市旅游地居民感知差异及其影响因素系统分析——以中山市为例 . 城市问题，（2）：44-49.
殷红梅 .1999. 贵州织金洞客流时空分布规律与旅游者行为特征 . 地理学与国土研究，15(2):75-79.
余洁 .2007. 文化产业与旅游产业 . 旅游学刊，22（10）：9-10.
余向洋，朱国兴，邱慧 .2006. 游客体验及其研究方法述评 . 旅游学刊，21(10):91-96.
余颖，张捷，任黎秀 .2003. 老年旅游者的出游行为决策研究———以江西省老年旅游市场为例 . 旅游学刊，18（3）：25-28.
张朝枝 .2002. 旅行社对旅游者行为影响的初步研究 . 旅游学刊，17（3）：35-39.
张岱年，方克立 .1994. 中国文化概论 . 北京：北京师范大学出版社 .
张广瑞 .2000. 全球旅游伦理规范 . 旅游学刊，15（3）：51-57.
张红，李九全 .2000. 桂林境外游客结构特征及时空动态模式研究 . 地理科学，20(4):350-354.
张宏梅 , 陆林 .2005. 近 10 年国外旅游动机研究综述 . 地域研究与开发，24(2):60-64.
张捷 .1999a. 观光旅游地客流时间分布特性的比较研究 . 地理科学，19（1）：49-54.
张捷 .1999b. 自然观光旅游地客源市场的空间结构研究 . 地理学报，54（4）：357-363.
张捷，李升峰，周寅康，等 .2002. 九寨沟风景区游客入游距离特征研究 . 长江流域资源与环境，11(1):4-9.
张瑾 . 2011. 民族旅游语境中的地方性知识与红瑶妇女生计变迁——以广西龙胜县黄洛瑶寨为例. 旅游学刊 , 26（8）：72-79.
张松 .2002. 小 • 桥 • 流 • 水 • 人 • 家——江南水乡古镇的文化景观解读 . 时代建筑，4：42-47.
张文 .2001. 旅游与文化 . 北京：旅游教育出版社 .
张晓燕，张善芹，马勋，.2006. 我国自驾车旅游者行为研究——以华北地区为例 . 旅游学刊，21（9）：31-35.
张昕竹 .2000. 中国规制与竞争：理论和政策 . 北京：中国展望出版社 .
张彦 , 于伟 .2011. 旅游活动对城市旅游目的地社会资本的影响分析——以济南市两社区为例 . 旅游学刊，26（8）：66-71.

赵红梅 .2014. 论旅游文化———文化人类学视野 . 旅游学刊，29（1）：16-26.
赵文红 .1999. 旅游文化是旅游可持续发展的源泉 . 桂林旅游高等专业学校学报，9(4):55-57.
赵玉宗 .2009. 城市旅游绅士化特征及其影响因素——以南京“总统府”周边地区为例. 经济地理，29（8）：1391-1396.
郑鹏，马耀峰，李天顺，等 . 2010. 我国入境旅游者流动行为机理分析——对旅游热点城市西安的实证研究 . 经济地理，30（1）：139-144.
郑向敏 .1996. 旅游对风情民俗资源的消极影响及对策研究 . 旅游学刊，11（3）：44-47.
钟海生 . 1998. 旅游业的两种发展观和政策导向 . 旅游调研，(4):19-24.
钟敬文 .1984. 民俗学 . 长春：东北师范大学出版社 .
周尚意，孔翔，朱月付 .2004. 文化地理学 . 北京：高等教育出版社 .
周晓虹 .1997. 边际人：概念、特点及其他 . 社会心理研究，2：39-48.
朱春全 .1997. 生态位态势理论与扩充假说 . 生态学报，17（3）：324-332.
朱竑，司徒尚纪 .1999. 今年我国文化地理学研究的新进展 . 地理科学，19（4）：338-343.
朱建英 , 邓文胜 , 王丽玲 .2010. 基于遥感影像数据的汉川市土地利用动态变化探讨 . 云南地理环境研究，8:66-70.
庄大方，刘纪远 .1997. 中国土地利用程度的区域分异模型研究，自然资源学报，12（4）：105-111.
庄春地，沙莎 .2010. 历史文化名镇保护监管机制建立的探索和思考 .http//www.china-mc.org/yanjiuwenku/zuixinwenzhang/2014-04-09[2015-03-10].
Allen L，Hafer H. 1993. Rural residents, attitudes toward recreation and tourism development. Journal of Travel Research，33(4)：27-33.
Allport G. 1954. The Nature of Prejudice. Cambridge：Addison Wesley.
Amir Y. 1969. Contact hypothesis in ethnic relations. Psychological Bulletin，71(5)：319-342.
Amoamo M. 2011.Tourism and hybridity：Revisiting Bhabha’s third space.Annals of Tourism Research，38(4)：1254-1273.
Amore D.1988.Tourism：The world,speace industry. Journal of Travel Research，27(1)：35-40.
Andriotis K.2006.Hosts, guests and politics: Coastal resorts morphological change. Annals of Tourism Research, 33(4):1079-1098 .
Ap J.1990.Residents，perceptions research on the social impacts of tourism. Annals of Tourism Research，17：610-616.
Ap J.1992.Residents,perceptions on tourism impact. Annals of Tourism Research，19(4)：665-690.
Ap J, Crompton J L.1993.Residents, perceptions on tourism impacts. Journal of Travel Research，33(1)：47-50.
Ap J, Crompton J L.1998.Developing and testing a tourism impact scale. Journal of Travel Research，37(2)：120-130.
Belisle F，Hoy D.1980. The perceived impacts of tourism byresidents-a case study in Santa Marta. Columbia.Annals of Tourism Research，7(1)：83-101.
Bourdieu P. 1984.Distinction. Cambridge, Mass: Harvard University Press.
Butler R W.1974.Social implications of tourism development. Annals of Tourism Research，2(2)：

100-111.

Butler R W.1980. The concept of tourism area cycle of evolution: Implications for management of resources. Canadian Geographer, 24(1): 5-12.

Caneday L, Zeiger J.1991. The social, economic and environmental costs of tourism to a growing community. Journal of Travel Research, 31 (4): 45-48.

Carmichael B A.2000.A matrix for resident attitudes and behaviours in a rapidly changing tourist area. Tourism Management, 21: 601-611.

Cees G.2000.Tourism information and pleasure motivation. Annals of Tourism Research, 27(2): 301-321.

Cevat T.2002.Host perceptions of impacts: A comparative tourism study.Annals of Tourism Research, 29(1): 231-253.

Chars R.2002.Power sharing and sustainability: Issues of "new tourism" . Tourism Management, 23(1): 17-26.

Chesney L M.1986.Visitors as victims: Crimes aagainst tourists in Hawaii. Annals of Tourism Research, 13(2): 167-191.

Cohen E.1979.Rethinking the sociology of tourism. Annals of Tourism Research, 6(1): 18-35.

Cohen E. 1999.Towards an agenda for tourism research in southeast asia. Asia Pacific Tourism Association Fifth Annual Conference Proceedings, 1: 2-16.

Crompton J L.1979. Motivations for pleasure vocation. Annals of Tourism Research, 6(4): 196-213.

Dann G.1977.Anomie,ego-enhancement and tourism. Annals of Tourism Research, 4(4): 184-194.

Dann G.1981.Tourist motivation: An appraise. Annals of Tourism Research, 8(4): 187-219.

Dann G,Cohen E.1991.Sociology and tourism. Annals of Tourism Research, 18(1): 155-169.

David B, Laura J.2001.Resident perceptions in the urban-rural fringe. Annals of Tourism Research, 28(2): 439-458.

Davis D, Allen J. 1988.Segmenting local residents by their attitudes, interests and opinions toward tourism. Journal of Travel Research, 27(2): 2-8.

Deery M, Jago L, Fredline L.2012.Rethinking social impacts of tourism research: A new research agenda. Tourism Management,33 (1):64-73.

de Kadt E. 1990.Making the alternative sustainable: Lessons from development for tourism . Brighton: United Kingdom, Institute for Development Studies at the University of Sussex.

Dogan G, Claudia J.2002. Resident attitudes: A structural modeling approach. Annals of Tourism Research, 29(1): 79-105.

Dogan H Z.1989. Forms of adjustment: Sociocultural impacts of tourism. Annals of Tourism Research, 16(2): 223-239.

Doxey G V.1975.A Causation Theory of Visitor-resident Irritants, Methodology and Research Inference //The Impact of Tourism. Sixth Annual Conference Proceedings of the Travel Research Association. San Diego.

Dyer P, Aberdeen L, Sigrid S.2003.Tourism impacts on an Australian indigenous community: A djabugay case study. Tourism Management, 24(1): 83-95.

Eagles P , McCool S, Haynes C D. 2002. Sustainable tourism in protected areas: Guidelines for planning and mannagement No 8, Gland, Switzerland and Cambridge, UK. IUCN.

Elizabeth F, Bill F.2000.Host community reactions—a cluster analysis. Annals of Tourism Research, 27(3): 763-784.

Evans P D. 1989.How “THEY” see “US” : Native American images of tourists. Annals of Tourism Research, 16(1): 89-105.

Evans T R.1993. Residents’ Perceptions of Tourism in New Zealand Communities. University of Otago, Dunedin : Masters of Commerce Thesis.

Faulkner B C, Tideswell.1997.A framework for monitoring impacts of tourism.Jourism of Sustainable Tourism, 5: 3-28.

Feifer M. 1985.Going Places: The Ways of the Tourist from Imperial Rome to the Present Day. London: Macmillan

Fredline E, Faulkner B.2000.Host community reactions: A cluster analysis. Annals of Tourism Research, 27(3): 763-784.

Freeman R E.1984. Strategic Management: A Stakeholder Approach. Boston: Pitman.

Gartner, William C.1996. Tourism Development, Principles, Processes, and Policies. New York: van Nostrand Reinhold.

Gentry K M.2007. Belizean women and tourism work: Opportunity or impediment? Annals of Tourism Research, 34(2): 477-496.

Gotham K.2005.Tourism gentrification: The case of New Orleans’ Vieux Carre (French quarter). Urban Studies, 42(7): 1099-1121.

Grady J M.1988.Tourism in the Thied World: Christian Reflections. New York: Orbis Books.

Gursoy D, Kendall K.2006. Hosting mega events: Modeling locals’ support. Annals of Tourism Research, 33(3): 603-623.

Gursoy D, Rutherford D G.2004. Host attitudes toward tourism: An improved structural model. Annals of Tourism Research, 31(3): 495-516.

Gursoy D, Chi C G, Dyer P. 2009.An examination of locals’ attitudes. Annals of Tourism Research, 36(4): 723-726.

Gursoy D, Chi C G, Dyer P.2010.Locals’ attitudes toward mass and alternative tourism: The case of sunshine coast, Australia. Journal of Travel Research, 49(3): 381-394.

Gursoy D, Jurowski C, Uysal M.2002. Resident attitudes: A structural modeling approach. Annals of Tourism Research, 29(1): 79-105.

Haralambopoulos N, Pizam A.1996.Perceived impacts of tourism: The case of Samoa. Annals of Tourism Research, 23(4): 503-526.

Herman S, Schild E.1960.Contexts for the study of cross-cultural education. Journal of Social Psychology, 52: 231-250.

HeungV C S,Qu H,Chu R. 2001. The relationship between vacation factors and socio-demographic and travelling characteristics: The case of Japanese leisure travellers. Tourism Management, 22(3): 259-269.

Hunter W C.2011.Rukai indigenous tourism：Representations, cultural identity and Q method. Tourism Management, 32(2), 335-348.

Ishii K.2012.The impact of ethnic tourism on hill tribes in Thailand.Annals of Tourism Research, 39(1)：290-310.

Iso-Ahola S E.1982. Toward a social psychological theory of tourism motivation：A rejoinder. Annals of Tourism Research，9(2)：167-189.

Jafari J.1985.Editor's page. Annals of Tourism Research（Special Number），12(1)：1-2.

Jafari J.1986. A Systemic View of Sociocultural Dimensions of Tourism. In the President's Commission on American Outdoors, Tourism(Washington D C).

Jane R，Robson I.1996.From shareholders to stakeholders：Critical issues for tourism marketers. Tourism Management, 17(3)：127-141.

Jenkins C L.1982.The effects of scale in tourism projects in developing countries. Annals of Tourism Research，9(2)：229-249.

Jeong S, Santos C A.2004. Cultural politics and contested place identity.Annals of Tourism Research, 31(3)：640-656.

John W,Rob L.2001.Community issues and resident opinions of tourism. Annals of Tourism Research, 28(2)：269-290.

Johnson J D,Snepenger D J, Akis S.1994.Residents, perceptions of tourism development. Annals of Tourism Research, 21(4)：629-642.

Jones S. 2005.Community-based ecotourism：The significance of social capital. Annals of Tourism Research，32(2)：303-324.

Joseph C A, Kavoori A P. 2001.Mediated resistance：Tourism and the host community. Annals of Tourism Research, 28(4)：998-1009.

Juergen G.1997.Tourism motivation and expectation formation.Annals of Tourism Research, 24(2)：283-304.

Jurowski C, Uysal M,Williams D.1997. A theoretical analysis of host community resident reactions to tourism. Journal of Travel Research, 36(2)：3-11.

Kendall K W，Var T.1985.The Perceived Impacts of Tourism：The State of the Art. Simon Fraser University, Canada Unpublished Working Paper.

Klemm M S. 2002.Tourism and ethnic minorities in Bradford：The invisible segment. Journal of Travel Research，41(1)：85-91.

Lankford S,Howard D R.1994. Developing a tourism iImpact attitude scale. Annals of Tourism Research, 21(1)：121-139.

Laxson J.1991.How "WE" see "THEM"：Tourism and native amercians. Annals of Tourism Research, 18(3)：365-391.

Lee C K, Kim S S. 2003. Perceptions of casino impacts：A Korean longitudinal study. Tourism Management, 24(1)：45-55.

Lee I，Arcodia C, LeeT J.2012.Benefits of visiting a multicultural festival: The case of South Korea. Tourism Management, 33(2): 334-340.

Lees L.2000.A Reappraisal of gentrification: Towards geography of gentrification .Progress in Human Geography, 24(3): 389-408.

Lefebvre H. 1976.The Survival of Capitalism: Reproduction of the Relations of Production . New York: St Martin's Press.

Lindberg K, Johnson R L.1997. Modeling resident attitudes toward tourism. Annals of Tourism Research, 24(2): 402-424.

Lindberg K, Johnson R L.1997.The economic values of tourism's social impacts. Annals of Tourism Research, 24(1): 97-116.

Liu J, Sheldon.1987.Resident perception of the environmental impacts of tourism. Annals of Tourism Research, 14(1): 17-37.

Liu J, Var T.1986. Resident attitudes toward tourism impacts in Hawaii. Annals of Tourism Research, 13 (2): 193-214.

Loker M L.1996. Backpackers in Australia: A motivation based segmentation study. Journal of Travel and Tourism Marketing, 5(4): 23-45.

MacCannell D.1973.Staged authenticity: Arrangements of social space in tourism settings. American Journal of Sociology, 79(3): 589-603.

Mardrigal R.1995. Residents, perceptions and the role of government. Annals of Tourism Research, 22(3): 86-102.

Marilynn P F, Patricia H.1999. Ethics in tourism-reality or hallucination. Journal of Business Ethics, 19(2): 79-96 .

Martin S.1995.Montanans' Attitudes and behavioral intentions toward tourism: Implications for Sustainability // McCools et al. Linking Tourism, the Environment, and Sustainability. Ogden UT: US Department of Agriculture, Forest Service.

Mason K. 2004.Sound and meaning in aboriginal tourism . Annals of Tourism Research, 31(4): 837-854.

Mathieson W.1982.Tourism-Economic, Physical and Social Impacts. New York: Longman.

Matthews H, Richter L.1991.Political science and tourism. Annals of Tourism Research, 18(3): 120-135.

Mbaiwa J E. 2011. Changes on traditional livelihood activities and lifestyles caused by tourism development in the Okavango Delta, Botswana.Tourism Management, 32(1): 1050-1060.

Metin K.2002.Comparative analysis of tourist motivations by nationality and destinations. Tourism Management, 23: 221-232.

Mieczkowski Z.1995.Environmental Issues of Tourism and Recreation.University Press of American Inc.

Mills C. 1988.Life on the upslope: The postmodern landscape of gentrification. Environment and Planning D: (Society and Space), 6(2): 169-189.

Milman A, Pizam A.1988.Social Impacts of tourism on central Florida. Annals of Tourism Research, 15 (2): 191-204.

Murphy P E.1985.Tourism: A Community Approach. London: Routledge.

Nash D, Smith V. 1991. Anthropoligy and tourism. Annals of Tourism Research, 18(1): 12-25.

Nepal S K. 2007.Tourism and rural settlements：Nepal's annapurna region. Annals of Tourism Research, 34(4)：855-875.

Pagdin C. 1995. Assessing tourism impacts in the third world：A Nepal case study. Progress in Planning, 44：185-266.

Palmer C A. 1994.Tourism and colonialism：The experience of the Bahamas. Annals of Tourism Research，21(4)：792-811.

Park H. 2010.Heritage tourism：Emotional journeys into nationhood. Annals of Tourism Research，37(1)：116-135.

Paul B, Paul C. 1999. Host perceptions of sociocultural impacts. Annals of Tourism Research，26(3)：493-515.

Pearce D.1991.Tourism Development. Essex：Longman Scientific and Technical.

Pearce P E. 1975. The Social and Environmental Perceptions of Overseas Tourists.Oxford：Unpublishde D. Phil.thesis, University of Oxford.

Pearce P L.1977.Mental souvenirs：A study of tourisa and their city maps. Australian Journal of Psychology, 29：203-210.

Pearce P L.1982.The Social Psychology of Tourist Behaviour. Oxford：Pergamon.

Pearce P L.1984.Tourist-guide interaction. Annals of Tourism Research，11：129-146.

Pearce P L.1988.The Ulysses Facter：Evaluating Visitors in Tourist Setting. New York：Springer-Verlag.

Perdue R, Long P,Allen L.1990. Rrsidents support for tourism development. Annals of Tourism Research, 17(4)：586-599.

Phillips M. 2004.Other geographies of gentrification.Progress in Human Geography, 28(1)：5-30.

Pizam A.1978.Tourism impacts：The social costs to the destination community as perceived by its residents. Journal of Travel Research, 16(1)：8-12.

Pizam A, Reichel A, Stein C F.1982.Tourism and crime：Is there a relationship? Journal of Travel Research，20(3)：7-10.

Reed M G.1997.Power relations and community-based tourism planning. Annals of Tourism Research, 24(3)：566-591.

Rekom J, Go F.2006. Being discovered：A blessing to local identities? Annals of Tourism Research, 33(3)：767-784.

Ritchie J,Smith B H. 1991.The impact of a mega-event on host region awareness：A longitudinal study. Journal of Travel Research, 29(1)：3-10.

Robson J, Robson I. 1996. From shareholders to stakeholders: Critical issues for tourism marketers. Tourism Management, 17(3): 127-141.

Ross G F.1992.Resident perceptions of the impact of tourism on an Australian city. Journal of Travel Research, 30 (4)：13-17.

Ryan C. 2002.Tourist Rating of australian aboriginal culture. Annals of Tourism Research, 29(2)：178-196.

Ryan C, Montgomery D. 1994.The attitudes of bakewell residents to rourism and issues in community responsive tourism. Tourism Management, 15(5): 358-369.

Samuel S K, Choong L,David B.2003. The influence of push and pull factors at Korean national parks. Tourism Management, 24: 169-180.

Sapir E.1921. Language: An Intrduction to the Study of Speech. New York: Harcout, Brace and Company.

Sauer C O.1925.The morphology of landscape.University of California Publication in Geography, (2): 19-54.

Sautter E, Leisen B.1999. Managing stakeholders: A tourism pianning model. Annals of Tourism Research, 26(2): 312-328.

Schroeder T. 1992. Host community perceptions of Tourism's impacts: A cluster analysis. Visions in Leisure and Business, 10(4): 43-48.

Sheldon P, Var T.1984. Resident attitudes to tourism in north Wales. Tourism Management, 5 (1): 40-48.

Smith H. 1955. Do intercultural experiences affect attitudes? Journal of Abnormal and Social Psychology, 51: 469-477.

Smith H. 1957. The effects of intercultural experence: A follow-up in vestigation.Journal of Abnormal and Social Psychology, 54: 266-279.

Smith V.1978. Host and Guests:The Anthropology of Tourism.Philadelphia:University of Pennsylvania Press.

Stephen C,Simon F.1999. Gay men and tourism: Destinations and holidy motivations.Tourism Management, 20: 615-625.

Stokowski P A.1993.Undesirable lag Effects in tourist destination development: A Colorado case study. Journal of Travel Research, 32 (4): 35-41.

Thrift N. 1989.Image of Social Change//Hamnett C, McDowell L, Sarre P. The Changing Social Structure. London: Sage .

Tomlinson J. 1999. Globalization and Culture. Chicago: The University of Chicago Press.

Tosun C. 1999. Towards a Typology of Community Participation in the Tourism Development Process.Anatolia ,10(2): 113-134 .

Turner L, Ash J.1975. The Golden Hordes: International Tourism and the Pleasure Periphery. London: Constable.

Upchurch R S, Teivane U. 2000.Resident perceptions of tourism development in Riga, Latvia. Tourism Management, (21): 499-507.

Urry J. 1990.The Tourist Gaze: Leisure and Travel in Contemporary Societies.London: Sage.

Urry J. 1991. The Sociology of Tourism// Cooper, et al. In Progress in Tourism, Recreation and Hospitality Management.London: Behaven Press.

Urry J.1995. Consuming Places. London: Routledge.

Useem J.1967. The Interfaces of a binational third culture: A study of American community in India. Journal of Social Issues, 23: 130-143.

Weaver D B. 1991. Alternatives to mass tourism in Dominica. Annals of Tourism Research, 18(4): 414-432.

Williams J R. Lawson.2001. Community issues and resident opinions of tourism. Annals of Tourism Research, 28(2): 269-290.

Yang L.2011.Ethnic tourism and cultural representation. Annals of Tourism Research, 38(2) : 561- 585.

Yiannakis A, Gibson H.1992.Roles tourists play. Annals of Tourism Research, 19(3): 157-174.

Yooshik Y, Dogan G, Joseph S.2001.Validating a tourism development theory with structural equation modeling. Tourism Management, 22: 362-372.

后　记

Postscript

自20世纪40年代以来，西方学者认识到“旅游是非定居者的旅行和暂时居留而引起的一种现象及关系的总和”，有关旅游的区域影响便成为旅游地理学研究的基本内容。从本质上看，旅游活动是具有双重结构的社会经济现象：旅游者、旅游业和旅游地的各种行为及相互关系构成了旅游活动的表层经济外壳，而旅游活动中人与人的关系则构成了旅游活动的深层文化内涵。因此，伴随着旅游活动的开展必然会出现旅游的经济与社会文化等综合影响。旅游的社会文化影响是指旅游在旅游地社会文化体系（包括物质文化、制度文化和精神文化）变迁中所产生的作用，涉及旅游地的产业结构、收入结构、空间结构、人口结构、家庭关系、社区组织、价值体系、观念习俗、生活方式、传统文化等诸多方面。第二次世界大战以后，大众化旅游迅速发展，导致世界各地都出现了旅游发展给旅游地长期尺度上的社会文化发展带来不良后果的案例。自20世纪70年代以来，国外关于旅游社会文化影响的研究日渐深入。但国外学者着眼于不同国家和地区对旅游地社会文化影响进行了大量的实证研究，得出的结论却各不相同。总体上看，由于研究的零散性和经验性，大量的研究成果缺乏可比性，难以归纳形成旅游对旅游地社会文化影响的共识。

笔者从旅游地理学的视角，运用理论分析和实证研究方法，结合文化地理学、社会学、人类学等理论与方法，阐述旅游地社会文化系统的构成与特点，分析测度旅游社会文化影响的程度与方向，力图揭示旅游对旅游地社会文化影响的作用机制。

笔者认为，旅游对于旅游地社会文化的影响是沿着物质层面—制度层面—精神层面这一文化结构形态的逻辑展开的，并通过文化系统结构三个层面的双向交互作用推动旅游地社会文化的变迁。旅游促动的以经济结构和产业结构为核心的物质文化层面的变化是旅游地社会文化变迁的初因和基础。旅游地的社会文化影响之所以不同，是因为旅游地具有不同的发展路径，而不同的发展路径对应着不同的旅游社会文化影响。一个旅游地旅游发展的路径，是在旅游地特定的区位空间、资源禀赋、经济发展水平及文化生态位态势等社会文化的环境本底下，旅游地各利益主体之间反复博弈的结果。政府的政策驱动力、旅游开发商的经济驱动力、旅游者的市场驱动力和当地居民的社会驱动力共同构成了推动旅游地社会文化环境变化的宏观驱动力。而旅游地居民与旅游者的接触和交往则构成了推动旅游地文化个体发生变化的微观驱动力。研究认为，旅游的社会文化影响具有复杂性、动态性和不确定性，就单个旅游地旅游社会文化影响进行的实证研究所得出的结论一般不具有普适性。

本书是对笔者博士论文的深化和后续研究成果的总结，本书的出版得到国家自然科学基金项目“旅游发展背景下古镇社会空间变迁的过程与机理”（41371160）的资助。面对旅游社会文化影响这一深刻而复杂的命题，本人沉浸学海，竭尽全力求真探固，仍然深感认识之浅薄，才能之不逮。本书还凝聚着许多人的心血与汗水，其中，“旅游主客交往基本理论”来自孟威的研究成果；“周庄古镇文化景观变迁”的主要内容来自储成芳的研究成果；“周庄古镇居住空间变迁”来自吴骁骁的研究成果；“周庄古镇社会空间变迁”来自姜辽的研究成果。同时，我们还要感谢所有参考文献的作者，正是他们的研究使得本书的内容更加丰满。最后，还要感谢科学出版社的杨婵娟编辑，在她耐心的督促和积极的运作下本书得以早日面世。

在科学道路上的跋涉无疑是艰苦的，我将上下求索，不忘初心，继续前行。

苏　勤

2017 年 1 月 1 日于芜湖